高等学校规划教材

物业管理基础与实操

臧炜彤　崔　琦　主编

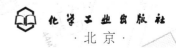

化学工业出版社

·北京·

内容简介

《物业管理基础与实操》共分为两大部分，主要从理论基础与物业管理实操两大维度进行展开，涵盖了物业管理所需专业术语、理论知识、全过程管理的主要内容以及不同业态物业管理的工作要点，紧密结合物业管理相关法律法规的更新，并补充了中国物业管理协会关于《物业管理员（师）职业能力等级评价实施细则》中的相关内容。

《物业管理基础与实操》不仅可以作为高等院校工程管理专业、房地产开发与管理专业、物业管理专业等专业的教材，还可以作为物业服务企业培训、物业管理人员日常工作及物业管理员（师）职业能力等级评价考试的参考用书。

图书在版编目（CIP）数据

物业管理基础与实操/臧炜彤，崔琦主编. —北京：化学工业出版社，2021.9（2024.2重印）
高等学校规划教材
ISBN 978-7-122-39573-3

Ⅰ.①物… Ⅱ.①臧… ②崔… Ⅲ.①物业管理-高等学校-教材 Ⅳ.①F293.347

中国版本图书馆 CIP 数据核字（2021）第 144622 号

责任编辑：满悦芝　　　　　　　　　　文字编辑：王　琪
责任校对：王　静　　　　　　　　　　装帧设计：张　辉

出版发行：化学工业出版社（北京市东城区青年湖南街13号　邮政编码100011）
印　　装：三河市双峰印刷装订有限公司
787mm×1092mm　1/16　印张13　字数309千字　2024年2月北京第1版第4次印刷

购书咨询：010-64518888　　　　　　　售后服务：010-64518899
网　　址：http://www.cip.com.cn

凡购买本书，如有缺损质量问题，本社销售中心负责调换。

定　　价：49.80元　　　　　　　　　　　　　　　　　版权所有　违者必究

前言

随着我国物业管理行业发展日趋规范，物业管理领域的立法进程也在不断加快，2018年住房和城乡建设部《关于废止〈物业服务企业资质管理办法〉的决定》审议通过，意味着物业服务企业资质认定成为历史，物业服务企业资质被全面取消；2021年《中华人民共和国民法典》正式生效，新增"物业服务人"的概念，首次明确物业服务合同为典型合同，修改了业主共同决定事项的表决和通过规则，并进一步明确了业主和物业服务人的权利义务，与之对应的相关法律法规也随之要作出调整。鉴于此，作者结合多年科研、理论教学、社会实践及以往编写教材经验的基础上，编写了这本《物业管理基础与实操》。

本书共分为两大部分，主要从理论基础与物业管理实操两大维度进行展开，涵盖了物业管理所需专业术语、理论知识、全过程管理的主要内容以及不同业态物业管理的工作要点，紧密结合物业管理相关法律法规的更新，并补充了中国物业管理协会关于《物业管理员（师）职业能力等级评价实施细则》中的相关内容。本书不仅可以作为高等院校工程管理专业、房地产开发与管理专业、物业管理专业等专业的教材，还可以作为物业服务企业培训、物业管理人员日常工作及物业管理员（师）职业能力等级评价考试的参考用书。

本书由臧炜彤（吉林建筑大学）负责全书的统稿工作，并与崔琦（长春工程学院）共同完成本书的编写工作，参与本书编写的人员还有孙永达（吉林省吉规城市建筑设计有限公司）、朱亚莉（长春工程学院）、张慧（吉林建筑科技学院）；同时本书在编写的过程中参考了众多专家学者的相关著作和国家颁布的最新法律法规，在此对相关学者表示最诚挚的谢意。

限于本人水平有限，书中难免存在疏漏和不妥之处，恳请业内专家和广大读者提出宝贵意见。

臧炜彤
2021年8月

目 录

第一编 物业管理基础

第一章 物业管理概述 ……………………………………………………………… 2
第一节 我国物业管理的产生和发展 ………………………………………… 2
一、物业管理的起源 ……………………………………………………… 2
二、我国物业管理的产生 ………………………………………………… 2
三、我国物业管理的发展历程 …………………………………………… 3
四、我国物业管理的未来发展趋势 ……………………………………… 4
第二节 物业与物业管理 ……………………………………………………… 5
一、物业的概念及其分类 ………………………………………………… 5
二、物业管理的概念及其分类 …………………………………………… 6
三、物业管理的主要特征 ………………………………………………… 6
四、物业管理的作用 ……………………………………………………… 7
第三节 物业管理服务 ………………………………………………………… 8
一、物业管理服务的特点 ………………………………………………… 8
二、物业管理服务的主要内容 …………………………………………… 9
三、物业管理服务标准 …………………………………………………… 10
第四节 我国物业管理的法制建设 …………………………………………… 16
一、《物业管理条例》颁布前我国物业管理的制度建设 ……………… 16
二、《物业管理条例》颁布后我国物业管理的制度建设 ……………… 17
三、《物权法》颁布后我国物业管理的制度建设 ……………………… 17
四、《民法典》颁布后我国物业管理的制度建设 ……………………… 18
第五节 《民法典》关于"业主的建筑物区分所有权"的规定 …………… 18
一、建筑物区分所有权的概念及构成 …………………………………… 18
二、专有部分的认定及专有部分的所有权 ……………………………… 19
三、共有部分的认定及共有部分的共有权 ……………………………… 19
四、共有部分的共同管理权 ……………………………………………… 20
思考题 …………………………………………………………………………… 21

第二章 业主自治 …………………………………………………………………… 22
第一节 业主 …………………………………………………………………… 22

一、业主的概念 ··· 22
　　二、物业使用人的概念 ··· 22
　　三、业主的权利 ··· 22
　　四、业主的义务 ··· 23
　第二节　业主大会 ··· 23
　　一、业主大会的组成和性质 ··· 23
　　二、业主大会的筹备和成立 ··· 24
　　三、业主大会的职责 ··· 25
　　四、业主大会会议 ·· 26
　第三节　业主委员会 ·· 26
　　一、业主委员会的性质和职责 ·· 26
　　二、业主委员会的备案 ·· 27
　　三、业主委员会委员资格的产生和终止 ····································· 27
　　四、业主委员会会议 ··· 28
　　五、对业主大会和业主委员会的指导和监督 ································ 29
　第四节　临时管理规约和管理规约 ·· 30
　　一、临时管理规约 ·· 30
　　二、管理规约 ··· 31
　思考题 ··· 32

第三章　物业服务人和物业服务从业人员 ································ 33

　第一节　物业服务人 ·· 33
　　一、物业服务人的概念 ·· 33
　　二、物业服务企业 ·· 33
　　三、其他管理人 ·· 35
　第二节　物业服务从业人员 ·· 35
　　一、物业服务从业人员职业资格的发展历程 ································ 35
　　二、物业管理员（师）职业能力等级评价 ·································· 36
　　三、物业服务从业人员的培训及管理 ·· 39
　思考题 ··· 41

第四章　物业管理招投标 ·· 42

　第一节　物业管理招投标概述 ··· 42
　　一、物业管理招投标的法律依据 ··· 42
　　二、实施物业管理招投标制度的重要作用 ·································· 42
　　三、我国物业管理招投标的主要特点 ·· 43
　　四、物业管理招投标的基本原则 ··· 43
　第二节　物业管理招标 ··· 44
　　一、物业管理招标的概念 ··· 44
　　二、物业管理招标主体 ·· 44

三、物业管理招标的方式 …………………………………………………………… 44
　　四、物业管理招标的类型 …………………………………………………………… 45
　　五、物业管理招标的程序 …………………………………………………………… 46
　　六、物业管理招标文件的主要内容 ………………………………………………… 47
　第三节　物业管理投标 ………………………………………………………………… 48
　　一、物业管理投标的概念 …………………………………………………………… 48
　　二、物业管理投标的主体 …………………………………………………………… 48
　　三、物业管理投标的程序 …………………………………………………………… 48
　　四、物业管理投标文件的主要内容 ………………………………………………… 49
　　五、物业管理投标书的编制及注意事项 …………………………………………… 50
　　六、物业管理方案 …………………………………………………………………… 51
　　七、物业管理投标书整体框架（目录）示例 ……………………………………… 54
　思考题 …………………………………………………………………………………… 56

第五章　物业服务合同 ……………………………………………………………………… 57

　第一节　合同概述 ……………………………………………………………………… 57
　　一、合同的概念和分类 ……………………………………………………………… 57
　　二、合同的订立 ……………………………………………………………………… 58
　　三、合同的形式 ……………………………………………………………………… 60
　　四、合同的履行 ……………………………………………………………………… 60
　　五、合同权利义务的终止 …………………………………………………………… 61
　　六、合同的内容 ……………………………………………………………………… 61
　第二节　前期物业服务合同 …………………………………………………………… 62
　　一、前期物业服务合同的概念和特征 ……………………………………………… 62
　　二、前期物业服务合同的终止情形 ………………………………………………… 62
　　三、前期物业服务合同的主要内容 ………………………………………………… 63
　　四、签订前期物业服务合同应注意的事项 ………………………………………… 63
　第三节　物业服务合同 ………………………………………………………………… 64
　　一、物业服务合同的概念和主要内容 ……………………………………………… 64
　　二、物业服务合同与前期物业服务合同的主要区别 ……………………………… 64
　　三、物业服务合同的转委托 ………………………………………………………… 64
　　四、《民法典》中对物业服务人权利和义务的相关规定 ………………………… 64
　　五、《民法典》中物业服务合同解除与续约的相关规定 ………………………… 65
　思考题 …………………………………………………………………………………… 66

第六章　不同业态物业管理概述 …………………………………………………………… 67

　第一节　居住物业的物业管理 ………………………………………………………… 67
　　一、居住物业的概念和特点 ………………………………………………………… 67
　　二、住宅小区的主要功能 …………………………………………………………… 67
　　三、住宅小区物业管理的主要特点 ………………………………………………… 68

四、住宅小区物业管理的主要内容 ································ 69
　第二节　写字楼的物业管理 ··· 69
　　一、写字楼的分类和特点 ·· 69
　　二、写字楼物业经营管理的概念和理念 ····························· 71
　　三、写字楼物业经营管理的主要模式 ································ 71
　　四、写字楼物业经营管理的主要内容 ································ 72
　第三节　零售商业物业的物业管理 ···································· 73
　　一、零售商业物业的概念和业态分类 ································ 73
　　二、零售商业物业管理的目标 ······································· 73
　　三、零售商业物业经营管理的内容 ·································· 75
　　四、零售商业物业的租赁管理 ······································· 77
　第四节　其他专业物业的物业管理 ···································· 79
　　一、学校物业的物业管理 ·· 79
　　二、医院物业的物业管理 ·· 80
　　三、金融机构物业的物业管理 ······································· 80
　　四、体育场馆物业的物业管理 ······································· 81
　　五、产业园区物业的物业管理 ······································· 83
　思考题 ··· 84

第七章　物业管理信息系统与绿色物业管理 ······················· 86
　第一节　物业管理信息系统 ··· 86
　　一、物业管理信息系统概述 ··· 86
　　二、物业管理信息系统的功能 ······································· 87
　　三、物业管理信息系统的发展趋势 ·································· 89
　第二节　绿色建筑和绿色物业管理 ···································· 90
　　一、绿色建筑 ··· 90
　　二、绿色物业管理 ·· 94
　思考题 ··· 95

第二编　物业管理实操

第八章　早期介入 ·· 98
　第一节　早期介入概述 ·· 98
　　一、早期介入的概念 ··· 98
　　二、早期介入在物业管理全过程管理中所处的位置 ················ 98
　　三、早期介入与前期物业管理的区别 ································ 98
　　四、早期介入的作用 ··· 99
　第二节　早期介入的主要内容 ··· 99
　　一、可行性研究阶段 ··· 99
　　二、规划设计阶段 ··· 100

三、建设阶段 …………………………………………………………………… 100
　　四、销售阶段 …………………………………………………………………… 100
　　五、竣工验收阶段 ……………………………………………………………… 101
　第三节　早期介入的方法 …………………………………………………………… 101
　　一、成立早期介入工作小组 …………………………………………………… 101
　　二、明确早期介入的沟通机制 ………………………………………………… 101
　　三、早期介入的信息收集与资料准备 ………………………………………… 102
　　四、制定早期介入工作计划 …………………………………………………… 102
　思考题 ………………………………………………………………………………… 103

第九章　前期物业管理 ………………………………………………………………… 104
　第一节　前期物业管理概述 ………………………………………………………… 104
　　一、前期物业管理的概念和主要特点 ………………………………………… 104
　　二、项目前期筹备工作计划 …………………………………………………… 105
　　三、项目前期筹备工作的实施 ………………………………………………… 105
　　四、筹备工作的检验与跟进 …………………………………………………… 108
　　五、保修期限内保修责任的界定 ……………………………………………… 108
　第二节　承接查验 …………………………………………………………………… 109
　　一、物业承接查验的概念和作用 ……………………………………………… 109
　　二、物业承接查验的主体 ……………………………………………………… 109
　　三、物业承接查验的依据和原则 ……………………………………………… 109
　　四、新建物业承接查验应当具备的条件 ……………………………………… 110
　　五、物业承接查验的内容 ……………………………………………………… 110
　第三节　入住 ………………………………………………………………………… 111
　　一、入住的概念 ………………………………………………………………… 112
　　二、入住的实质和各方主体责任的界定 ……………………………………… 112
　　三、入住的时限 ………………………………………………………………… 112
　　四、入住服务流程及要求 ……………………………………………………… 113
　　五、入住服务的注意事项 ……………………………………………………… 115
　第四节　物业装饰装修管理 ………………………………………………………… 115
　　一、物业装饰装修管理的含义 ………………………………………………… 116
　　二、物业装饰装修管理的流程及要求 ………………………………………… 116
　　三、物业装饰装修管理的注意事项 …………………………………………… 118
　　四、物业装饰装修管理责任 …………………………………………………… 119
　思考题 ………………………………………………………………………………… 120

第十章　房屋及设施设备管理 ………………………………………………………… 121
　第一节　物业设施设备管理概述 …………………………………………………… 121
　　一、物业设施设备的含义和构成 ……………………………………………… 121
　　二、物业设施设备管理的目标和意义 ………………………………………… 121

三、物业设施设备基础管理的主要内容 ·· 122
　第二节　房屋共用部位、共用设施与场地修养护管理 ······················ 124
　　一、房屋种类的划分与组成 ·· 124
　　二、房屋共有部位的组成及共用设施与场地 ································· 125
　　三、房屋共用部位、共用设施与场地巡检、维护的内容、方法与要求 ··· 125
　　四、房屋本体安全管理 ·· 126
　　五、房屋共用部位、共用设施与场地管理的注意事项 ······················ 127
　第三节　共用设备管理 ·· 127
　　一、共用设备的组成 ··· 127
　　二、共用设备管理的内容、方法与要求 ······································· 127
　思考题 ··· 131

第十一章　物业环境管理 ··· 132

　第一节　清洁卫生管理 ·· 132
　　一、清洁卫生管理的含义和分类 ·· 132
　　二、清洁卫生服务的具体工作内容 ··· 132
　　三、清洁卫生服务的工作方法与分类 ·· 134
　第二节　绿化养护管理 ·· 135
　　一、绿化养护管理的含义、分类及管理模式 ································· 135
　　二、绿化养护管理的工作内容 ··· 135
　　三、绿化养护管理的要求 ·· 136
　　四、绿化养护管理的注意事项 ··· 137
　第三节　有害生物防治 ·· 138
　　一、有害生物防治的含义 ·· 138
　　二、有害生物防治的具体方法 ··· 138
　　三、有害生物防治的注意事项 ··· 139
　思考题 ··· 140

第十二章　物业公共秩序管理 ··· 141

　第一节　公共安全防范管理 ·· 141
　　一、公共安全防范管理的含义和工作内容 ···································· 141
　　二、公共安全防范管理的要求 ··· 142
　　三、公共安全防范管理的检查方法 ··· 143
　　四、公共安全防范管理的注意事项 ··· 144
　第二节　消防管理 ·· 144
　　一、消防管理的目的和原则 ·· 144
　　二、消防管理的工作内容 ·· 144
　　三、消防管理的工作方法与要求 ·· 145
　　四、消防管理的注意事项 ·· 149
　第三节　车辆管理 ·· 150

一、车辆管理的依据 ··· 150
　　二、车辆管理的工作内容 ··· 150
　　三、车辆管理的工作方法和要求 ·· 150
　　四、车辆管理的注意事项 ··· 152
　思考题 ·· 152

第十三章　财务管理 ··· 153

　第一节　物业服务企业财务管理概述 ··· 153
　　一、物业服务企业的收入构成 ·· 153
　　二、物业服务企业的成本费用构成 ·· 154
　　三、物业服务企业的利润 ··· 155
　　四、代收代交费用 ··· 155
　第二节　物业服务费 ··· 156
　　一、物业服务费的概念 ·· 156
　　二、物业服务费的收费原则 ·· 156
　　三、物业服务费的定价形式 ·· 156
　　四、物业服务费的收费形式 ·· 157
　　五、物业服务费成本（支出）构成 ·· 157
　　六、物业服务费的缴纳和督促 ··· 158
　第三节　住宅专项维修资金 ·· 159
　　一、住宅专项维修资金的概念和交存范围 ·· 159
　　二、住宅专项维修资金的管理 ··· 160
　　三、住宅专项维修资金的使用 ··· 161
　　四、相关主体的法律责任 ··· 162
　思考题 ·· 162

第十四章　客户关系管理 ·· 163

　第一节　物业服务人客户关系管理概述 ·· 163
　　一、客户关系管理的含义 ··· 163
　　二、客户关系管理的对象 ··· 163
　　三、物业项目客户服务的主要内容 ·· 163
　　四、物业服务人客户服务体系的构建 ··· 164
　　五、物业服务人客户关系管理的基本功能 ······································· 166
　第二节　客户沟通管理 ··· 167
　　一、沟通概述 ·· 167
　　二、物业服务人与客户沟通的基本要求 ·· 167
　　三、物业服务人与不同类型客户沟通的具体方法 ······························· 168
　　四、物业服务人沟通的方法与管理 ·· 169
　第三节　投诉的处理 ··· 170
　　一、客户投诉的含义 ·· 170

二、物业管理实践中投诉产生的原因和分类 171
　　三、物业管理投诉处理体系的主要内容 171
　　四、物业管理投诉处理体系的基本要求 172
　　五、物业管理投诉处理的基本流程和注意事项 172
　第四节　客户满意管理 174
　　一、客户满意的含义 174
　　二、客户需要的分类 174
　　三、客户满意度的评价 175
　　四、客户满意管理的注意事项 176
　思考题 177

第十五章　物业服务人风险管理 178

　第一节　物业管理风险概述 178
　　一、风险的概念和特征 178
　　二、物业管理风险的定义和主要内容 178
　　三、物业管理风险的应对方法 181
　　四、物业项目风险的应对及注意事项 183
　第二节　物业管理中的紧急事件 185
　　一、物业管理紧急事件的概念和性质 185
　　二、物业管理紧急事件的处理要求 186
　　三、物业管理紧急事件的处理过程 186
　　四、物业管理实践中典型紧急事件的处理案例 187
　第三节　物业管理中的危机公关 190
　　一、危机与危机公关 190
　　二、危机公关的应对原则 190
　　三、物业管理危机公关的应对策略 191
　思考题 192

参考文献 193

第一编　物业管理基础

第一章　物业管理概述

第一节　我国物业管理的产生和发展

一、物业管理的起源

物业管理起源于 19 世纪 60 年代的英国。当时正值资本主义上升时期，在城市化迅猛发展的形势下，大量农村人口涌入城市，但城市房屋跟不上人口的激增，造成严重的房荒。由于当时房屋管理混乱，居住环境恶劣，引起大量事端。一位名叫奥克维娅·希尔的女士为其名下出租的房屋制定了一套行之有效的管理办法，引导并要求租户严格遵守。奥克维娅·希尔女士实施规范的物业管理后，住房秩序和居住环境有了明显的改善，形成了物业管理的雏形。后来社会其他人士也纷纷效仿，并得到了英国政府的肯定和支持，成立了世界上第一个非营利性的物业管理行业组织——皇家特许屋宇经理学会。以英国为起源地，在一个多世纪时间里，物业管理在西方各国逐渐推行开来。

19 世纪末至 20 世纪初，美国经济得到迅速发展。伴随着建筑技术的不断进步，大量高层楼宇拔地而起，这些高层楼宇附属设备多，结构复杂，日常维修养护和管理事务烦琐复杂，对管理人员专业性和技术水平提出很高的要求；而且这些建筑物往往不是一个或者几个业主所有，常常是数十个或数百个业主共有，于是逐渐催生了专业化的物业管理机构，专门为楼宇所有业主提供专业性和技术性的楼宇管理和维修养护工作。随着物业管理机构的增加，20 世纪初，美国也成立了第一个行业协会——芝加哥建筑管理人协会。行业自治组织的成立，既标志着物业管理行业的逐渐成熟，也有力推动了物业管理行业的有序发展。以英美两国为开端，物业管理日益被业主和政府所重视，逐渐发展成为一个新型的服务行业。

二、我国物业管理的产生

随着住房商品化进程的加快，如何管理好新建住宅小区和各类商品房屋，既是广大群众的迫切要求，也是在新形势下摆在房地产主管部门面前的紧迫任务。为此，各地对住宅小区的管理模式进行了多方面的探索。1981 年 3 月 10 日，深圳市第一家涉外商品房产管理的专业公司——深圳市物业管理公司成立，标志着深圳经济特区的涉外商品房实施统一管理的开始。可以说深圳市物业管理公司的成立，意味着我国对房地产的管理发生了划时代的变化。该公司实行社会化、专业化、科学化、制度化的管理原则，建立了"独立核算、自负盈亏、自我发展、自我完善"的运行机制，使房地产管理工作从过去的行政性、福利性，走上了专业化的有偿服务的管理轨道，为特区乃至全国房屋管理工作的改革提供了成功的经验。

随后，在南方一些沿海城市也相继成立了一些物业管理公司，进行房产管理试点。广州东华实业股份有限公司1984年征地开发五羊村，1986年首批住户入住，五羊村就成立了专业物业管理公司——广州东华物业管理公司，为住户提供全方位服务，并承担市政公共设施的管理和维护。通过东华物业管理公司专业化的管理服务，小区的各项设施设备得以正常运转并发挥最佳的效能，营造了优美整洁、方便舒适、文明安全的小区居住环境。

对党政机关、事业单位和企业的职工集中居住区进行物业管理，最早取得成功经验的是深圳市莲花二村住宅区。莲花二村住宅区是深圳市住宅局1990年开发建设的大型居住小区，入住者大多是党政事业单位和企业的干部职工，该小区由深圳市莲花物业管理公司管理。深圳市莲花物业管理公司勇于开拓、锐意改革，在实践中探索出了一条自主经营、自我发展、自我完善、社会效益和经济效益协同发展的房屋管理新路子。

三、我国物业管理的发展历程

1981年深圳市物业管理公司的成立，标志着我国物业管理的诞生。1993年，深圳市人民代表大会颁布了全国第一部物业管理地方性法规——《深圳经济特区住宅小区物业管理条例》，首次以地方立法的方式对物业管理进行制度规范。

原建设部在认真总结深圳和广州经验的基础上，于1994年颁布了《城市新建住宅小区管理办法》（建设部令第33号），明确要求"住宅小区应当逐步推行社会化、专业化的管理模式，由物业服务公司统一实施专业化管理""房地产开发企业在出售住宅小区前，应当选聘物业服务公司承担小区的管理，并与其签订物业服务合同""住宅小区应当成立住宅小区管理委员会，在房地产行政主管部门指导下，由住宅小区内房地产产权人和使用人选举的代表组成，代表和维护住宅小区内房地产产权人和使用人的合法权益"，并对管委会、物业服务公司的权利、义务，物业服务合同内容以及物业管理相关各方的法律责任等作出了规定。《城市新建住宅小区管理办法》的出台为确立我国物业管理新体制指明了方向。

从1995年开始，原建设部还在全国开展了城市物业管理优秀示范小区的表彰活动，激发了各地提高物业管理水平的热情，取得了丰硕成果。2000年，中国物业管理协会成立，对加强行业指导和行业自律起到了重要作用。

2003年，国务院颁布《物业管理条例》，标志着我国物业管理进入了法制化和规范化发展的新时期，经过十年时间的努力，我国基本建立起一个内容全面、结构合理、科学规范、特色鲜明的物业管理政策法规体系。

2007年3月，《中华人民共和国物权法》颁布，明确了业主对区分所有建筑物的共同管理权，奠定了物业管理的民事法律基础。

2015年《物业服务企业资质管理办法》修订，取消物业服务企业注册资本限制；物业管理师等67项职业资格被取消。2016年删除原《物业管理条例》的第三十三条和第六十一条这两条与企业资质管理相关的条款，同时修改《物业管理条例》，取消了物业管理人员从业资格限制。2017年9月6日，取消物业服务企业一级资质核定。2018年2月12日住房和城乡建设部《关于废止〈物业服务企业资质管理办法〉的决定》审议通过，意味着物业服务企业资质认定成为历史，物业服务企业资质被全面取消。

2020年《中华人民共和国民法典》（以下简称《民法典》）颁布，并于2021年1月1日起正式施行。《民法典》首次明确物业服务合同为典型合同，对业主共同决定事项的表决和通过规则作出了调整，并进一步明确了业主和物业服务企业的权利与义务，对于依法规范物业管理行业具有巨大推动作用。

四、我国物业管理的未来发展趋势

我国物业管理行业经过四十年的发展历程，诞生了大量优质的物业服务企业，现阶段住宅物业仍是大多数物业服务企业的主要服务业态，也是主要收入来源。随着居民消费能力的提高和日益增长的多元化需求，社区经济迅速崛起，衍生出更多的服务场景，也对物业管理行业提出了更高的要求。同时，随着互联网、物联网、大数据等新科技的飞速发展和城市更新的发展进程，赋予了物业管理行业更多的机遇，众多物业服务企业面临更广阔的发展空间。

1. 由物业管理向物业经营管理转变

物业经营管理主要是指物业服务企业以满足客户需求为目标，综合利用物业管理、设施管理、物业资产管理、物业组合投资管理的技术、手段和模式，为客户提供的贯穿于物业整个寿命周期的综合性管理服务与经营活动。

由物业经营管理的概念可以看出，物业经营管理不是一个特定的专业领域，而是由物业管理、设施管理、物业资产管理和物业组合投资管理随着市场需求的变化，不断拓展、交叉和融合的结果。通常将其分为物业管理、设施管理、物业资产管理和物业组合投资管理四个层次，其中，物业管理和设施管理以运行管理为主，物业资产管理和物业组合投资管理以策略性管理为主。

物业经营管理突破了传统物业管理"对房屋及配套的设施设备和相关场地进行维修、养护、管理"的局限，强调为客户提供多种经营管理服务，满足客户的多样化服务需求。物业经营管理活动既包括了以保证物业正常使用的运行操作管理，也包括了将物业作为一种收益性资产所进行的资本投资决策、市场营销、租赁管理、成本控制、物业价值和经营绩效评估等经营活动。

2. 科技赋能深挖社区增值服务

增值服务收入的增长主要依赖科技赋能的社区增值服务。百强物业服务企业通过自己的服务 APP 布局门禁、线上缴费等功能形成天然流量，同时进一步丰富 APP 服务到在线商城、家政、家装宅配、旅游、理财、教育、养老等社区增值服务。目前行业整体科技应用普及率不高，流量变现商业模式尚不成熟。社区增值服务的未来发展前景广阔，物业服务企业围绕社区里的"人"和"房屋"，布局刚需、高频的社区增值服务，便捷业主生活，增强服务黏性，从而创造价值，促使"最后一百米"的价值得到体现。

3. 住宅物业向非住宅业态扩张

基础物业服务收入中非住宅业态收入占比逐年提升，由于非住宅业态面对单一业主，市场化程度更高，同时有着物业服务费单价及收缴率高的优点，整体看盈利能力更强，成为物业服务企业积极拓展的重要方向。2020 年上半年，物业服务企业凭借专业能力，加大市场化拓展力度，努力提高项目竞标成功率，且不断发力非住宅业态，进一步丰富物业管理类型。非住宅物业领域细分赛道众多，各业态渗透率有所不同。其中办公、商业、医院渗透率超过 50%，公众场馆、产业园区、学校渗透率较低，总体测算非住宅业态渗透率为 31.8%。未来非住宅业态若达到完全的渗透率覆盖，市场空间潜力巨大。

4. 借助资本力量加快上市

从 2014 年彩生活第一个登陆资本市场，到 2018 年、2019 年物业服务企业密集上市，百强物业服务企业积极进入资本市场，希望借助资本融资进一步扩大管理规模、提升市场占有率,巩固领先优势。截至 2020 年底,上市物业服务企业总数为 42 家。

5. 精细化运作深耕城市物业服务

城市精细化管理已成为全国大中型城市的一项重要任务,而物业服务企业因为有多年住宅、商办、公建物业的服务经验,在"城市精细化管理"进程中具有得天独厚的优势。物业服务企业通过市场化运作和专业化管理,从传统物业服务区域延伸至城市公共空间,提供城市基础设施运维、绿化园林养护、道路维护、市容环卫、秩序管理和应急管理、城市创新功能服务等方面服务,万科、保利、碧桂园等多家知名物业服务企业已经率先布局城市物业服务,并取得了良好效果。

第二节 物业与物业管理

一、物业的概念及其分类

从物业管理的角度来说,物业是物业管理的物质对象。物业一词译自英语 property 或 estate,其含义为财产、资产、地产、房地产、产业等。物业是指已经建成并投入使用的各类房屋及其与之相配套的设备、设施和相关场地。物业可大可小,一个单元住宅可以是物业,一座大厦也可以作为一项物业,同一建筑物还可按权属的不同分割为若干物业。

根据使用功能的不同,物业可分为以下五类:居住物业、写字楼物业、零售商业物业、专用物业和其他物业。

1. 居住物业

居住物业是指具备居住功能、供人们生活居住的房屋,包括住宅小区、单体住宅楼、公寓、别墅、度假村等,也包括与之相配套的共用设施、设备和公共场地。

2. 写字楼物业

写字楼物业是为商务、办公活动提供空间的建筑,主要由作为办公空间的办公部分和共用部分(如电梯、楼梯、卫生间、饮水间走廊等)构成,包括企业自用写字楼、出租写字楼和自用出租复合型写字楼三种类型。政府办公楼虽然具有写字楼的功能,但其在使用和公共性方面,与一般写字楼有所区别。

3. 零售商业物业

零售商业物业是用于零售商业经营活动的建筑,包括从小型店铺到大型购物中心的各种零售空间。

4. 专用物业

我国物业管理经过近四十年的探索,已经发展到如今涵盖写字楼、酒店、公共物业等多领域各种类型的物业,管理范围不断拓展,服务业态不断丰富,还包括学校、医院、银行、体育场馆及产业园区的物业管理,以上类型物业由于其专业化水平比较高,统称为专业物业。

5. 其他物业

除了上述物业种类以外的物业,称为其他物业,有时也称为特殊物业。这类物业包括赛马场、高尔夫球场、汽车加油站、飞机场、车站、码头、高速公路及服务区、桥梁、隧道等物业，还包括以整个城市公共空间为服务对象的城市物业。

二、物业管理的概念及其分类

1. 物业管理的概念

根据2007年8月26日《国务院关于修改〈物业管理条例〉的决定》(以下简称《条例》)第二条对物业管理下了定义：物业管理，是指业主通过选聘物业服务企业，由业主和物业服务企业按照物业服务合同约定，对房屋及配套的设施设备和相关场地进行维修、养护、管理，维护相关区域内的环境卫生和秩序的活动。

结合2021年1月1日生效的《民法典》，物业管理的概念可以定义为：业主通过选聘物业服务人，由业主和物业服务人按照物业服务合同约定，对房屋及配套设施设备和相关场地进行维修、养护、管理，维护相关区域内的环境卫生和秩序的活动。

2. 物业管理的分类

与上述不同物业为服务对象相对应的，物业管理可以分为居住物业管理，写字楼物业管理，零售商业物业管理，涵盖学校物业管理、医院物业管理、银行物业管理、体育场馆物业管理、产业园区物业管理的专业物业管理，以及上述类型以外的其他物业管理。城市物业管理作为一种新的类型在近几年也得到了广泛应用。

三、物业管理的主要特征

社会化、专业化、市场化是物业管理的三个基本特征。

1. 物业管理的社会化

物业管理的社会化，指的是摆脱了过去那种自建自管的分散管理体制，由多个产权单位、产权人通过业主大会选聘一家物业服务人。物业管理社会化有两个基本含义：一是物业的所有权人要到社会上去选聘物业服务人；二是物业服务人要到社会上去寻找可以代管的物业。物业的所有权、使用权与物业的经营管理权相互分离，是物业管理社会化的必要前提，现代化大生产的社会专业分工，则是实现物业管理社会化的必要条件。

2. 物业管理的专业化

物业管理的专业化可以从两个方面认识：一是物业管理由专门的物业服务人通过合同的签订，按照产权人和使用人的意愿和要求去实施专业化的管理；二是物业管理中的各项专业服务的科技含量不断提高，使物业管理越来越强烈地体现出专业化的趋势。专业化主要体现在物业服务人应具备专业的人员、专业的组织机构、专业的生产工具、专业的管理方法；要求物业服务人运用先进的维修养护技术，实施房屋及其设施设备的运行、维修和养护工作。

3. 物业管理的市场化

物业管理的市场化是物业管理最主要的特点。双向选择和等价有偿是物业管理市场化的集中体现。在市场经济条件下，物业管理的属性是经营，所提供的商品是劳务，方式是等价有偿，业主通过招投标选聘物业服务人，由物业服务人来具体实施。物业服务人是按照现代企业制度组建并运作，具有明确的经营宗旨和管理章程，实行自主经营、独立核算、自负盈亏，能够独立承担民事责任的企业法人。物业服务人向业主和使用人提供劳务和服务，业主和使用人购买并消费这种服务。在这样一种新的机制下逐步形成有活力的物业管理竞争市场，业主有权选择物业管理单位，物业服务人必须靠自己良好的经营和服务才能进入和占领这个市场。这种通过市场竞争机制和商品经营的方式所实现的商业行为就是市场化。

四、物业管理的作用

经过近四十年的实践和发展,物业管理对我国经济社会发展的推动作用日益显现,突出表现在以下五个方面。

1. 有助于改善人居工作环境

无论是作为生活资料的居住物业,还是作为生产资料的办公、工业和商业物业,良好的物业服务不仅能够改善居住环境和生活品质,而且有利于提高工作效率和生产效能。目前,我国城镇居民住房短缺问题基本解决,居民住房需求进入面积增加与质量提高并重、从单纯的生存型需求向舒适型需求转变的新阶段。提高居住质量,既要依靠住宅建设的科技进步,大力推进住宅产业现代化,提高住宅规划、设计和建设水平,也要有良好的物业管理,提供房屋及其设施设备的维修养护、绿化、保洁等专业性服务,创造安全舒适的居住环境。

2. 有助于推动国民经济增长

住房消费主要分为四类基本消费支出:①购房消费支出;②家庭装饰装修、家具家电等消费支出;③水、电、气、暖等方面的长期消费支出;④物业管理消费支出。后三类消费支出要大大超过购房支出。据测算,在 50 年的住房使用期内,包括房屋大、中修和更新、改造在内的物业服务消费的累计支出贴现后,与购房当年住房价格的比例为 1:1。因此,物业管理不但有利于刺激居民购房积极性,而且可以带动装饰装修、电子商务、物流配送、园林绿化、家电家具、中介置换、文化健康等相关产业的发展。物业服务业受经济周期波动影响较小,随着城镇化进程的加快和服务产业的发展,作为新的经济增长点,物业管理产值在国民经济中的比重将有所增长。不仅如此,目前在我国住房已成为大多数家庭最主要的财产,良好的物业服务能够使物业保值增值,为业主创造经济价值,进而推动整个社会财富的增长。

3. 有助于维护社区和谐稳定

从多年的实践看,物业管理在维护社区秩序,协助公安等有关部门防范刑事犯罪,防止可能发生的火灾、燃气泄漏、爆炸等恶性事故中起到了重要作用。物业服务企业在努力提高管理服务水平的同时,配合有关部门和社区各类组织,积极开展社区文化活动,促进了居民的身心健康,推动形成了邻里之间更加和谐的关系和良好的社会风尚,促进了社区精神文明建设。物业服务中的秩序管理,不仅促进了社区安定有序,而且减轻了政府治安管理的压力;物业服务中的社区文化建设,不仅丰富了居民的文化生活,而且增进了业主的和睦与社区的和谐。

4. 有助于解决城乡就业问题

目前,物业服务行业吸纳的劳动力中,大量来自企事业单位下岗分流人员、农村剩余劳动力及部队复转军人等,对于缓解产业结构调整中的就业矛盾作出了重要贡献。以劳动密集型为特征的物业服务业,是现阶段我国城乡剩余劳动力的重要就业途径。物业服务行业每年吸纳的新增就业人数达 20 万~30 万人。伴随着房地产业的快速发展和物业管理覆盖率的不断提高,今后物业管理行业仍然是吸纳新就业劳动力的重要渠道。

5. 有助于推进社会建设

随着社会经济体制的转型,社区建设越来越受到社会各界的关注,成为城市建设与管理的基础性工作。物业管理是社区服务的重要组成部分,业主、业主大会的活动与社区建设和管理密切相关，物业服务企业对于维护社区环境和秩序具有积极作用。通过规范社区建设与物业管理各主体之间的关系，整合资源，可以推进物业管理与社区建设的协调发展，形成推进社区建设的整体合力。物业服务企业配合基层组织开展房屋租赁管理、流动人口管理、违章搭建监管等工作，提高了社区管理的效益和质量；物业服务队伍参与抢险救灾等应急事件的处置，减少了人民生命财产的损失；参加奥运会、世博会等重大活动，保障了后勤服务的安全和高效，已逐渐成为社会建设的有生力量。

第三节　物业管理服务

物业管理服务是指物业服务人受业主的委托，按照相关法规以及"管理规约"和物业服务合同的约定，在物业管理区域内设立独立核算的物业管理服务机构，对物业共有部分提供房屋建筑及其配套设备设施和相关场地的维修、养护、管理，维护物业管理区域内的环境卫生和相关秩序等基础管理服务，同时对区域内业主和物业使用人提供社区生活特约服务的经营性活动。

一、物业管理服务的特点

1. 物业管理服务的公共性和综合性

物业管理是物业服务人与业主之间基于物业服务合同形成的交易关系，双方交易的标的物是物业服务。与一对一的交易关系不同的是，物业管理必须面对众多的服务对象，开展房屋及配套的设施设备和相关场地的维修、养护、管理，维护相关区域内的环境卫生和公共秩序，重点是物业的共用部位和共用设施设备。在建筑物区分所有的情况下，物业的共用部位和共用设施设备不为单一的业主所有，而是由物业管理区域内的全体业主或部分业主共同所有，使得物业管理服务有别于为单一客户提供的个别服务，具有为某一特定社会群体提供服务产品的公共性。特别是在 2020 年初抗击疫情的工作中，物业服务人还承担了大量的准公共职能的工作，为抗击疫情守卫家园的最后一道防线作出了巨大贡献。

从物业服务合同的内容来看，就整体项目而言，物业服务人与业主约定的物业管理事项具有综合性，不仅包括对物业共用部位和共用设施设备进行维修、养护，而且包括对物业管理区域内绿化、清洁、交通等秩序的维护，这就使得物业管理服务有别于业主与专业公司之间的专项服务业务委托。

2. 物业管理服务受益主体的广泛性和差异性

物业管理服务的公共性决定了其受益主体的广泛性和差异性，这是物业服务合同区别于一般委托合同的一个显著特点。首先，物业服务合同中服务内容、服务标准、服务期限，双方当事人的权利和义务、违约责任等约定，必须是全体业主的合意。但对于业主群体来讲，很难实现所有业主认识完全一致，总会有部分业主或个别业主持有异议。因此，必须从业主整体利益出发，按照少数服从多数的原则决定物业管理服务事项，然后再以全体业主的名义，与物业服务人签订物业服务合同。其次，每个业主对物业服务人履行物业服务合同的认识也是不一致的，有的业主对服务表示满意，有的业主则不满意，这就给客观评价物业服务质量带来一定困难。在此情况下，物业服务合同成为衡量物业服务人是否正确履行义务的检验标准，这就要求物业服务人和业主尽可能细化物业服务合同，对服务项目、服务标准、违约责任等方面的约定尽可能具体、明确、完备。同时，物业服务人还应当经常进行客户调查，及时掌握大多数业主的普遍需求，客观评价服务效果，不断提升服务质量，以保证受益群体满意度的最大化。

3. 物业管理服务的即时性和无形性

一般有形商品的生产、储存、流通和消费环节彼此独立且较为清晰，而物业管理服务并不存在储存和流通环节，且生产和消费处于同一过程之中，服务产品随时生产、随时消费，这就使得物业服务企业必须随时满足业主客观上存在的物业服务需求。物业管理服务的即时性，对物业服务人的服务质量控制能力提出了很高的要求，一旦相关服务满足不了业主的消费需求，就很难有效地予以纠正和弥补。

物业管理服务的无形性源于其服务产品的特征，由于服务的无形性，使得作为物业服务消费者的业主，难以像有形产品的消费者那样感到物业服务的真实存在，对于服务消费意识较薄弱的部分业主，难以产生物有所值的感觉。物业服务的无形性还使物业服务的质量评价变得困难和复杂，因为物业服务人的服务品质难以用精确标准去衡量，更多依赖于业主的主观评判。

4. 物业管理服务的持续性和长期性

一方面，与一次性交易行为不同，物业管理服务的提供是一个持续的不间断的过程。在短则一年，长则若干年的合同有效期内，物业服务人必须保证物业共用部位的长时间完好和共用设施设备的全天候运行，在物业服务合同有效期内的任何服务中断，都有可能导致业主的投诉和违约的追究。另一方面，在现行法律制度下，业主解聘和选聘物业服务人的程序较为复杂，而且必须达到法定的表决比例，物业服务交易的解约难度较大。物业管理服务的持续性和更换物业服务人的巨大成本，使得物业服务合同的期限一般较长，这对保持物业服务质量的稳定和改善客户关系较有利，同时也要求物业服务人必须长时间接受客户的监督和考验。

二、物业管理服务的主要内容

1. 物业管理服务

物业管理服务，是业主与物业服务人通过物业服务合同约定的公共性基础服务。从《物业管理条例》来看，狭义的物业管理服务包括以下两方面的内容：一是对房屋及配套的设施设备和相关场地进行维修、养护、管理；二是维护相关区域内的环境卫生和秩序。结合《民法典》中物业服务人的义务来看，物业管理服务内容最新增加了经营管理物业服务区域内业主共有部分和采取合理措施保护业主人身、财产安全的内容。

具体地说，物业管理服务主要包括以下内容：
（1）房屋共用部位的日常维修、养护与管理；
（2）房屋共用设施设备的日常维修、养护与管理；
（3）物业管理区域内共用设施设备的日常维修、养护与管理；
（4）物业管理区域内的环境卫生与绿化管理服务；
（5）物业区域内公共秩序、消防、交通等协管事项服务；
（6）物业装饰装修管理服务；
（7）物业管理区域内共用部位、共用设施设备的经营管理；
（8）业主人身、财产安全的合理保障措施；
（9）物业服务合同中约定的其他服务。

以上物业管理服务内容属于合同约定的事项，发生的相关费用由物业服务费支出，业主不需要额外支付费用。

2. 物业服务合同约定以外的服务

物业服务合同的标的是物业服务人提供的公共性物业服务，物业服务的对象是物业管理区域内的全体业主。对每一个业主而言，依据物业服务合同享受的服务应当是统一的。然而，由于每个业主都是独立的民事主体，除了全体业主共同需求之外，单个业主自然会有自身的特殊需求。例如，代为照顾老人、接送孩子、提供家政服务等，由于这样的需求无法通过业主大会与物业服务人订立的物业服务合同解决，那么有需求的业主可以与物业服务人就该事项另行订立协议，物业服务人为其提供物业服务合同之外的特约服务项目，费用由双方约定。

《物业管理条例》第四十四条规定：物业服务企业可以根据业主委托提供物业服务合同约定以外的服务，服务报酬由双方约定。据此，物业服务合同约定以外的服务应注意以下几点：

（1）提供物业服务合同约定以外的服务，并不是物业服务人的法定义务。对于业主提出的合同以外的不是适用于全体业主的特殊服务要求，有条件的物业服务人应当尽可能地满足；无法满足的，尽量予以说明，以获得业主的理解。

（2）合同以外的服务事项，需由特定的业主和物业服务人另行约定。需要此项服务的业主，应当与物业服务人另行协商，单独签订委托合同，约定双方的权利和义务。

（3）物业服务合同约定以外的服务是一种有偿服务。有偿服务意味着接受服务者需为服务提供者支付服务报酬。服务报酬的数额、支付方式、支付时间等由双方当事人自主约定。当然，一些物业服务人出于经营策略考虑，也可能无偿地为业主提供某些服务。但一般情况下，该类服务协议与物业服务合同一样，属于双务合同的范畴，以有偿为原则。

三、物业管理服务标准

为了规范住宅小区物业管理服务的内容和标准，中国物业管理协会根据我国物业管理现实情况，于 2004 年印发了《普通住宅小区物业管理服务等级标准（试行）》（以下简称《标准》），从物业管理服务的基本要求、房屋管理、共用设施设备维修养护、协助维护公共秩序、保洁服务、绿化养护管理六个方面界定物业管理服务的内容，制定了三个等级的服务标准，作为物业服务企业与建设单位或业主委员会签订物业服务合同，确定物业服务等级，约定物业服务项目、内容、标准以及测算物业服务价格的参考依据。《标准》的具体规定如下。

（一）一级服务标准

1. 基本要求

（1）服务与被服务双方签订规范的物业服务合同，双方权利义务关系明确。

（2）承接项目时，对住宅小区共用部位、共用设施设备进行认真查验，验收手续齐全。

（3）管理人员、专业操作人员按照国家有关规定取得物业管理职业资格证书或者岗位证书。

（4）有完善的物业管理方案，质量管理、财务管理、档案管理等制度健全。

（5）管理服务人员统一着装、佩戴标志，行为规范，服务主动、热情。

（6）设有服务接待中心，公示 24 小时服务电话。急修半小时内、其他报修按双方约定时间到达现场，有完整的报修、维修和回访记录。

（7）根据业主需求，提供物业服务合同之外的特约服务和代办服务的，公示服务项目与收费价目。

（8）按有关规定和合同约定公布物业服务费用或者物业服务资金的收支情况。

（9）按合同约定规范使用住房专项维修资金。

（10）每年至少1次征询业主对物业服务的意见，满意率80%以上。

2. 房屋管理

（1）对房屋共用部位进行日常管理和维修养护，检修记录和保养记录齐全。

（2）根据房屋实际使用年限，定期检查房屋共用部位的使用状况，需要维修，属于小修范围的，及时组织修复；属于大、中修范围的，及时编制维修计划和住房专项维修资金使用计划，向业主大会或者业委员会提出报告与建议，根据业主大会的决定，组织维修。

（3）每日巡查1次小区房屋单元门、楼梯通道以及其他共用部位的门窗、玻璃等，作好巡查记录，并及时维修养护。

（4）按照住宅装饰装修管理有关规定和业主公约（业主临时公约）要求，建立完善的住宅装饰装修管理制度。装修前，依规定审核业主（使用人）的装修方案，告知装修人有关装饰装修的禁止行为和注意事项。每日巡查1次装修施工现场，发现影响房屋外观、危及房屋结构安全及拆改共用管线等损害公共利益现象的，及时劝阻，报告业主委员会和有关主管部门。

（5）对违反规划私搭乱建和擅自改变房屋用途的行为及时劝阻，并报告业主委员会和有关主管部门。

（6）小区主出入口设有小区平面示意图，主要路口设有路标。各组团、栋及单元（门）、户和公共配套设施、场地有明显标志。

3. 共用设施设备维修养护

（1）对共用设施设备进行日常管理和维修养护（依法应由专业部门负责的除外）。

（2）建立共用设施设备档案（设备台账），设施设备的运行、检查、维修、保养等记录齐全。

（3）设施设备标志齐全、规范，责任人明确；操作维护人员严格执行设施设备操作规程及保养规范；设施设备运行正常。

（4）对共用设施设备定期组织巡查，作好巡查记录，需要维修，属于小修范围的，及时组织修复；属于大、中修范围或者需要更新改造的及时编制维修、更新改造计划和住房专项维修资金使用计划，向业主大会或业主委员会提出报告与建议，根据业主大会的决定，组织维修或者更新改造。

（5）载人电梯24小时正常运行。

（6）消防设施设备完好，可随时启用；消防通道畅通。

（7）设备房保持整洁、通风，无跑、冒、滴、漏和鼠害现象。

（8）小区道路平整，主要道路及停车场交通标志齐全、规范。

（9）路灯、楼道灯完好率不低于95%。

（10）容易危及人身安全的设施设备有明显警示标志和防范措施；对可能发生的各种突发设备故障有应急方案。

4. 协助维护公共秩序

（1）小区主出入口24小时站岗值勤。

（2）对重点区域、重点部位每1小时至少巡查1次；配有安全监控设施的，实施24小时监控。

（3）对进出小区的车辆实施证、卡管理，引导车辆有序通行、停放。

（4）对进出小区的装修、家政等劳务人员实行临时出入证管理。

（5）对火灾、治安、公共卫生等突发事件有应急预案，事发时及时报告业主委员会和有关部门，并协助采取相应措施。

5. 保洁服务

（1）高层按层、多层按幢设置垃圾桶，每日清运2次。垃圾袋装化，保持垃圾桶清洁、无异味。

（2）合理设置果壳箱或者垃圾桶，每日清运2次。

（3）小区道路、广场、停车场、绿地等每日清扫2次；电梯厅、楼道每日清扫2次，每周拖洗1次；一层共用大厅每日拖洗1次；楼梯扶手每日擦洗1次；共用部位玻璃每周清洁1次；路灯、楼道灯每月清洁1次。及时清除道路积水、积雪。

（4）共用雨、污水管道每年疏通1次；雨、污水井每月检查1次，视检查情况及时清掏；化粪池每月检查1次，每半年清掏1次，发现异常及时清掏。

（5）二次供水水箱按规定清洗，定时巡查，水质符合卫生要求。

（6）根据当地实际情况定期进行消毒和灭虫除害。

6. 绿化养护管理

（1）有专业人员实施绿化养护管理。

（2）草坪生长良好，及时修剪和补栽补种，无杂草、杂物。

（3）花卉、绿篱、树木应根据其品种和生长情况，及时修剪整形，保持观赏效果。

（4）定期组织浇灌、施肥和松土，做好防涝、防冻。

（5）定期喷洒药物，预防病虫害。

（二）二级服务标准

1. 基本要求

（1）服务与被服务双方签订规范的物业服务合同，双方权利义务关系明确。

（2）承接项目时，对住宅小区共用部位、共用设施设备进行认真查验，验收手续齐全。

（3）管理人员、专业操作人员按照国家有关规定取得物业管理职业资格证书或者岗位证书。

（4）有完善的物业管理方案，质量管理、财务管理、档案管理等制度健全。

（5）管理服务人员统一着装、佩戴标志，行为规范，服务主动、热情。

（6）公示16小时服务电话。急修1小时内、其他报修按双方约定时间到达现场，有报修、维修和回访记录。

（7）根据业主需求，提供物业服务合同之外的特约服务和代办服务的，公示服务项目与收费价目。

（8）按有关规定和合同约定公布物业服务费用或者物业服务资金的收支情况。

（9）按合同约定规范使用住房专项维修资金。

（10）每年至少1次征询业主对物业服务的意见，满意率75%以上。

2. 房屋管理

（1）对房屋共用部位进行日常管理和维修养护，检修记录和保养记录齐全。

（2）根据房屋实际使用年限，适时检查房屋共用部位的使用状况，需要维修，属于小修范围的，及时组织修复；属于大、中修范围的，及时编制维修计划和住房专项维修资金使用计划，向业主大会或者业主委员会提出报告与建议，根据业主大会的决定，组织维修。

（3）每3日巡查1次小区房屋单元门、楼梯通道以及其他共用部位的门窗、玻璃等，作好巡查记录，并及时维修养护。

（4）按照住宅装饰装修管理有关规定和管理规约（业主临时管理规约）要求，建立完善的住宅装饰装修管理制度。装修前，依规定审核业主（使用人）的装修方案，告知装修人有关装饰装修的禁止行为和注意事项。每3日巡查1次装修施工现场，发现影响房屋外观、危及房屋结构安全及拆改共用管线等损害公共利益现象的，及时劝阻并报告业主委员会和有关主管部门。

（5）对违反规划私搭乱建和擅自改变房屋用途的行为及时劝阻，并报告业主委员会和有关主管部门。

（6）小区主出入口设有小区平面示意图，各组团、栋及单元（门）、户有明显标志。

3. 共用设施设备维修养护

（1）对共用设施设备进行日常管理和维修养护（依法应由专业部门负责的除外）。

（2）建立共用设施设备档案（设备台账），设施设备的运行、检查、维修、保养等记录齐全。

（3）设施设备标志齐全、规范，责任人明确；操作维护人员严格执行设施设备操作规程及保养规范；设施设备运行正常。

（4）对共用设施设备定期组织巡查，作好巡查记录，需要维修，属于小修范围的，及时组织修复；属于大、中修范围或者需要更新改造的，及时编制维修、更新改造计划和住房专项维修资金使用计划，向业主大会或业主委员会提出报告与建议，根据业主大会的决定，组织维修或者更新改造。

（5）载人电梯早6点至晚12点正常运行。

（6）消防设施设备完好，可随时启用；消防通道畅通。

（7）设备房保持整洁、通风，无跑、冒、滴、漏和鼠害现象。

（8）小区主要道路及停车场交通标志齐全。

（9）路灯、楼道灯完好率不低于90%。

（10）容易危及人身安全的设施设备有明显警示标志和防范措施；对可能发生的各种突发设备故障有应急方案。

4. 协助维护公共秩序

（1）小区主出入口24小时值勤。

（2）对重点区域、重点部位每2小时至少巡查1次。

（3）对进出小区的车辆进行管理，引导车辆有序通行、停放。

（4）对进出小区的装修等劳务人员实行登记管理。

（5）对火灾、治安、公共卫生等突发事件有应急预案，事发时及时报告业主委员会和有关部门，并协助采取相应措施。

5. 保洁服务

（1）按幢设置垃圾桶，生活垃圾每天清运1次。

（2）小区道路、广场、停车场、绿地等每日清扫1次；电梯厅、楼道每日清扫1次，半月拖洗1次；楼梯扶手每周擦洗2次；共用部位玻璃每月清洁1次；路灯、楼道灯每季度清洁1次。及时清除区内主要道路积水、积雪。

（3）区内公共雨、污水管道每年疏通1次；雨、污水井每季度检查1次，并视检查情况及时清掏；化粪池每2个月检查1次，每年清掏1次，发现异常及时清掏。

（4）二次供水水箱按规定期清洗，定时巡查，水质符合卫生要求。

（5）根据当地实际情况定期进行消毒和灭虫除害。

6. 绿化养护管理

（1）有专业人员实施绿化养护管理。

（2）对草坪、花卉、绿篱、树木定期进行修剪、养护。

（3）定期清除绿地杂草、杂物。

（4）适时组织浇灌、施肥和松土，做好防涝、防冻。

（5）适时喷洒药物，预防病虫害。

（三）三级服务标准

1. 基本要求

（1）服务与被服务双方签订规范的物业服务合同，双方权利义务关系明确。

（2）承接项目时，对住宅小区共用部位、共用设施设备进行认真查验，验收手续齐全。

（3）管理人员、专业操作人员按照国家有关规定取得物业管理职业资格证书或者岗位证书。

（4）有完善的物业管理方案，质量管理、财务管理、档案管理等制度健全。

（5）管理服务人员佩戴标志，行为规范，服务主动、热情。

（6）公示8小时服务电话。报修按双方约定时间到达现场，有报修、维修记录。

（7）按有关规定和合同约定公布物业服务费用或者物业服务资金的收支情况。

（8）按合同约定规范使用住房专项维修资金。

（9）每年至少1次征询业主对物业服务的意见，满意率70%以上。

2. 房屋管理

（1）对房屋共用部位进行日常管理和维修养护，检修记录和保养记录齐全。

（2）根据房屋实际使用年限，检查房屋共用部位的使用状况，需要维修，属于小修范围的，及时组织修复；属于大、中修范围的，及时编制维修计划和住房专项维修资金使用计划，向业主大会或者业主委员会提出报告与建议，根据业主大会的决定，组织维修。

（3）每周巡查1次小区房屋单元门、楼梯通道以及其他共用部位的门窗、玻璃等，定期维修养护。

（4）按照住宅装饰装修管理有关规定和业主公约（业主临时公约）要求，建立完善的住宅装饰装修管理制度。装修前，依规定审核业主（使用人）的装修方案，告知装修人有关装饰装修的禁止行为和注意事项。至少2次巡查装修施工现场，发现影响房屋外观、危及房屋结构安全及拆改共用管线等损害公共利益现象的，及时劝阻并报告业主委员会和有关主管部门。

（5）对违反规划私搭乱建和擅自改变房屋用途的行为及时劝阻，并报告业主委员会和有关主管部门。

（6）各组团、栋、单元（门）、户有明显标志。

3. 共用设施设备维修养护

（1）对共用设施设备进行日常管理和维修养护（依法应由专业部门负责的除外）。

（2）建立共用设施设备档案（设备台账），设施设备的运行、检修等记录齐全。

（3）操作维护人员严格执行设施设备操作规程及保养规范；设施设备运行正常。

（4）对共用设施设备定期组织巡查，作好巡查记录，需要维修，属于小修范围的，及时组织修复；属于大、中修范围或者需要更新改造的，及时编制维修、更新改造计划和住房专项维修资金使用计划，向业主大会或业主委员会提出报告与建议，根据业主大会的决定，组织维修或者更新改造。

（5）载人电梯早6点至晚12点正常运行。

（6）消防设施设备完好，可随时启用；消防通道畅通。

（7）路灯、楼道灯完好率不低于80%。

（8）容易危及人身安全的设施设备有明显警示标志和防范措施；对可能发生的各种突发设备故障有应急方案。

4. 协助维护公共秩序

（1）小区24小时值勤。

（2）对重点区域、重点部位每3小时至少巡查1次。

（3）车辆停放有序。

（4）对火灾、治安、公共卫生等突发事件有应急预案，事发时及时报告业主委员会和有关部门，并协助采取相应措施。

5. 保洁服务

（1）小区内设有垃圾收集点，生活垃圾每天清运1次。

（2）小区公共场所每日清扫1次；电梯厅、楼道每日清扫1次；共用部位玻璃每季度清洁1次；路灯、楼道灯每半年清洁1次。

（3）区内公共雨、污水管道每年疏通1次；雨、污水井每半年检查1次，并视检查情况及时清掏；化粪池每季度检查1次，每年清掏1次，发现异常及时清掏。

（4）二次供水水箱按规定清洗，水质符合卫生要求。

6. 绿化养护管理

（1）对草坪、花卉、绿篱、树木定期进行修剪、养护。

（2）定期清除绿地杂草、杂物。

（3）预防花草、树木病虫害。

物业服务企业和业主在使用以上标准时，应当注意以下问题：①《标准》为普通商品住房、经济适用住房、房改房、集资建房、廉租住房等普通住宅小区物业服务的试行标准。物业服务收费实行市场调节价的高档商品住宅的物业服务不适用本标准。②《标准》根据普通住宅小区物业服务需求的不同情况，由高到低设定为一级、二级、三级三个服务等级，级别越高，表示物业服务标准越高。③《标准》各等级服务分别由基本要求、房屋管理、共用设施设备维修养护、协助维护公共秩序、保洁服务、绿化养护管理六大项主要内容组成。《标准》以外的其他服务项目、内容及标准，由签订物业服务合同的双方协商约定。④选用《标准》时，应充分考虑住宅小区的建设标准、配套设施设备、服务功能及业主（使用人）的居住消费能力等因素，选择相应的服务等级。

第四节　我国物业管理的法制建设

一、《物业管理条例》颁布前我国物业管理的制度建设

从 20 世纪 90 年代初到 2003 年《物业管理条例》颁布前，对于物业管理这一新生事物，无论国家还是地方都尝试通过制度建设加以推动和规范。这一阶段的物业管理政策法规主要体现以下特点：一是借鉴性，主要借鉴新加坡、我国香港特别行政区等的先进经验；二是过渡性，主要考虑传统房管模式的根深蒂固，采取渐进式的方法进行改革；三是针对性，主要是针对当时当地物业管理实践中出现的问题，选择应对性的政策和方法。

我国的物业管理制度是由国家法规政策和地方性法规政策共同组成的，下面主要对 2003 年以前的全国性物业管理法规政策进行简要介绍。

1. 城市新建住宅小区管理办法

1994 年 3 月 23 日颁布的《城市新建住宅小区管理办法》，确立了城市新建住宅小区物业管理的新体制，指明了我国房屋管理体制改革的前进方向。它是我国第一部系统规范物业管理制度的规范性文件，是推动我国全面开展物业管理活动的基石，对我国建立物业管理活动秩序产生了重大影响。

2. 全国物业管理示范项目考评标准

为贯彻原建设部《城市新建住宅小区管理办法》，提高城市住宅小区的整体管理水平，推动社会化、专业化的物业管理进程，原建设部于 1995 年印发了《全国优秀管理住宅小区标准》及考评验收工作的通知；于 1997 年印发了《全国城市物业管理优秀大厦标准及评分细则》，针对大厦物业管理的情况和特点，规定了管理标准和考评内容，从此使大厦的物业管理也纳入规范管理的轨道；于 2000 年 5 月发布了《关于修订全国物业管理示范住宅小区（大厦、工业区）标准及有关考评验收工作的通知》。

3.《城市住宅小区物业管理服务收费暂行办法》

为规范物业服务企业的服务收费行为，保护消费者的正当权益，1996 年原国家计委和原建设部联合下发了《城市住宅小区物业管理服务收费暂行办法》。该办法实施后，对维护物业管理正常收费秩序发挥了重大作用。

4.《物业管理企业财务管理规定》

为规范物业服务企业财务管理行为，有利于企业公平竞争，加强财务管理和经济核算，财政部 1998 年颁布了《物业管理企业财务管理规定》，该规定结合物业服务企业的特点及其管理要求，从代管基金、成本、费用、营业收入和利润等方面具体规范物业服务企业的财务管理行为。

5.《住宅共用部位共用设施设备维修基金管理办法》

为保障住房售后的维修管理，维护住房产权人和使用人的共同利益，原建设部、财政部于 1998 年 11 月印发了《住宅共用部位共用设施设备维修基金管理办法》，该办法规定：凡商品住房和公有住房出售后都应当建立住宅共用部位共用设施设备维修基金，专项用于保修期满后的大修、更新和改造。

6.《物业管理企业资质管理试行办法》

为规范物业管理市场秩序，加强对物业服务企业经营活动的管理，1999 年原建设部印发

了《物业管理企业资质管理试行办法》（以下简称《试行办法》），要求从事物业管理的企业必须按照《试行办法》的规定，申请企业资质评定，然后才能依法运营。经过几年的试行，发挥了良好的效果，物业管理企业基本纳入行业管理，物业管理市场也基本得到稳定。

7.《住宅室内装饰装修管理办法》

2002年3月原建设部发布了《住宅室内装饰装修管理办法》（建设部令第110号）。该办法是物业服务企业提供装饰装修管理服务的法规依据，对规范装饰装修行为起到了重要作用。

二、《物业管理条例》颁布后我国物业管理的制度建设

2003年6月8日，《物业管理条例》（以下简称《条例》）正式颁布，这标志着我国物业管理法制建设进入新阶段。《条例》颁布后，国务院有关部门和地方各级政府及房地产主管部门纷纷开展相应政策的立、改、废工作，全国上下掀起物业管理制度建设的新高潮。这一阶段物业管理政策法规主要体现出以下特点：一是配套性，主要是以《条例》的配套性文件和实施细则的方式出现，以贯彻落实《条例》为基本指针；二是经验性，主要是总结物业管理实践的经验教训，有针对性地做出制度安排；三是操作性，主要是将《条例》中的基本制度和原则规定予以细化，使其在现实操作层面上得以实施。

从《条例》颁布至今，一个内容全面、结构合理、科学规范、特色鲜明的物业管理法规体系已初步形成。

《条例》颁布后至《物权法》生效前，全国性的物业管理法规政策主要有：

（1）2003年6月，原建设部发布《业主大会规程》；

（2）2003年9月，原建设部发布《前期物业管理招标投标管理暂行办法》；

（3）2003年11月，国家发展和改革委员会、原建设部发布《物业服务收费管理办法》；

（4）2004年1月，中国物业管理协会制定《普通住宅小区物业管理服务等级标准》；

（5）2004年3月，原建设部发布《物业管理企业资质管理办法》；

（6）2004年7月，国家发展和改革委员会、原建设部发布《物业服务收费明码标价规定》；

（7）2004年9月，原建设部发布《业主临时公约（示范文本）》和《前期物业服务合同（示范文本）》；

（8）2005年11月，原人事部、原建设部发布《物业管理师制度暂行规定》《物业管理师资格考试实施办法》和《物业管理师资格认定考试办法》。

三、《物权法》颁布后我国物业管理的制度建设

2007年3月16日，第十届全国人民代表大会五次会议通过《中华人民共和国物权法》（简称《物权法》）。《物权法》第六章"业主的建筑物区分所有权"的有关规定，对业主共同管理建筑物及其附属设施中的权利义务作出了具体规定。为维护国家法律制度的统一，根据《物权法》第六章的有关规定，国务院于2007年8月公布了《国务院关于修改〈物业管理条例〉的决定》。与此同时，以《物权法》为指针，物业管理的政策法规开始了新一轮的修改和完善。这一阶段物业管理政策法规主要体现以下特点：一是协调性，主要是强调制度建设要与上位法保持一致，以避免法律适用的冲突，保证国家法制统一；二是引导性，主要是政府从改善民生和发展经济出发，着力制定指导和支持物业服务业发展的产业政策；三是创新性，主要是在总结物业管理发展30年经验基础上，进行符合市场规律和行业特征的制度创

新。《物权法》颁布后至《民法典》颁布前，主要制定了以下全国性的物业管理政策法规：

（1）2007年9月，国家发展改革委、原建设部发布《物业服务定价成本监审办法》。

（2）2007年12月，原建设部、财政部发布《住宅专项维修资金管理办法》。

（3）2009年9月，最高人民法院发布《关于审理建筑物区分所有权纠纷案件具体应用法律若干问题的解释》和《关于审理物业服务纠纷案件具体应用法律若干问题的解释》。

（4）2009年12月，住房和城乡建设部发布《业主大会和业主委员会指导规则》。

（5）2010年10月，住房和城乡建设部发布《物业承接查验办法》。

（6）2014年1月，住房和城乡建设部发布《物业管理师继续教育暂行办法》。

（7）2015年《物业服务企业资质管理办法》修订，取消物业服务企业注册资本限制。物业管理师等67项职业资格被取消。

（8）2016年删除原《物业管理条例》的第三十三条和第六十一条这两条与企业资质管理相关的条款，同时修改《物业管理条例》，取消了物业管理人员从业资格限制。

（9）2018年2月12日住房和城乡建设部《关于废止〈物业服务企业资质管理办法〉的决定》审议通过，意味着物业服务企业资质认定成为历史，物业服务企业资质被全面取消。

四、《民法典》颁布后我国物业管理的制度建设

2020年5月《民法典》颁布，并于2021年1月1日起正式施行。《民法典》首次明确物业服务合同为典型合同，对业主共同决定事项的表决和通过规则作出了调整，同时也是首次提出"物业服务人"的概念，进一步明确了业主和物业服务人的权利义务，对于依法规范物业管理行业具有巨大推动作用。《民法典》颁布前后，全国多个省、自治区和城市进行了物业管理专门立法，必将推动我国物业管理制度建设。《民法典》正式生效后，原有的《物权法》《合同法》《侵权责任法》等多部法律自动失效，与之对应的物业管理相关规定也一并失效，《物业管理条例》也将参照《民法典》相关规定作出相应的调整，同时配套的相关政策也将陆续出台，进入了我国物业管理制度建设的新篇章。

第五节 《民法典》关于"业主的建筑物区分所有权"的规定

一、建筑物区分所有权的概念及构成

建筑物区分所有权，是指多个业主共同拥有一栋建筑物时，各个业主对其在构造和使用上具有独立的建筑物部分所享有的所有权和对供全体或部分所有人共同使用的建筑物部分所享有的共有权以及基于建筑物的管理、维护和修缮等共同事务而产生的共同管理权的总称。《民法典》第二百七十一条规定："业主对建筑物内的住宅、经营性用房等专有部分享有所有权，对专有部分以外的共有部分享有共有和共同管理的权利。"根据上述规定，业主的建筑物区分所有权由以下三部分构成：

第一，业主对专有部分的所有权。即业主对建筑物内的住宅、经营性用房等专有部分享有所有权，有权对专有部分占有、使用、收益和处分。

第二，业主对建筑区划内的共有部分的共有权。即业主对专有部分以外的共有部分如电梯、过道、楼梯、屋顶、外墙面等享有共有的权利。

第三，业主对建筑区划内的共有部分的共同管理权。即业主对专有部分以外的共有部分

享有共同管理的权利。

二、专有部分的认定及专有部分的所有权

1. 专有部分的认定

依据《最高人民法院关于审理建筑物区分所有权纠纷案件具体应用法律若干问题的解释》，建筑区划内符合下列条件的房屋，以及车位、摊位等特定空间，应当认定为专有部分：

（1）具有构造上的独立性，能够明确区分；
（2）具有利用上的独立性，可以排他使用；
（3）能够登记成为特定业主所有权的客体。

规划上专属于特定房屋，且建设单位销售时已经根据规划列入该特定房屋买卖合同中的露台等，应当认定为专有部分的组成部分。

2. 业主的专有部分所有权及其权利限制

（1）业主对其建筑物专有部分享有占有、使用、收益和处分的权利。
（2）业主行使专有部分所有权时，不得危及建筑物的安全，不得损害其他业主的合法权利。
（3）业主转让建筑内的住宅、经营性用房等专有部分，其对共有部分享有的共有和共同管理的权利一并转让。
（4）业主不得违反法律、法规以及管理规约，将住宅改变为经营性用房。业主将住宅改变为经营性用房的，除遵守法律、法规以及管理规约外，应当经有利害关系的业主一致同意。

三、共有部分的认定及共有部分的共有权

1. 共有部分的认定

依据《最高人民法院关于审理建筑物区分所有权纠纷案件具体应用法律若干问题的解释》，除法律、行政法规规定的共有部分外，建筑区划内的以下部分，也应当认定为共有部分：

（1）建筑物的基础、承重结构、外墙、屋顶等基本结构部分，通道、楼梯、大堂等公共通行部分，消防、公共照明等附属设施、设备，避难层、设备层或者设备间等结构部分；
（2）其他不属于业主专有部分，也不属于市政公用部分或者其他权利人所有的场所及设施等；
（3）建筑区划内的土地，依法由业主共同享有建设用地使用权，但属于业主专有的整栋建筑物的规划占地或者城镇公共道路、绿地占地除外。

2. 业主共有部分的共有权

（1）业主对建筑物专有部分以外的共有部分，享有权利，承担义务；不得以放弃权利为由不履行义务。
（2）建筑区划内的道路，属于业主共有，但是属于城镇公共道路的除外。建筑区划内的绿地，属于业主共有，但是属于城镇公共绿地或者明示属于个人的除外。建筑区划内的其他公共场所、公用设施和物业服务用房，属于业主共有。
（3）建筑区划内，规划用于停放汽车的车位、车库的归属，由当事人通过出售、附赠或者出租等方式约定。占用业主共有的道路或者其他场地用于停放汽车的车位，属于业

主共有。

四、共有部分的共同管理权

（一）关于业主共同决定事项的范围

依据《民法典》第二百七十八条，下列事项由业主共同决定：

（1）制定和修改业主大会议事规则；
（2）制定和修改管理规约；
（3）选举业主委员会或者更换业主委员会成员；
（4）选聘和解聘物业服务企业或者其他管理人；
（5）使用建筑物及其附属设施的维修资金；
（6）筹集建筑物及其附属设施的维修资金；
（7）改建、重建建筑物及其附属设施；
（8）改变共有部分的用途或者利用共有部分从事经营活动；
（9）有关共有和共同管理权利的其他重大事项。

（二）共同决定事项的表决和通过规则

业主共同决定事项，应当由专有部分面积占比三分之二以上的业主且人数占比三分之二以上的业主参与表决。决定前款第六项至第八项规定的事项，应当经参与表决专有部分面积四分之三以上的业主且参与表决人数四分之三以上的业主同意。决定前款其他事项，应当经参与表决专有部分面积过半数的业主且参与表决人数过半数的业主同意。

依据《最高人民法院关于审理建筑物区分所有权纠纷案件具体应用法律若干问题的解释》，专有部分面积和建筑物总面积，可以按照下列方法认定：①专有部分面积，按照不动产登记簿记载的面积计算；尚未进行物权登记的，暂按测绘机构的实测面积计算；尚未进行实测的，暂按房屋买卖合同记载的面积计算。②建筑物总面积，按照前项的统计总和计算。

业主人数和总人数，可以按照下列方法认定：①业主人数，按照专有部分的数量计算，一个专有部分按一人计算。但建设单位尚未出售和虽已出售但尚未交付的部分，以及同一买受人拥有一个以上专有部分的，按一人计算。②总人数，按照前项的统计总和计算。

（三）关于共同管理权的其他规定

1. 维修资金的所有权归属与使用

建筑物及其附属设施的维修资金，属于业主共有。经业主共同决定，可以用于电梯、屋顶、外墙、无障碍设施等共有部分的维修、更新和改造。建筑物及其附属设施的维修资金的筹集、使用情况应当定期公布。

紧急情况下需要维修建筑物及其附属设施的，业主大会或者业主委员会可以依法申请使用建筑物及其附属设施的维修资金。

2. 管理费用分摊与收益分配

建设单位、物业服务企业或者其他管理人等利用业主的共有部分产生的收入，在扣除合理成本之后，属于业主共有。

建筑物及其附属设施的费用分摊、收益分配等事项，有约定的，按照约定；没有约定或者约定不明确的，按照业主专有部分面积所占比例确定。

3. 建筑物及其附属设施的管理

业主可以自行管理建筑物及其附属设施，也可以委托物业服务企业或者其他管理人管理。对建设单位聘请的物业服务企业或者其他管理人，业主有权依法更换。

思考题

1. 物业与物业管理的概念是什么？
2. 物业管理的主要特征有哪些？
3. 物业管理服务的主要内容包括哪些？
4. 建筑物区分所有权的概念及构成是如何规定的？
5. 《民法典》关于业主共同决定事项的表决和通过规则是如何规定的？

第二章　业主自治

业主自治是指在物业管理区域内的全体业主，基于建筑物区分所有权，依据法律法规的规定和民主原则建立自治组织、确立自治规范，管理本区域内物业的一种基层治理模式。《物业管理条例》明确了业主大会制度，尊重业主的财产权是业主大会制度的基本指导思想，强调业主自治是业主大会制度的根本出发点。

第一节　业主

一、业主的概念

《物业管理条例》第六条规定：房屋的所有权人为业主。业主对自己的物业享有占有、使用、收益和处分的权利。

实践中，具备业主身份的情况有三种：一是房屋所有权证书载明的权利人；二是房屋共有权证书载明的权利人；三是待领房屋所有权证书和房屋共有权证书的购房人。

在我国现实生活中，关于住宅的所有权问题还要结合《中华人民共和国婚姻法》的相关规定，如果该房屋为夫妻双方婚后共同财产，即使产权证只载明其中一人，夫妻双方都是房屋的所有权人；如果是婚前个人财产，则房屋的所有权证书载明的权利人即为房屋所有权人，另外一人为非业主使用人。

二、物业使用人的概念

物业使用人是指不具有物业的所有权，但对物业享有使用权，并依照法律和物业服务合同约定能够行使物业部分权利的人。物业使用人包括承租人和实际使用物业的其他人。物业使用人对物业享有占有、使用和部分收益的权利，但是没有处分权。

《物业管理条例》第四十八条规定：物业使用人在物业管理活动中的权利义务由业主和物业使用人约定，但不得违反法律、法规和管理规约的有关规定。物业使用人违反本条例和管理规约的规定，有关业主应当承担连带责任。

三、业主的权利

根据《物业管理条例》的规定，业主在物业管理活动中，享有下列权利：
（1）按照物业服务合同的约定，接受物业服务企业提供的服务；
（2）提议召开业主大会会议，并就物业管理的有关事项提出建议；
（3）提出制定和修改管理规约、业主大会议事规则的建议；
（4）参加业主大会会议，行使投票权；

（5）选举业主委员会成员，并享有被选举权；
（6）监督业主委员会的工作；
（7）监督物业服务企业履行物业服务合同；
（8）对物业共用部位、共用设施设备和相关场地使用情况享有知情权和监督权；
（9）监督物业共用部位、共用设施设备专项维修资金的管理和使用；
（10）法律、法规规定的其他权利。

除以上权利外，依据《民法典》的相关规定，业主对其建筑物内的住宅、经营性用房等专有部分享有所有权，对专有部分以外的共有部分享有共有和共同管理的权利；业主大会或者业主委员会作出的决定侵害业主合法权益的，受侵害的业主可以行使撤销权，请求人民法院予以撤销；对建设单位聘请的物业服务企业或者其他管理人，业主有权依法更换；业主大会或者业主委员会，对任意弃置垃圾、排放污染物或者噪声、违反规定饲养动物、违章搭建、侵占通道、拒付物业服务费等损害他人合法权益的行为，有权依照法律、法规以及管理规约，请求行为人停止侵害、排除妨碍、消除危险、恢复原状、赔偿损失；业主对建设单位、物业服务企业或者其他管理人以及其他业主侵害自己合法权益的行为，有权请求其承担民事责任。

四、业主的义务

根据《物业管理条例》的规定，业主在物业管理活动中，履行下列义务：
（1）遵守管理规约、业主大会议事规则；
（2）遵守物业管理区域内物业共用部位和共用设施设备的使用、公共秩序和环境卫生的维护等方面的规章制度；
（3）执行业主大会的决定和业主大会授权业主委员会作出的决定；
（4）按照国家有关规定交纳专项维修资金；
（5）按时交纳物业服务费用；
（6）法律、法规规定的其他义务。

除以上义务外，依据《民法典》的相关规定，业主行使权利不得危及建筑物的安全，不得损害其他业主的合法权益，不得任意改变房屋用途；业主应当遵守法律、法规以及管理规约，相关行为应当符合节约资源、保护生态环境的要求；对于物业服务企业或者其他管理人执行政府依法实施的应急处置措施和其他管理措施，业主应当依法予以配合。

第二节 业主大会

一、业主大会的组成和性质

业主大会由物业管理区域内的全体业主组成，代表和维护物业管理区域内全体业主在物业管理活动中的合法权利，履行相应的义务。

业主大会代表和维护物业管理区域内全体业主的合法权益，有权依据法律法规的规定和管理规约的约定，决定物业管理区域内一切物业管理事项。物业管理区域内的任何业主，都必须遵守业主大会制定的管理规约和业主大会议事规则，遵守业主大会制定的各项规章制度，并执行业主大会作出的决定。

《物业管理条例》确立了业主大会和业主委员会并存、业主大会决策、业主委员会执行的制度。2009年12月，住房和城乡建设部制定并印发了《业主大会和业主委员会指导规则》（以下简称《指导规则》），进一步规范了业主大会和业主委员会的活动，推进了业主大会制度建设的进程。

二、业主大会的筹备和成立

业主大会根据物业管理区域的划分成立，一个物业管理区域成立一个业主大会。只有一个业主的，或者业主人数较少且经全体业主同意，不成立业主大会的，由业主共同履行业主大会、业主委员会职责。

依据《物业管理条例》第九条的规定，物业管理区域的划分应当考虑物业的共用设施设备、建筑物规模、社区建设等因素。具体办法由省、自治区、直辖市制定。

1. 业主大会的筹备

（1）业主大会筹备组的成立　根据《指导规则》的规定，物业管理区域内，已交付的专有部分面积超过建筑物总面积50%时，建设单位应当按照物业所在地的区、县房地产行政主管部门或者街道办事处、乡镇人民政府的要求，及时报送下列筹备首次业主大会会议所需的文件资料：①物业管理区域证明；②房屋及建筑物面积清册；③业主名册；④建筑规划总平面图；⑤交付使用共用设施设备的证明；⑥物业服务用房配置证明；⑦其他有关的文件资料。

符合成立业主大会条件的，区、县房地产行政主管部门或者街道办事处、乡镇人民政府应当在收到业主提出筹备业主大会书面申请后60日内，负责组织、指导成立首次业主大会会议筹备组。首次业主大会会议筹备组由业主代表、建设单位代表、街道办事处、乡镇人民政府代表和居民委员会代表组成。筹备组成员人数应为单数，其中业主代表人数不低于筹备组总人数的一半，筹备组组长由街道办事处、乡镇人民政府代表担任。筹备组中业主代表的产生，由街道办事处、乡镇人民政府或者居民委员会组织业主推荐。筹备组应当将成员名单以书面形式在物业管理区域内公告。业主对筹备组成员有异议的，由街道办事处、乡镇人民政府协调解决。建设单位和物业服务企业应当配合协助筹备组开展工作。

（2）业主大会筹备组的工作职责　业主大会筹备组应当做好以下筹备工作：①确认并公示业主身份、业主人数以及所拥有的专有部分面积；②确定首次业主大会会议召开的时间、地点、形式和内容；③草拟管理规约、业主大会议事规则；④依法确定首次业主大会会议表决规则；⑤制定业主委员会委员候选人产生办法，确定业主委员会委员候选人名单；⑥制定业主委员会选举办法；⑦完成召开首次业主大会会议的其他准备工作。

上述内容应当在首次业主大会会议召开15日前以书面形式在物业管理区域内公告。业主对公告内容有异议的，筹备组应当记录并作出答复。业主委员会委员候选人由业主推荐或者自荐。筹备组应当核查参选人的资格，根据物业规模、物权份额、委员的代表性和广泛性等因素，确定业主委员会委员候选人名单。筹备组应当自组成之日起90日内完成筹备工作，组织召开首次业主大会会议。

2. 业主大会的成立

业主大会自首次业主大会会议表决通过管理规约、业主大会议事规则，并选举产生业主委员会之日起成立。业主大会成立后，业主委员会应当自选举产生之日起30日内，持下列文件向物业所在地的区、县房地产行政主管部门和街道办事处、乡镇人民政府办理备案手续：①业主大会成立和业主委员会选举的情况；②管理规约；③业主大会议事规则；④业主大会决定的其他重大事项。

业主委员会办理备案手续后,可持备案证明向公安机关申请刻制业主大会印章和业主委员会印章。业主委员会任期内,备案内容发生变更的,业主委员会应当自变更之日起30日内将变更内容书面报告备案部门。划分为一个物业管理区域的分期开发的建设项目,先期开发部分符合条件的,可以成立业主大会,选举产生业主委员会。首次业主大会会议应当根据分期开发的物业面积和进度等因素,在业主大会议事规则中明确增补业主委员会委员的办法。业主大会成立流程见图2-1。

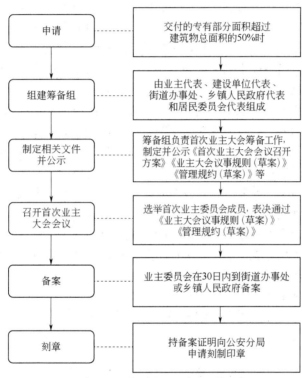

图 2-1　业主大会成立流程示意图

三、业主大会的职责

《指导规则》明确了业主大会的十项职责:
(1) 制定和修改业主大会议事规则;
(2) 制定和修改管理规约;
(3) 选举业主委员会或者更换业主委员会委员;
(4) 制定物业服务内容、标准以及物业服务收费方案;
(5) 选聘和解聘物业服务企业;
(6) 筹集和使用专项维修资金;
(7) 改建、重建建筑物及其附属设施;
(8) 改变共有部分的用途;
(9) 利用共有部分进行经营以及所得收益的分配与使用;
(10) 法律法规或者管理规约确定应由业主共同决定的事项。

四、业主大会会议

业主大会会议分为定期会议和临时会议。业主大会定期会议应当按照业主大会议事规则的规定由业主委员会组织召开。

有下列情况之一的,业主委员会应当及时组织召开业主大会临时会议:
(1)经专有部分占建筑物总面积20%以上且占总人数20%以上业主提议的;
(2)发生重大事故或者紧急事件需要及时处理的;
(3)业主大会议事规则或者管理规约规定的其他情况。

业主大会会议可以采用集体讨论的形式,也可以采用书面征求意见的形式;但应当有物业管理区域内专有部分占建筑物总面积过半数的业主且占总人数过半数的业主参加。采用书面征求意见形式的,应当将征求意见书送交每一位业主;无法送达的,应当在物业管理区域内公告。凡需投票表决的,表决意见应由业主本人签名。

业主大会应当在业主大会议事规则中约定车位、摊位等特定空间是否计入用于确定业主投票权数的专有部分面积。一个专有部分有两个以上所有权人的,应当推选一人行使表决权,但共有人所代表的业主人数为一人。业主为无民事行为能力人或者限制民事行为能力人的,由其法定监护人行使投票权。业主因故不能参加业主大会会议的,可以书面委托代理人参加业主大会会议。未参与表决的业主,其投票权数是否可以计入已表决的多数票,由管理规约或者业主大会议事规则规定。

物业管理区域内业主人数较多的,可以幢、单元、楼层为单位,推选一名业主代表参加业主大会会议,推选及表决办法应当在业主大会议事规则中规定。业主可以书面委托的形式,约定由其推选的业主代表在一定期限内代其行使共同管理权,具体委托内容、期限、权限和程序由业主大会议事规则规定。

业主大会会议应当由业主委员会作出书面记录并存档。业主大会的决定应当以书面形式在物业管理区域内及时公告。

第三节　业主委员会

一、业主委员会的性质和职责

《物业管理条例》将业主委员会明确定位为业主大会的执行机构。业主委员会由全体业主通过业主大会会议选举产生,是业主大会的执行机构,对业主大会负责,具体负责执行业主大会交办的各项物业管理事项。

业主委员会由业主大会依法选举产生,履行业主大会赋予的职责,执行业主大会决定的事项,接受业主的监督。业主委员会主要履行以下职责:
(1)执行业主大会的决定和决议;
(2)召集业主大会会议,报告物业管理实施情况;
(3)与业主大会选聘的物业服务企业签订物业服务合同;
(4)及时了解业主、物业使用人的意见和建议,监督和协助物业服务企业履行物业服务合同;
(5)监督管理规约的实施;

（6）督促业主交纳物业服务费及其他相关费用；
（7）组织和监督专项维修资金的筹集和使用；
（8）调解业主之间因物业使用、维护和管理产生的纠纷；
（9）业主大会赋予的其他职责。

《指导规则》同时要求，业主委员会应当建立印章管理规定，并指定专人保管印章。使用业主大会印章，应当根据业主大会议事规则的规定或者业主大会会议的决定；使用业主委员会印章，应当根据业主委员会会议的决定。业主委员会应当自任期届满之日起10日内，将其保管的档案资料、印章及其他属于业主大会所有的财物移交新一届业主委员会。为保障业主知情权和监督权的实现，《指导规则》规定，业主委员会应当向业主公布下列情况和资料：①管理规约、业主大会议事规则；②业主大会和业主委员会的决定；③物业服务合同；④专项维修资金的筹集、使用情况；⑤物业共有部分的使用和收益情况；⑥占用业主共有的道路或者其他场地用于停放汽车车位的处分情况；⑦业主大会和业主委员会工作经费的收支情况；⑧其他应当向业主公开的情况和资料。

二、业主委员会的备案

业主委员会是业主大会的执行机构，一经业主大会会议选举产生，就在业主大会议事规则规定的任期内履行相关职责。因此，《物业管理条例》规定业主委员会应当自选举产生之日起30日内，持下列文件向物业所在地的区、县房地产行政主管部门和街道办事处、乡镇人民政府办理备案手续：

（1）业主大会成立和业主委员会选举的情况；
（2）管理规约；
（3）业主大会议事规则；
（4）业主大会决定的其他重大事项。

业主委员会办理备案手续后，可持备案证明向公安机关申请刻制业主大会印章和业主委员会印章。业主委员会任期内，备案内容发生变更的，业主委员会应当自变更之日起30日内将变更内容书面报告备案部门。

三、业主委员会委员资格的产生和终止

（一）业主委员会委员资格的产生

《物业管理条例》规定业主委员会委员应当由热心公益事业、责任心强、具有一定组织能力的业主担任。业主委员会主任、副主任在业主委员会成员中推选产生。

业主委员会由业主大会会议选举产生，由5至11人单数组成。业主委员会委员应当是物业管理区域内的业主，一般来说，业主委员会委员应当符合以下条件：

（1）本物业管理区域内具有完全民事行为能力的业主；
（2）遵守国家有关法律、法规；
（3）遵守业主大会议事规则、管理规约，模范履行业主义务；
（4）热心公益事业，责任心强，公正廉洁，具有社会公信力；
（5）具有一定组织能力；
（6）具备必要的工作时间。

业主委员会委员实行任期制，每届任期不超过5年，可连选连任，业主委员会委员具有

同等表决权。业主委员会应当自选举之日起 7 日内召开首次会议，推选业主委员会主任和副主任。业主委员会的主任、副主任是业主委员会的召集人和组织者，他们均由业主大会选举出来的业主委员会委员自行推选产生，这样可以增强业主委员会主任、副主任在业主委员会中的公信力，有利于其组织业主委员会的各项活动。

（二）业主委员会委员资格的终止

1. 自行终止

有下列情况之一的，业主委员会委员资格自行终止：

（1）因物业转让、灭失等原因不再是业主的；

（2）丧失民事行为能力的；

（3）依法被限制人身自由的；

（4）法律、法规以及管理规约规定的其他情形。

2. 授权终止

业主委员会委员有下列情况之一的，由业主委员会三分之一以上委员或者持有 20% 以上投票权数的业主提议，业主大会或者业主委员会根据业主大会的授权，可以决定是否终止其委员资格：

（1）以书面方式提出辞职请求的；

（2）不履行委员职责的；

（3）利用委员资格谋取私利的；

（4）拒不履行业主义务的；

（5）侵害他人合法权益的；

（6）因其他原因不宜担任业主委员会委员的。

业主委员会委员资格终止的，应当自终止之日起 3 日内将其保管的档案资料、印章及其他属于全体业主所有的财物移交业主委员会。

业主委员会任期内，委员出现空缺时，应当及时补足。业主委员会委员候补办法由业主大会决定或者在业主大会议事规则中规定。业主委员会委员人数不足总数的二分之一时，应当召开业主大会临时会议，重新选举业主委员会。

四、业主委员会会议

业主委员会应当按照业主大会议事规则的规定及业主大会的决定召开会议。经三分之一以上业主委员会委员的提议，应当在 7 日内召开业主委员会会议。业主委员会会议由主任召集和主持，主任因故不能履行职责，可以委托副主任召集。业主委员会会议应有过半数的委员出席，作出的决定必须经全体委员半数以上同意。业主委员会委员不能委托代理人参加会议。业主委员会应当于会议召开 7 日前，在物业管理区域内公告业主委员会会议的内容和议程，听取业主的意见和建议。业主委员会会议应当制作书面记录并存档，业主委员会会议作出的决定，应当有参会委员的签字确认，并自作出决定之日起 3 日内在物业管理区域内公告。

业主委员会应当建立工作档案，工作档案包括以下主要内容：

（1）业主大会、业主委员会的会议记录；

（2）业主大会、业主委员会的决定；

（3）业主大会议事规则、管理规约和物业服务合同；

（4）业主委员会选举及备案资料；

（5）专项维修资金筹集及使用账目；
（6）业主及业主代表的名册；
（7）业主的意见和建议。

业主大会和业主委员会开展工作的经费由全体业主承担；经费的筹集、管理、使用具体由业主大会议事规则规定。业主大会和业主委员会工作经费的使用情况应当定期以书面形式在物业管理区域内公告，接受业主的质询。

五、对业主大会和业主委员会的指导和监督

《民法典》第二百七十七条规定："地方人民政府有关部门、居民委员会应当对设立业主大会和选举业主委员会给予指导和协助。"

《条例》第十条规定："同一个物业管理区域内的业主，应当在物业所在地的区、县人民政府房地产行政主管部门或者街道办事处、乡镇人民政府的指导下成立业主大会，并选举产生业主委员会。"第十九条规定："业主大会、业主委员会应当依法履行职责，不得作出与物业管理无关的决定，不得从事与物业管理无关的活动。业主大会、业主委员会作出的决定违反法律、法规的，物业所在地的区、县人民政府房地产行政主管部门，应当责令限期改正或者撤销其决定，并通告全体业主。"为了强化对业主大会和业主委员会协助、指导和监督的力度和作用，《指导规则》第四章"指导和监督"从业主大会的筹备、开会、换届、终止、印章使用、财务移交和违规行为等不同环节和角度，详细规定了区、县房地产行政主管部门和街道办事处、乡镇人民政府的具体职责和权限。

（1）已交付使用的专有部分面积超过建筑物总面积50%，建设单位未按要求报送筹备首次业主大会会议相关文件资料的，物业所在地的区、县房地产行政主管部门或者街道办事处、乡镇人民政府有权责令建设单位限期改正。

（2）业主委员会未按业主大会议事规则的规定组织召开业主大会定期会议，或者发生应当召开业主大会临时会议的情况，业主委员会不履行组织召开会议职责的，物业所在地的区、县房地产行政主管部门或者街道办事处、乡镇人民政府可以责令业主委员会限期召开；逾期仍不召开的，可以由物业所在地的居民委员会在街道办事处、乡镇人民政府的指导和监督下组织召开。

（3）按照业主大会议事规则的规定或者1/3以上委员提议，应当召开业主委员会会议的，业主委员会主任、副主任无正当理由不召集业主委员会会议的，物业所在地的区、县房地产行政主管部门或者街道办事处、乡镇人民政府可以指定业主委员会其他委员召集业主委员会会议。

（4）业主委员会在规定时间内不组织换届选举的，物业所在地的区、县房地产行政主管部门或者街道办事处、乡镇人民政府应当责令其限期组织换届选举；逾期仍不组织的，可以由物业所在地的居民委员会在街道办事处、乡镇人民政府的指导和监督下，组织换届选举工作。

（5）违反业主大会议事规则或者未经业主大会会议和业主委员会会议的决定，擅自使用业主大会印章、业主委员会印章的，物业所在地的街道办事处、乡镇人民政府应当责令限期改正，并通告全体业主；造成经济损失或者不良影响的，应当依法追究责任人的法律责任。

（6）物业所在地的区、县房地产行政主管部门和街道办事处、乡镇人民政府应当积极开展物业管理政策法规的宣传和教育活动，及时处理业主、业主委员会在物业管理活动中的投诉。

（7）物业管理区域内，可以召开物业管理联席会议。物业管理联席会议由街道办事处、乡镇人民政府负责召集，由区、县房地产行政主管部门、公安派出所、居民委员会、业主委员会和物业服务企业等方面的代表参加，共同协调解决物业管理中遇到的问题。

第四节 临时管理规约和管理规约

管理规约是区分所有建筑物的业主行使共同管理权的契约性文件，是物业管理区域内业主共同制定并遵守的行为准则。《物业管理条例》第十七条规定："管理规约应当对有关物业的使用、维护、管理，业主的共同利益，业主应当履行的义务，违反规约应当承担的责任等事项依法作出约定。管理规约对全体业主具有约束力。"实行管理规约制度，有利于提高业主的自律意识，预防和减少物业管理纠纷。根据管理规约制定的时间和主体不同，将管理规约分为临时管理规约和管理规约。

一、临时管理规约

（一）临时管理规约的概念

《物业管理条例》第二十二条规定："建设单位应当在销售物业之前，制定临时管理规约，对有关物业的使用、维护、管理，业主的共同利益，业主应当履行的义务，以及违反规约应当承担的责任等事项依法作出约定。"

（二）临时管理规约的制定

1. 临时管理规约制定的主体

临时管理规约一般由建设单位在出售物业之前预先制定，这是因为建设单位在物业销售之前是物业的唯一业主，即初始业主，而且建设单位这种"业主"的身份一直延续到物业全部销售完毕，在作为业主共同利益代表者——业主大会的成立条件不具备条件的情况下，建设单位有权利也有义务代行制定有关物业共同管理事项的公共契约，以实现业主的共同利益。这是建设单位应当负责制定临时管理规约的主要理由。但是，建设单位制定的临时管理规约毕竟不同于全体业主自行制定的管理规约，有时并不一定能完全体现全体业主的意志，这类规约只存在于前期物业管理阶段，具有过渡性质。业主大会成立后，业主可以通过业主大会会议表达自己的意志，表决通过新制定的管理规约，也可以沿用临时管理规约，或者修改临时管理规约后继续生效。无论如何，只要沿用或者修改临时管理规约的决定经过业主大会的审议通过，此时临时管理规约就已经转化为法律意义上的管理规约了。

2. 临时管理规约制定的时间

《物业管理条例》规定，建设单位制定临时管理规约的时间为物业销售之前，是因为物业销售交付后，一旦业主入住，就会面临业主之间有关物业使用、维护、管理等方面权利义务的行使问题。因此，在物业销售之前制定临时管理规约，便于业主提前知晓管理规约的内容，做到从入住一开始就有章可循。在实践中，建设单位一般将临时管理规约作为物业买卖合同的附件，或者在物业买卖合同中有明确要求物业买受人遵守临时管理规约的条款，通过这种方式让物业买受人作出遵守临时管理规约的承诺，这在客观上要求临时管理规约应当在物业销售前制定。

无论物业的现售还是预售，建设单位都应预先制定临时管理规约。

（三）相关主体的法律义务

1. 建设单位不得侵害物业买受人权益的义务

临时管理规约由建设单位制定，但由于物业买受人在购房时与建设单位相比，无论是经济实力还是专业信息都处于劣势,对于临时管理规约的制定缺乏主动参与的机会。建设单位从有利自己的动机出发,可能会利用制定临时管理规约的便利,在规约中加入不公正的条款,从而损害物业买受人的利益。为了消除临时管理规约中可能存在的有失公平的内容,保障物业买受人的利益,《条例》对临时管理规约的内容进行了原则上的限制,规定建设单位制定的临时管理规约,不得侵害物业买受人的合法权益。

2. 建设单位对临时管理规约的明示和说明义务

建设单位制定的临时管理规约,应当在物业销售之前向物业买受人明示,并予以说明。对临时管理规约的主要内容,向物业买受人陈述,并就容易导致购房人混淆的地方进行解释说明,以使物业买受人准确理解未来作为业主的权利与义务。

3. 物业买受人书面承诺遵守临时管理规约的义务

为了进一步强化和保护物业买受人的权益,《物业管理条例》规定,物业买受人在与建设单位签订物业买卖合同时,应当对遵守临时管理规约予以书面承诺。实践中,通常存在两种做法:一种是,建设单位将临时管理规约作为物业买卖合同的附件,或者在物业买卖合同中明确规定要求物业买受人遵守临时管理规约的条款,让物业买受人在物业买卖合同上签字确认;另一种是,物业买受人在签订物业买卖合同的同时,在建设单位提供的临时管理规约承诺书上签字确认。签字确认,也就意味着临时管理规约得到物业买受人的接受和认可,从而为物业买受人同意遵守临时管理规约提供了书面依据。

二、管理规约

1. 管理规约的概念

管理规约是指由业主大会制定,全体业主承诺,对全体业主具有约束力的,用以指导、规范和约束所有业主、物业使用人、业主大会和业主委员会权利义务的行为守则,是物业管理的基础和准则。

管理规约应当对有关物业的使用、维护、管理,业主的共同利益,业主应当履行的义务,违反管理规约应当承担的责任等事项依法作出约定。管理规约应当尊重社会公德,不得违反法律、法规或者损害社会公共利益。

2. 管理规约的主要内容

依据《指导规则》第十八条,规定管理规约应当对下列主要事项作出规定:

(1) 物业的使用、维护、管理;

(2) 专项维修资金的筹集、管理和使用;

(3) 物业共用部分的经营与收益分配;

(4) 业主共同利益的维护;

(5) 业主共同管理权的行使;

(6) 业主应尽的义务;

(7) 违反管理规约应当承担的责任。

3. 管理规约的法律效力

管理规约对物业管理区域内的全体业主具有约束力。由于管理规约须经物业管理区域内业主签字承诺,具有法律效力,因此,管理规约的效力范围涉及全体业主。理解管理规约的法律效力应当注意以下两点:

（1）管理规约对物业使用人也发生法律效力。物业使用人基于其实际物业的使用，不可避免地会影响到物业的状态，而且业主委员会或者物业服务人对物业进行管理势必要直接与物业使用人打交道，因此，客观上需要将其纳入物业管理活动中来。

（2）管理规约对物业的继受人（即业主）自动产生效力。在物业的转让和继承中，物业的所有权要发生变动移转给受让人。无须新入住的继受人作出任何形式上的承诺，管理规约就自动地对其产生效力。

思考题

1. 什么是业主？具备业主身份的情况有哪几种？
2. 物业使用人的概念是什么？
3. 业主的权利和义务分别有哪些？
4. 业主大会的职责有哪些？
5. 业主委员会职责有哪些？
6. 业主委员会委员资格的产生和终止分别是如何规定的？
7. 临时管理规约和管理规约的主要区别有哪些？

第三章 物业服务人和物业服务从业人员

第一节 物业服务人

一、物业服务人的概念

《民法典》第九百三十七条首次提出了物业服务人的概念,具体来说,物业服务人就是指在物业服务区域中,为业主提供建筑物及其附属设施的维修养护、环境卫生和相关秩序的管理维护等物业服务的组织。

物业服务人包括物业服务企业和其他管理人。这是继取消物业服务企业资质后进一步明确从事物业服务活动的主体不仅仅局限于物业服务企业,还包括其他管理人。

从我国目前物业管理实践来看,物业服务企业仍是物业服务活动中最重要的服务主体,随着互联网技术的日新月异、智慧科技的快速发展、社会分工的专业化加剧,各种平台公司、科技公司、专业分包公司等也将在物业服务活动中占有一席之地。

二、物业服务企业

(一)物业服务企业的概念和常见模式

物业服务企业是依法成立、具备专门资质并具有独立企业法人地位,依据物业服务合同从事物业管理相关活动的经济实体。

依据物业服务企业是否有开发背景及其发展规模,物业服务企业的常见模式主要有以下三种。

1. 具有开发背景的物业服务企业

中指研究院发布的《2020中国物业服务百强企业研究报告》显示,在2019年,百强物业服务企业中有开发背景的物业服务企业数量占比近八成,这些企业的管理面积中约六成来自兄弟开发公司。在实际工作中,这种"谁开发谁物业"的模式有利于物业服务企业和建设单位的沟通与衔接,但是在开发商遗留大量历史问题,诸如房屋装修不符合要求、产权证无法及时办理、屋顶渗漏等情况下,即使物业服务企业在承接查验阶段发现各种问题也很难完全站在业主的立场维护业主的权益,业主在面对这些状况的时候,有时直接迁怒于物业服务企业,而物业服务企业的尴尬身份导致其没有独立的话语权,也无力解决问题,成为个别开发商的"替罪羊",引发物业服务企业与业主的冲突,这也是当前我国物业管理实践中物业纠纷产生的重要原因之一。同时，这种模式也不利于推进物业管理的市场化进程。

2. 独立的物业服务企业

独立的物业服务企业是指不依附于建设单位和其他单位，独立注册、自主经营、自负盈亏的法人组织。这种模式是真正意义上的"建管分离"，只有让物业服务企业以独立的企业法人身份通过竞争的方式进入市场，才能提升物业服务企业的竞争意识和服务意识，同时有利于规范物业管理活动，促进物业管理市场健康有序的发展。

3. 物业管理集团公司

物业管理集团公司主要由集团总公司和下属子公司或分公司构成。集团总公司是宏观控制机构，集团发展的战略决策由总公司负责，子公司或分公司既可按地域设置，也可按专业服务内容划分，如楼宇设备的维修公司、清洁服务公司、保安服务公司；实力强的物业管理集团公司不仅自己承接业务，同时还可以为其他物业服务企业或物业项目提供顾问咨询服务。这种模式有利于物业服务企业加强品牌建设，推动物业服务企业走上规模化、集团化的发展道路，鼓励物业服务企业由劳动密集型的服务商模式逐步向知识密集型的集成商模式过渡。集团化、规模化将成为今后我国物业服务管理行业的发展趋势。

（二）物业服务企业的机构设置

物业服务企业规模较大、管理的项目较多时，企业的总体结构可分为两级：企业总部和各项目管理机构（也称管理处、服务中心或服务处）。在企业总部可以设置若干职能部门，分管各项目管理机构的不同业务；项目管理机构负责具体管理服务操作。

一般情况下，企业职能机构及其职责主要包括以下内容。

1. 总经理室

总经理室一般设总经理和若干副总经理及"三师"（总会计师、总经济师、总工程师等），部分企业还设有总经理助理，他们共同构成企业的决策层，对企业的重大问题做出决策。

2. 人力资源部

人力资源部的主要职责包括：制定企业各项人力资源管理制度，编制人力资源发展和培训计划，优化人力资源结构和人力资源配置，设计实施薪酬管理方案，完成人员招募、任免、调配、考核、奖惩、培训、解聘、辞退等工作。

3. 行政管理部

行政管理部的主要职责包括：编制实施行政管理、企业文化建设、品牌管理和信息化建设的规划和预算，建立相关规章制度、管理标准和工作标准，完成企业日常行政管理、企业文化和社区文化建设、品牌策划、后勤保障、内部信息管理、信息化建设、对外事务的联络等工作。

4. 财务部

财务部的主要职责包括：坚持原则，遵守财经纪律，执行财务规章制度；编制财务计划，做好财务核算、成本控制、预算和决算管理、财务分析和财务管理等工作；督促检查各项目的财务收支情况，监督资金和资产的安全运作，增收节支；定期向总经理室汇报财务收支情况。

5. 品质管理部

品质管理部的主要职责包括：企业质量管理体系运行和维护，各物业项目服务品质监督，客户满意度评价及监督，管理评审，协助新物业项目建立质量管理体系，外部质量审核的协调，内部服务品质审核的组织协调，客户服务监督管理，客户关系管理，客户投诉处理，客户满意度评价等。

6. **市场拓展部**

市场拓展部的主要职责包括：物业管理市场调查研究，物业管理市场拓展，物业项目可行性研究分析，制作标书，投标管理，新接管物业项目前期介入管理的组织和协调，顾问项目管理与协调等。

7. **经营管理部**

经营管理部的主要职责包括：制定和分解企业经营计划和经营目标，制定物业项目考核体系、考核指标和标准，组织对各物业项目进行目标考核等。

8. **工程管理部**

工程管理部的主要职责包括：工程维修和运行保障，合格工程维修分包商评审；各项维修保养工程和工程改造项目招投标、预算及审价、合同评审工作，为各物业项目提供工程技术支持、工程设备运行和维修评审，支持新项目做好新接管物业的移交、验收和工程管理，负责或参与有关工程设备管理文件的编制等。

9. **安全管理部**

安全管理部的主要职责包括：各物业项目安全管理监督控制、安全管理指导的统筹安排、安全检查的统筹安排、安全管理评审、新项目安全管理支持和协助、负责或参与有关标书安全管理文件的编制等；具体负责公司安全管理制度及工作计划的制定与实施，并监督、指导、协调和考核各项目的执行情况；完成安全巡查、安全投诉处理、定期消防安全检查等工作；协助项目对重大安全事故或突发事件的调查和处理。

10. **环境管理部**

环境管理部的主要职责包括：负责清洁、绿化管理，保持环境卫生，实施企业对清洁和绿化分包方监管等；具体负责指导、监督各项目清洁绿化日常维护保养工作；负责对承包方的监督检查与考核；负责制定公共环境卫生防护的各类管理措施，组织编制并实施项目清洁绿化的大、中型维护保养计划。

随着物业服务企业不断布局住宅以外的其他业态以及拓宽多种经营服务的需要，物业服务企业的机构设置也将逐步进行调整，对物业服务企业组织架构的整体战略和管理层员工提出更高的要求。

三、其他管理人

依据《民法典》，其他管理人是指在物业服务区域中，为业主提供建筑物及其附属设施的维修养护、环境卫生和相关秩序的管理维护等物业服务的物业服务企业以外的其他组织，应当是独立的法人。包括各种专业管理公司，如专业的保洁公司、保安公司、电梯公司等，也可以是营业执照经营范围中包含物业服务的其他组织。

第二节　物业服务从业人员

一、物业服务从业人员职业资格的发展历程

1996年，原建设部人事教育司和房地产业司联合下发了《关于实行物业管理企业经理、部门经理、管理员岗位培训合格上岗制度的通知》，对物业管理企业有关重要岗位实行持证上

岗制度。该制度在实施过程中，逐步总结出物业管理企业有关管理岗位人员的必备知识和必备能力，建立起一套既考察基础知识，又注重实际能力的考核方法。持证上岗制度实施后，全国有十万名以上的物业管理从业人员通过了物业管理基础理论和专业知识的培训，这对提高从业人员的理论水平和专业技术起到了积极的作用。与此同时，全国各地的房地产行政主管部门和物业管理行业协会以及有关培训机构，也根据实际情况和地域特征，因地制宜地对本地区的从业人员进行多种形式的岗位培训，不同程度促进了物业管理从业人员执业能力的提高。

但是，持证上岗制度的初级性、试验性和弱强制性都决定了该制度的局限性。随着物业管理行业的迅猛发展以及对物业管理需求的不断增加，大家逐步认识到，对物业管理从业人员实行更加严格的行业准入制度，是提高从业人员专业素质的必要途径，也是满足广大业主需求的有效保障。因此，2003年6月，国务院《物业管理条例》的颁布，正式确立了物业管理从业人员职业资格制度，奠定了物业管理师制度的法律基础；2005年11月，原人事部、原建设部印发《物业管理师制度暂行规定》《物业管理师资格考试实施办法》和《物业管理师资格认定考试办法》，将物业管理师资格正式纳入了国家专业技术人员职业资格系列，标志着物业管理师制度的初步建立；2006年5月，原建设部印发《关于实施物业管理师制度职责分工有关问题的通知》，明确要求建设部职业资格注册中心和中国物业管理协会加强协调配合，在原建设部、原人事部的监督指导下，共同做好物业管理师职业资格的有关工作；同年6月原建设部发文成立了全国物业管理师制度管理委员会，负责组织和协调物业管理师制度实施和管理工作。此后，有关各项工作顺利起步，并于当年10月举行了全国物业管理师认定考试。2007年12月，原人事部办公厅和原建设部办公厅联合下发了《关于公布物业管理师资格认定考试结果的通知》，全国有1119名从业人员取得了物业管理师资格。首批物业管理师的诞生，预示着物业管理师制度全面实施的良好开局。经过多年的努力，2010年10月进行了全国第一次"物业管理师资格"考试，注册物业管理师资格制度正式建立。2014年1月，住房和城乡建设部印发《物业管理师继续教育暂行办法》，从课程设置、课时要求、实施方式和监督管理等方面规范了物业管理师继续教育工作。以物业管理师制度为核心的物业管理从业人员职业资格制度，要求相关从业人员必须达到从事物业管理工作必备的学识、技术和能力，有利于从根本上扭转物业服务行业人才短缺的局面，推动物业管理的持续健康发展。

2015年，为了减少行政干预，加快物业管理行业的市场化进程，伴随着取消物业服务企业资质的审批，国务院发布通知，取消物业管理师职业资格许可和认定事项，至此，物业管理理师执业资格考试退出历史舞台。

2021年1月21日，为贯彻落实中共中央办公厅、国务院办公厅《关于分类推进人才评价机制改革的指导意见》，人力资源和社会保障部《关于改革完善技能人才评价制度的意见》，住房和城乡建设部等部门《关于加强和改进住宅物业管理工作的通知》有关要求，深化物业管理行业技能人才评价制度改革，建立健全物业管理从业人员职业能力评价体系，中国物业管理协会研究制定了《物业管理员（师）职业能力等级评价管理办法（试行）》和《物业管理员（师）职业能力等级评价实施细则》，自印发之日起施行。

二、物业管理员（师）职业能力等级评价

（一）物业管理员（师）职业能力等级评价的分类

物业管理员（师）职业能力等级评价（以下简称"职业能力等级评价"）包括物业管理

员、助理物业管理师、物业管理师和高级物业管理师共四级。

1. 物业管理员

物业服务企业的客户服务员至客户服务主管级岗位人员。经评价，能够了解物业管理与服务的基本知识，掌握物业管理客户服务的基本技能。

2. 助理物业管理师

物业服务企业的客户服务主管至助理项目经理级岗位人员。经评价，能够熟悉物业管理与服务的基本知识，掌握物业管理与服务的基本技能，能够处理物业项目的一般事务。

3. 物业管理师

物业服务企业的项目经理至区域总管级岗位人员。经评价，能够掌握物业管理与服务的理论知识和技能，并具备独立管理物业项目的能力。

4. 高级物业管理师

物业服务企业的区域总管至高级管理级岗位人员。经评价，能够充分了解物业管理行业的发展趋势，掌握物业管理行业的前瞻理论，综合运用理论知识和科学方法对物业项目的管理与服务进行优化、创新与指导。

（二）组织管理

中国物业管理协会（以下简称"中国物协"）负责职业能力等级评价工作的统一管理。中国物协人力资源发展委员会负责具体实施职业能力等级评价工作。

（三）申报条件

1. 物业管理员职业能力评价

具备以下条件之一者，可申报物业管理员职业能力评价：

（1）具有高中学历（含职业高中、技工学校和中等专业学校学历），连续从事物业管理工作满3年者；

（2）具有大专学历，连续从事物业管理工作满1年者，其中物业管理专业的（含应届毕业生），无工作年限要求。

2. 助理物业管理师职业能力评价

具备以下条件之一者，可申报助理物业管理师职业能力评价：

（1）取得物业管理员职业能力证书后，连续从事物业管理工作满1年者；

（2）具有高中学历（含职业高中、技工学校和中等专业学校学历），连续从事物业管理工作满7年者；

（3）具有大专学历，连续从事物业管理工作满4年者，其中物业管理专业的，工作年限要求相应减少1年；

（4）具有大学本科学历，连续从事物业管理工作满1年者，其中物业管理专业的（含应届毕业生），无工作年限要求。

3. 物业管理师职业能力评价

具备以下条件之一者，可申报物业管理师职业能力评价：

（1）取得助理物业管理师职业能力证书后，连续从事物业管理工作满1年者；

（2）具有大专学历，连续从事物业管理工作满6年者，其中物业管理专业的，工作年限要求相应减少1年；

（3）具有大学本科学历，连续从事物业管理工作满3年者，其中物业管理专业的，工作年限要求相应减少 1 年；

（4）具有硕士学历，连续从事物业管理工作满 1 年者，其中物业管理方向的（含应届毕业生），无工作年限要求。

4. 高级物业管理师职业能力评价

具备以下条件之一者，可申报高级物业管理师职业能力评价：

（1）取得物业管理师职业能力证书后，连续从事物业管理工作满 4 年者；

（2）具有大专学历，连续从事物业管理工作满 15 年者，其中物业管理专业的，工作年限要求相应减少 1 年；

（3）具有大学本科学历，连续从事物业管理工作满 10 年者，其中物业管理专业的，工作年限要求相应减少 1 年；

（4）具有硕士学历，连续从事物业管理工作满 6 年者，其中物业管理方向的，工作年限要求相应减少 1 年；

（5）具有博士学历，连续从事物业管理工作满 1 年者，其中物业管理方向的（含应届毕业生），无工作年限要求。

（四）评价办法

坚持考培分离原则。考前培训由地方物业行业协会组织，申报人员参加考前培训坚持自愿原则。

参加命题工作人员不得申报职业能力等级评价考试和举办考前培训，职业能力等级评价工作人员应严格执行职业能力等级评价工作的有关规章制度，切实做好保密工作。

职业能力等级评价采用理论知识和专业能力考试、案例分析考试、论文答辩 3 种形式，具体如下：

（1）物业管理员和助理物业管理师职业能力评价设理论知识和专业能力考试 1 个科目，采取闭卷线上考试形式。

（2）物业管理师职业能力评价设理论知识和专业能力考试、案例分析考试 2 个科目，均采取闭卷线上考试形式。

（3）高级物业管理师职业能力评价设案例分析考试和论文答辩 2 个科目。案例分析考试采取闭卷线上考试形式，论文答辩采取线上答辩形式。申报人应在规定时间内提交论文，经审核通过后参加答辩。

职业能力等级评价科目考试均实行百分制，考试合格标准为 60 分。职业能力等级评价实行全国统一命题。原则上每年组织 2 次物业管理员和助理物业管理师职业能力评价、1 次物业管理师和高级物业管理师职业能力评价。物业管理师和高级物业管理师职业能力评价的申报人员，应在连续 2 个考试年度内通过全部评价科目考试。职业能力等级评价考试结果在中国物协网站上公示。公示无异议，在中国物协网站上公布职业能力等级评价考试通过人员名单。

（五）证书及证书应用

中国物协为职业能力等级评价考试通过人员颁发物业管理员（师）职业能力等级证书（以下简称"职业能力等级证书"）。职业能力等级证书由中国物协统一编号、统一印制发放，并可通过登录中国物协网站查询。

持有中华人民共和国物业管理师资格证书者，可直接取得物业管理师职业能力证书。持有中国物业管理协会发放的物业管理项目经理岗位技能证书者，可直接申报助理物业管理师职业能力评价。

参加全国物业管理行业职业技能竞赛（物业管理员工种），取得人力资源和社会保障部授予的"全国技术能手"称号者，可直接取得物业管理师职业能力证书，并可直接申报高级物业管理师的论文答辩，免考案例分析考试；取得住房和城乡建设部授予的"全国住房城乡建设行业技术能手"称号者，可直接取得物业管理师职业能力证书。

取得助理物业管理师职业能力证书者，将具有国家开放大学现代物业服务与不动产管理学院物业管理专业（专起本）学分转换资格。申请人可按照《中国物业管理协会 国家开放大学学习成果认证中心（物业）学习成果认证、积累与转换实施办法》申请。

职业能力等级证书持有者应按照相关规定完成继续教育学时。

职业能力等级证书持有者被举报采用不当手段取得证书的，经核实后由中国物协发布公告并撤销证书。自证书撤销之日起，3年内不得申报职业能力等级评价，并纳入物业管理从业人员失信行为记录。

三、物业服务从业人员的培训及管理

（一）培训体系的选择

物业服务企业培训体系包括一级培训体系和二级培训体系。

1. 一级培训体系

企业培训由公司统一领导、计划和组织实施。只在公司一级设立专职培训机构，项目机构不设置培训机构。

一级培训体系有利于充分利用企业的培训资源，有利于统一公司的培训标准和培训要求，有利于降低培训成本，但其针对性相对较差。

2. 二级培训体系

项目机构也可设置相应机构并配备相应人员，在公司统一规划、领导下，按照分类管理、分级实施的原则运作。

二级培训体系有利于加强培训的针对性、适应性、及时性，加强项目机构培训的责任感，但不利于培训标准和要求的统一。

如果项目机构的数量较多且分布较散，所管物业类型结构复杂，员工整体素质较高，培训资源比较充裕，宜建立二级培训体系。如果企业员工集中，且培训资源较紧缺，则宜建立一级培训体系。

（二）物业服务从业人员培训的内容

1. 操作层员工的知识和能力培训

物业服务企业操作层员工包括保安员（也称安防员或公共秩序维护员）、保洁员、维修员、绿化员、设备管理员。针对不同岗位操作层员工的培训内容是不同的。

（1）保安员的培训

① 知识培训　保安员知识培训的主要内容包括：物业管理基础知识、所管理物业的基本情况、保安员的职责和权力、保安员处理问题的原则和方法、职业纪律、职业礼貌、职业道德、仪容仪表、着装要求、内务卫生、对讲机的保养和使用、上岗执勤、交班接班、停车场管理、交通常识、消防知识、防卫制度等方面的知识。

② 能力培训　保安员能力培训的主要内容包括：巡逻岗岗位能力，大堂岗（固定岗）

岗位能力，交通岗岗位能力，车库（场）岗岗位能力，内务岗岗位能力，物品出入管理能力，盗窃、匪警应急事件处理能力，发生斗殴事件的处理能力，巡逻中发现可疑分子的处理能力，发现住户醉酒闹事或精神病人的处理能力，遇到急症病人的处理能力，突发事故的处理能力，火灾事件的应急处理能力，煤气泄漏事故的处理能力，执勤中遇到不执行规定、不听劝阻事件的处理能力，业主、物业使用人家中发生刑事或治安案件时的处理能力，车辆冲卡事件的处理能力等方面。

（2）保洁员的培训

① 知识培训　保洁员知识培训的主要内容包括：物业管理基础知识、各种清洁工具和清洁材料的功能及使用知识。

② 能力培训　保洁员能力培训的内容包括：楼道的清洁能力，高层大厦的清洁能力，多层住宅的清洁能力，玻璃门、窗、镜面、玻璃幕墙的清洁能力，绿地的清洁能力，灯具的清洁能力，公共场地和马路的清洁能力，室外地面的清洁能力，房屋天面和雨篷的清洁能力，地下室、天台、转换层的清洁能力，住宅区大堂的清洁能力，清洁工作的应急能力。

（3）维修员的培训

① 知识培训　维修员知识培训的主要内容包括：物业管理基础知识、供水供电基本知识、房屋日常养护知识及房屋维修知识等。

② 技能培训　维修员技能培训的主要内容包括：室内地面的维修能力，室内墙面的维修能力，室内顶棚的维修能力，室内门窗的维修能力，住户室内给排水管道及附件的维修能力，住户家线路故障的处理能力，室外梁、板、柱的维修能力，室外墙体、楼梯、屋顶的维修能力，室外公用设施、地下排水沟道、绿化水管等管网的维修能力。

（4）绿化员的培训

① 知识培训　绿化员知识培训的主要内容包括：物业管理基础知识，绿地花木养护知识，花卉植物虫害防治知识及绿化工作检验标准，室内、阳台、屋顶绿化管理标准等方面的知识。

② 能力培训　绿化员能力培训的主要内容包括：植物保洁能力、施肥操作能力、机械设备的使用及保养能力、花卉植物摆设能力、花卉植物浇水及管理能力、草坪的施工与保养能力、植物的修剪能力、自然破坏防护能力、除草的操作能力等。

（5）设备管理员

① 知识培训　设备管理员知识培训的主要内容包括：物业管理基础知识、房屋附属设备的构成及分类、房屋附属设备维修的类型、给排水设备的验收接管、水泵房的管理、房屋装饰性设备等方面的知识。

② 能力培训　设备管理员能力培训的主要内容包括：房屋附属设备的日常保养能力、给排水设备的管理与维护能力、消防设备的维修管理能力、卫生设备的维修管理能力、电力设备的维修管理能力、电梯设备的维修管理能力、制冷供暖设备的维修管理能力、避雷设施的维护能力等。

2. 管理层员工的知识和能力培训

（1）中高级管理人员的岗位培训

① 知识培训　中高级管理人员知识培训的主要内容包括：经济学、组织行为学、心理学、公共关系学、行政管理学、市场营销相关知识，物业服务企业财务管理、物业管理法律法规、房地产经营管理等知识。

② 能力培训　中高级管理人员能力培训的主要内容包括：物业管理各项活动的组织、

内外沟通协调、经营服务的策划、物业服务企业运作制度的订立、物业管理拓展和物业管理方案的制定、突发事件的处理等能力。

（2）项目管理负责人的知识和能力培训

① 知识培训　项目管理负责人知识培训的主要内容包括：经济学、组织行为学、市场营销、公共关系、物业服务企业财务管理、物业管理法律法规与房地产经营管理等知识。

② 能力培训　项目管理负责人能力培训的主要内容包括：制定物业管理方案的能力、制定物业管理制度的能力、编制费用预算的能力、制定物业维修方案的能力、策划经营服务项目的能力、创优达标的能力。

（3）一般管理层员工的知识和能力培训

① 知识培训　一般管理层员工知识培训的主要内容包括：物业管理基础知识、物业管理法律法规知识、房屋结构构造与识图知识、物业管理收费知识、房屋维护与管理知识、房屋附属设备维护与管理知识、环境管理知识等。

② 能力培训　一般管理层员工能力培训的主要内容包括：楼宇巡查能力、处理投诉问题的能力、物业承接查验能力、装修监管能力、物业管理常用公文的写作能力等。

思考题

1. 物业服务人的概念是什么？
2. 物业服务企业有哪些常见模式？
3. 物业管理员（师）职业能力等级评价分为几个级别？
4. 简要说明操作层员工和管理层员工在知识和能力培训方面有何区别？

第四章 物业管理招投标

第一节 物业管理招投标概述

一、物业管理招投标的法律依据

物业管理招标投标的法律依据主要有《中华人民共和国招标投标法》《物业管理条例》《前期物业管理招标投标管理暂行办法》及各地方的相关法规政策规定。

《物业管理条例》第二十四条规定:"国家提倡建设单位按照房地产开发与物业管理相分离的原则,通过招投标的方式选聘物业服务企业。住宅物业的建设单位,应当通过招投标的方式选聘物业服务企业;投标人少于3个或者住宅规模较小的,经物业所在地的区、县人民政府房地产行政主管部门批准,可以采用协议方式选聘物业服务企业。"

这一规定明确了住宅物业前期物业管理招投标制度,对于非住宅物业没有明确规定,即可以采用招投标的方式也可以采用协议的方式选择物业服务人。

二、实施物业管理招投标制度的重要作用

1. 实施物业管理招投标制度是大力推进物业管理市场化的重要手段

通过招投标制度,物业服务人之间通过比管理、比质量、比服务、比效益,最终淘汰管理服务差的落后企业,将积极推动物业管理的市场化进程。招投标是物业管理走向市场经济的"催化剂",它作为一种规范化的竞争手段,在促进社会物业管理资源的合理流动与优化组合方面起着十分重要的作用。

2. 物业管理招投标制度的实施可以推动物业管理行业整体水平的提高

实行物业管理的招投标,从源头开始竞争,一是可以通过竞争选择,优胜劣汰,把市场机会留给管理服务水平高、有实力的物业服务人,促进物业管理向专业化、集约化、规模化方向发展,降低管理服务成本,从而使物业服务人获得正常的利润,使一些优秀的经营管理者留在物业管理行业中;二是可以激励资质较低、规模较小的物业服务人改变经营管理方式,努力提高自身的管理服务水平;三是可以发展出一些"后起之秀",保证物业管理市场的竞争性,激励物业企业提高管理服务水平。

3. 物业管理招投标制度能有效促进物业服务人之间的公平竞争

参与招投标的各方必须通过公平竞争的市场手段来赢取物业项目的管理权。也就是说,招投标制度的推行,能够有效地促进物业服务人的公平竞争,抑制浪费和腐败现象。物业管理权通过招投标的方式取得将改变计划经济时期管理权的行政命令终身制,而变为市场选择的聘用制,接受市场公平竞争的考验,从而可促使物业服务人之间展开公平竞争。

4. 物业管理招投标制度是维护业主和物业服务人共同利益的前提

事实上，招投标促使物业服务人规范地获得物业管理权，不仅打破了长期以来物业管理市场"谁开发、谁管理"的旧局面，而且还明确了业主和物业使用人与物业服务人双方的权利和义务，促使物业服务人提供的服务更加规范。具体地讲，业主作为招标方，通过公平竞争选择了适合的"性价比"较好的物业服务人，业主就可能享受到更优质的服务，物业项目也可能得到更充分的管理，从而实现保值增值，业主的合法权益得以维护；另一方面，招投标为物业服务人提供了发展的公平舞台，可促使物业服务人不断拓展自身的业务，扩大规模，提升服务能力和水平。

三、我国物业管理招投标的主要特点

1. 综合性

由于物业管理是综合性的服务，服务内容的涵盖范围和领域较广，甚至在一个项目中有时会出现几种不同类型的物业，并要求投标人提供综合性的管理服务，因此，物业管理招标投标具有明显的综合性特点。

2. 差异性

由于我国幅员辽阔，人口众多，各地经济、地理、人文等方面不尽相同，不同地区的人们对物业管理的认知水平、消费观念、需求标准存在着较大差异；同时，由于物业类型的不同，招标人对项目招标的条件和对投标人的要求就会不同，因此，投标人在分析和策划投标活动时应该根据具体情况采取有差异的方式和策略。

3. 行业特殊性

物业管理招标投标具有一定的行业特殊性，主要体现在以下两个方面：首先，招标主体的特殊性。物业管理招标主体可以是业主大会、建设单位、物业所有权人，因此，即使是同一类型的物业，也会因产权人的身份不同而致使招标的主体也不同。同一物业在投入使用前后招标主体也会发生改变，如建设期间和成立业主大会之前由建设单位作为招标主体；成立业主大会后则改由业主大会为招标主体。对于公用设施和政府物业，由于其产权人多为政府资产管理部门，因此，该类物业的物业管理招标投标，须由其产权人组织，若由使用人组织，则须经产权部门的授权委托。

其次，物业管理服务内容的特殊性。物业管理不同于一般服务业，是具有社会公共服务和个体服务特征的群体服务，提供的是全天候、不间断、全方位和多层次的服务产品，因此，物业管理招标投标的内容也因产品服务对象、服务需求和服务内容而具有相对不确定性。

四、物业管理招投标的基本原则

（1）物业管理招标由招标人依法组织实施。招标人不得以不合理条件限制或者排斥潜在投标人，不得对潜在投标人进行歧视待遇，不得对潜在投标人提出与招标物业管理项目实际要求不符的过高的资格等要求。

（2）在评标委员会的组成以及开标、答辩、记分、评标、定标等程序和方法上，应当严格遵循相关法律、法规和招标文件的要求，公正地对待每一个投标单位，禁止任何人、任何单位在招标投标过程中利用特权或优势获得不正当利益。

（3）招标投标活动中的条件、程序、方法、过程、结果及相关信息应保持公开，而且是主动针对所有受众的，应使招标投标活动的每一个环节都保持高度透明，确保招标投标公平、公正地实施。

（4）在物业管理招标投标过程中，招标投标双方应该严格按照招标投标的程序要求和相关法律规范实施招标投标活动，实事求是，守信践诺，履行招标投标义务。

第二节　物业管理招标

一、物业管理招标的概念

物业管理招标是物业管理服务产品预购的一种交易方式，即由物业的建设单位、业主大会或物业所有权人（以下简称"招标人"）根据物业管理服务内容，制定符合其管理服务要求和标准的招标文件，由多家物业服务人（物业服务企业或其他管理人）参与竞投，从中选择最符合条件的竞投者，并与之订立物业服务合同的一种交易行为。

二、物业管理招标主体

依据物业管理招标的概念，物业管理招标的主体分为三种：物业的建设单位、业主大会或物业所有权人。

对于新建住宅物业，需遵守前期物业管理招投标的相关规定，在业主大会缺失的情况下由物业建设单位负责物业管理服务的招标组织工作。

业主大会已经成立的，由业主大会负责实施物业管理的招标组织工作。

一些重点基础设施或大型公用设施的物业（如机场、码头、医院、学校、口岸、政府办公楼等），其产权人多为政府的国有资产管理部门，此类型物业的招标必须经国有资产管理部门或相关产权部门的批准，一般由产权人或管理使用单位、政府采购中心等作为招标人组织招标。

三、物业管理招标的方式

物业管理招标分为公开招标和邀请招标。符合政府采购购买物业服务的，还要符合《政府采购法》的相关规定。

1. 公开招标

公开招标，是指招标人通过公共媒介发布招标公告，邀请所有符合投标条件的物业服务人参加投标的招标方式。

招标人采取公开招标方式的，首先应依法发布招标公告。招标公告必须载明招标人的名称和地址、招标项目的基本情况和获取招标文件的办法等具体事项。招标文件应当明确开标日期、时间和地点。凡愿意参加投标的单位，可以按指明的方式领取或购买有关资料，接受按规定程序进行的评选，有的招标还设定预选和入围程序等。

2. 邀请招标

邀请招标，是指招标人预先选择若干有能力的企业，直接向其发出投标邀请的招标方式。

采取邀请招标方式的招标人，在投标邀请和招标文件上应明确招标人的名称和地址，招标项目的基本情况和获取招标文件的办法，以及开标日期、时间和地点等具体事项。邀请招标的实施程序对每一个预定的投标人都是公开的，因此具备一定的公开性。

采用邀请招标方式的招标人应当慎重选择参选的投标人，尤其是重点考察投标单位当前和过去的财务状况、近期内承接同类项目的管理水平、是否具有管理经验、在本地区或同行业的信誉度、对招标项目的综合承担能力等。招标人只有对投标人在数量和质量上进行合理的筛选，才能确保邀请招标的最终成功。

邀请招标的主要特点是招标人不使用公开的公告方式，投标人是特定的，即只有接受邀请的企业才是合格的投标人，投标人的数量有限。招标人采用邀请招标方式，应当向三个以上具备承担招标项目的能力、资信良好的特定的物业服务人发出投标邀请书。

无论是公开招标还是邀请招标，有能力组织和实施招标活动的招标人，可以自行组织实施招标活动，也可以委托招标代理机构办理招标事宜。招标人自行组织招标的，应当成立专门的招标组织，负责招标活动的具体实施，审定招标条件、标底、评标程序和定标办法等。自行组织物业管理招标活动的招标人应具备以下条件：拥有与招标项目相适应的技术、经济、管理人员；具有编制招标文件的能力；具有组织开标、评标及定标的能力。招标人委托招标代理机构办理招标的，常见于公开招标和大范围邀请招标。由于招标代理机构具有较强的专业水平、广泛的市场信息和熟练的招标投标技巧，因此，这种招标方式能够提高招标投标工作的效率和质量，使招标机构与投标人之间信息充分对称，有利于招标人选择最符合要求的物业服务企业。招标人应根据自己的意愿和物业自身情况选择招标代理机构进行招标。招标代理机构与招标人之间仅限于委托代理的关系，因此，招标代理人应当在招标人委托的范围内办理招标事宜，并遵守有关针对招标人的法规规定。

根据《中华人民共和国政府采购法》规定，我国政府采购购买物业服务的方式有：公开招标、邀请招标、竞争性谈判、单一来源采购、询价和竞争性磋商。公开招标应作为政府采购的主要采购方式。

四、物业管理招标的类型

1. 按物业类型划分

根据物业的不同类型，可以将物业管理招标分为住宅项目招标和非住宅项目招标两大类。其中的非住宅类项目可分为商业区、写字楼、工业区、公用基础设施（如机场、医院、地铁、学校、码头、步行街）等。

2. 按项目服务内容的实施划分

根据物业管理项目的服务内容和招标人的不同要求，可以将物业管理招标分为整体物业管理项目的招标、单项服务项目的招标和分阶段项目的招标等类型。

整体物业管理项目的招标，包括物业管理的各项工作。以住宅项目为例，目前一般住宅小区的物业招标工作都采取整体物业管理项目招标，由物业服务人员承担房屋本体与设施设备的维护管理、清洁卫生、环境绿化、综合服务等全部内容。

单项服务项目的招标只承担物业服务工作中的专业分包工作，如电梯维护与维修、保洁、保安等一项或几项物业服务工作。

3. 按招标主体的类型划分

根据物业管理招标主体的不同，可以将物业管理招标分为物业建设单位为主体的招标、业主大会为主体的招标、物业所有权人为主体的招标等类型。

4. 按项目服务的方式划分

根据物业管理服务的方式不同，物业管理招标可以分为全权管理项目招标、顾问项目招标等类型。

五、物业管理招标的程序

1. 成立招标领导小组

招标领导小组研究决定事关物业服务招标采购的重大事项，遵守"事前调研、集体议事、会议决定"的原则。招标领导小组确定招标方式、内容、招标条件和投标企业的范围，并对招标过程中可能出现的问题和不确定的风险进行预测；制定相应的防范控制体系；编制招标文件；发布招标公告或投标邀请书；对投标人进行资格审查；向投标人发放招标文件和提供相关技术资料；组织投标人现场踏勘和答疑；制定标底和评标方法；发布中标结果等。

2. 编制招标文件

招标人应当根据物业管理项目的特点和需要，在招标前完成招标文件的编制。

招标人应当在发布招标公告或者发出投标邀请书的10日前，提交与物业管理有关的物业项目开发建设的政府批件、招标公告或者招标邀请书、招标文件和法律、法规规定的其他材料，报物业项目所在地的县级以上地方人民政府房地产行政主管部门备案。

3. 公布招标公告或发出投标邀请书

招标人采取公开招标方式的，应通过公共媒介发布招标公告，并同时在中国住宅与房地产信息网和中国物业管理协会网上发布招标公告。招标公告应当载明招标人的名称和地址、招标项目的基本情况以及获取招标文件的办法等事项。

招标人采取邀请招标方式的，应当向3个以上物业服务企业发出投标邀请书，投标邀请书应当包含上述招标公告载明的事项。

4. 发放招标文件

招标文件的发放应当按照招标公告或投标邀请函规定的时间、地点向投标方提供，也可以通过网络下载的方式进行。除不可抗力的因素外，招标人或招标代理机构在发布招标公告和发出投标邀请函后不得终止招标。

招标人应当确定投标人编制投标文件所需要的合理时间。公开招标的物业管理项目，自招标文件发出之日起至投标人提交投标文件截止之日止，最短不得少于20日。招标人需要对已发出的招标文件进行必要的澄清或者修改的，应当在招标文件要求提交投标文件截止时间至少15日前，以书面形式通知所有的招标文件收受人。该澄清或者修改的内容为招标文件的组成部分。

5. 投标申请人的资格预审

实行投标资格预审的物业管理项目，招标人应当在招标公告或者投标邀请书中载明资格预审的条件和获取资格预审文件的办法。资格预审文件一般应当包括资格预审申请书格式、申请人须知，以及需要投标申请人提供的企业资质文件、业绩、技术装备、财务状况和拟派出的项目负责人与主要管理人员的简历、学历、相关职称证书、职业（执业）资格证书、业绩等证明材料。

6. 接受投标文件

投标人应按照招标文件规定的时间和地点接受投标文件。投标人在送达投标文件时，招标人应检验文件是否密封或送达时间是否符合要求，符合者发给回执，否则招标人有权拒绝或作为废标处理。投标书递交后，在投标截止期限前，投标人可以通过正式函件的形式调整报价及作补充说明。

7. 成立评标委员会

招标人或招标代理负责组建评标委员会，评标委员会由招标人的代表与物业管理专家组成，专家从房地产行政主管部门建立的物业管理评标专家库中采取随机抽取的方式确定。评标委员会的人数一般为 5 人以上单数，其中招标人代表以外的物业管理方面的专家人数不得少于成员总数的 2/3。评标委员会成员的名单在开标前应严格保密。与投标人有利害关系的人员不得作为评标委员会的成员。

评标委员会成员应当客观、公正地履行职责，遵守职业道德，对所提出的评审意见承担个人责任。评标委员会成员不得与任何投标人或者与招标结果有利害关系的人进行私下接触，不得收受投标人、中介人、其他利害关系人的财物或者其他好处。

8. 开标、评标和中标

（1）开标　开标应当在招标文件确定的提交投标文件截止时间的同一时间公开进行；开标地点应当为招标文件中预先确定的地点。开标由招标人主持和邀请所有投标人参加。开标应当按照下列规定进行：由投标人或者其推选的代表检查投标文件的密封情况，也可以由招标人委托的公证机构进行检查并公证。经确认无误后，由工作人员当众拆封，宣读投标人名称、投标价格和投标文件的其他主要内容。在招标文件要求提交投标文件的截止时间前收到的所有投标文件，在开标时都应当由招标人当众予以拆封。开标过程应当进行记录，并由招标人存档备查。

（2）评标　开标过程结束后应立即进入评标程序。评标由评标委员会负责，除现场答辩部分外，评标应当在严格保密的情况下进行。评标委员会负责根据招标文件规定的要求和评分方式、标准进行评标，评标采取集中会议的方式对所有的投标文件进行严格的审查和比较，评标一般采用综合评议和百分制量化的评分方法。

评标委员会可以用书面形式要求投标人对投标文件中含义不明确的内容作必要的澄清或者说明。投标人应当采用书面形式进行澄清或者说明，其澄清或者说明不得超出投标文件的范围或者改变投标文件的实质性内容。在评标过程中召开现场答辩会的，应当事先在招标文件中说明，并注明所占的评分比重。评标委员会应当按照评标文件的评标要求，根据标书评分、现场答辩等情况进行综合评标。评标委员会应当按照招标文件确定的评标标准和方法，对投标文件进行评审和比较，并对评标结果签字确认。

（3）中标及签订合同　招标人应当在投标有效期截止时限 30 日前确定中标人。投标有效期应当在招标文件中载明。招标人应当向中标人发出中标通知书，同时将中标结果通知所有未中标的投标人，并返还其投标书。招标人应当自确定中标人之日起 15 日内，向物业项目所在地的县级以上地方人民政府房地产行政主管部门备案。备案资料应当包括开标评标过程、确定中标人的方式及理由、评标委员会的评标报告、中标人的投标文件等资料。委托代理招标的，还应当附招标代理委托合同。

招标人和中标人应当自中标通知书发出之日起 30 日内，按照招标文件和中标人的投标文件订立书面合同；招标人和中标人不得再行订立背离合同实质性内容的其他协议。招标人无正当理由不与中标人签订合同，给中标人造成损失的，招标人应当给予赔偿。

六、物业管理招标文件的主要内容

招标文件的主要内容包括：

（1）投标人须知（包括投标文件的密封、签署、盖章要求等）；

（2）投标人应当提交的资格、资信证明文件、以往业绩证明文件等；
（3）投标报价要求、投标文件的编制要求和投标保证金交纳方式；
（4）招标项目的技术规格、要求和数量，包括附件、图纸等；
（5）合同主要条款及合同签订方式；
（6）提供服务的时间；
（7）评标方法、评标标准和废标条款；
（8）投标截止时间、开标时间及地点；
（9）省级以上财政部门规定的其他事项。

第三节　物业管理投标

一、物业管理投标的概念

物业管理投标，是对物业管理招标的响应，是指符合招标条件的物业服务人，根据招标文件中确定的各项管理服务要求与标准，编制投标文件，参与投标竞争的行为。

二、物业管理投标的主体

物业管理投标的主体一般是指具有符合招标条件的具有独立法人资格的物业服务人，包括物业服务企业或其他管理人。

就整体的物业管理服务项目而言，投标的主体必须是营业执照经营范围内含有物业服务的法人，但市场上也存在将一个整体的物业管理项目按内容进行分项投标的情况，比如单独对保洁服务、保安服务、设备设施维修养护等进行单项招标，其他专业管理公司也可以就单个内容参与投标。

三、物业管理投标的程序

1. 获取招标信息

根据招标方式的特点，投标人获取招标信息一般来自两个渠道：一是从公共媒介上采集公开招标信息，二是来自招标方的邀请。

2. 项目评估

项目评估一般是在调查、研究资料的基础上对项目进行分析、预测和评定，目的是确定是否参与投标；同时对投标物业进行深入的调查和进行技术、经济论证，并在此基础上确定最佳投标策略和管理方案。

项目评估主要包括以下几个方面的内容：
（1）投标物业的基本情况；
（2）招标物业项目的定位；
（3）业主的需求；
（4）建设单位、物业产权人（含业主）、物业使用人的基本情况；
（5）招标条件和招标过程；
（6）竞争对手；
（7）企业自身条件的分析。

3. 登记并取得招标文件

物业服务人员在确定参加投标后,按招标公告和投标邀请书指定的地点和方式登记并取得招标文件。

4. 准备投标文件

投标人应严格按照招标文件的要求编制投标文件,并对招标文件提出的实质性要求和条件作出响应。投标文件又称标书,一般由投标函、投标报价表、资格证明文件、物业管理方案、招标文件要求提供的其他材料等几部分组成。

5. 送交投标文件

全部投标文件编制好以后,投标人应按招标文件要求进行封装,并按时送达招标单位。

6. 接受招标方的资格审查

投标人应按招标文件规定的要求准备相应资料,接受招标方的资格审查。

7. 参加开标、现场答辩和评标

投标人在接到开标通知后,应在规定的时间到达开标地点参加开标会议和现场答辩,并接受评标委员会的审核。

8. 签约并执行合同

投标人在收到中标通知书后,应在规定的时间内及时与招标人签订物业服务合同。同时,投标人还要同招标单位协商解决进驻物业区域、实施前期物业管理的有关问题。

投标结束后,要对投标活动进行分析总结,结算投标有关费用,对招标投标资料进行整理、归档。

四、物业管理投标文件的主要内容

一般来说,投标文件是根据招标文件的要求而制定的,通常包括投标函、商务标及资格审查资料、技术标等。

(一)投标函

实际上就是投标者的正式报价信,其主要内容有:表明投标者完全愿意按招标文件中的规定承担物业管理服务任务,并写明各项的总报价金额;表明投保者愿意接受该物业整个合同服务期限;表明本投标如被接受,投标者愿意按招标文件规定金额提供履约保证金;说明投保报价的有效期;表明本投标书连同招标者的书面接受通知均具有法律约束力;说明管理目标及其他的履约承诺。

投标函示例如下。

某房地产开发有限公司(招标人名称):

1. 我方已仔细研究了_____前期物业服务项目招标文件的全部内容,愿意以人民币:高层_____元/(米^2·月)、洋房_____元/(米^2·月)、别墅_____元/(米^2·月)、商业_____元/(米^2·月)的投标总报价;服务周期以签订合同中的期限为准,按合同约定的标准实施和完成服务,服务质量符合国家及行业现行相关标准。

2. 我方承诺在投标有效期内不修改、撤销投标文件。

3. 如我方中标:

(1)我方承诺在收到中标通知书后,在中标通知书规定的期限内与你方签订合同。

(2)我方承诺按照招标文件规定向你方递交履约担保。

(3)我方承诺在合同约定的期限内完成并移交全部合同工程。
4. 我方在此声明,所递交的投标文件及有关资料内容完整、真实和准确。
5. _____(其他补充说明)。

投标人:_____(签字并盖单位章)
法定代表人或其委托代理人:_____(签字)
地址:_____
电话:_____
日期:_____年_____月_____日

(二)商务标及资格审查资料

(1)商务标具体内容按照招标文件的规定确定,一般包括:
① 物业服务费、特约服务费、其他委托代理服务费等收费标准报价;
② 物业服务费收费形式以及相应的项目财务收支预算。
(2)资格审查资料按照招标文件的规定确定,一般包括:
① 营业执照、组织机构代码证、税务登记证复印件、授权书、代理协议书等。
② 企业资质证书复印件、质量管理体系、环境管理体系、职业健康安全管理体系原件或复印件。
③ 过往管理业绩证明、财务状况证明、近期纳税和缴纳社保的相关证明、已履行合同及业主满意度评价证明、近三年"信用中国"无违法失信行为记录证明等。
④ 项目负责人员的从业年限、学历证明、职业(执业)资格证书原件或复印件、职称证书原件或复印件;团队成员的从业年限、学历证明、职业(执业)资格证书原件或复印件、职称证书原件或复印件,对于招标文件中对保洁人员、保安人员等有具体年龄要求的还需要提供身份证原件或复印件,以及招标文件中需要的其他资料等。
以上内容具体要相应招标文件的具体要求。

(三)技术标

技术标按照招标文件的规定确定,一般包括:
(1)企业概况;
(2)物业管理方案,服务的内容和标准;
(3)物业管理人员的配备,应包括项目主要负责人的职务、以往业绩等;
(4)主要物业工作环节运行程序及检查方法;
(5)优惠条件和承诺等。

五、物业管理投标书的编制及注意事项

1. 物业管理投标文件编写的基本要求

作为评标的基本依据,投标文件必须具备统一的编写基础,以便于评标工作的顺利进行。
(1)使用国家统一的行业标准计量单位,避免在定标和履约中出现混乱。
(2)使用统一的货币。国内物业管理投标书规定使用的货币应为"人民币",而国际投标中所使用货币则应按招标文件的规定执行。
(3)使用国家统一颁布的行业标准与规范。如果某些业主由于特定需要要求提供特殊服务,也应按照国家正式批准的统一的服务行业标准规范。若招标文件要求采用国外的服务标准与规范,应将所使用的标准规范译成中文,并在投标文件中说明。

（4）使用准确的表述方式。投标书的文字与图纸是投标者借以表达其意图的语言，必须能准确表达投标公司的投标方案。投标文件要使用简洁、明确、文法通畅、条理清楚、言简意赅的表述方式，最大限度地减少招标单位的误解和可能出现的争议。

（5）图纸、表格的编写要做到前后一致、风格统一、符合招标文件的要求。最好能以索引查阅方式将图纸表格装订成册，并和投标文件中的文字表述保持一致。

（6）确保资料的真实性。投标文件的内容应符合招标文件的所有条款、条件和规定，且无重大偏离与保留。投标人应按招标文件的要求提供投标文件，并保证所提供全部资料的真实性。

2. 投标文件编写注意事项

（1）确保填写无遗漏，无空缺。投标文件中的每一空白都需填写，如有空缺，则被认为放弃意见；重要数据未填写，可能被作为废标处理。

（2）不可任意修改填写内容。投标人所递交的全部文件均应由投标方法人代表或委托代理人签字；若填写中有错误而不得不修改，则应由投标方负责人在修改处签字。

（3）填写方式规范。除投标方对错处做必要修改外，投标文件中不允许出现加行、涂抹或改写痕迹。

（4）不得改变标书格式。若投标人认为原有招标文件规定的格式不能表达投标意图，可另附补充说明，但不得任意修改原招标文件规定的格式。

（5）计算数字必须准确无误。投标公司必须对单价、合计数、分步合计、总标价及其大写数字进行仔细核对。

（6）报价合理。投标人应对招标项目提出合理的报价。

（7）包装整洁美观。投标文件应保证字迹清楚，文本整洁，纸张统一，装帧美观大方。

（8）做好投标文件的保密措施。

六、物业管理方案

1. 招标物业项目的整体设想与构思

对招标物业项目的整体设想与构思必须在对项目进行分析研究的基础上实施，只有对招标物业项目的基本情况和业主的需求进行详尽深入的调查、分析，才能制定出科学、合理、可行的方案，因此，项目分析是编制物业管理方案的前提条件。

物业服务人除了通过现场踏勘、招标方答疑会等渠道获取资料外，主要是要对物业所在区域进行详细、深入的市场调查，并借助公共媒介、网络等手段获取相关信息。在当地设置分支机构的物业服务人，可以形成周期性的物业管理市场调查报告，为物业管理方案的制定提供便利条件。

（1）项目简介　项目简介即指运用简明扼要的语言介绍招标物业的基本概况，如物业占地面积、建筑面积，物业的性质、类型与使用功能等，篇幅不宜过长。

（2）客户服务需求分析　客户服务需求分析即指简明介绍包括客户群体的定位及服务需求特征等内容。

（3）项目的可行性研究与定位　项目的可行性研究与定位也力求用简练的语言概括招标物业的市场定位，投标企业承担该项目的管理服务优势。

（4）物业管理服务的重点及难点　招标物业项目物业管理服务的重点及难点，也是业主最关心的焦点，若分析准确，对策得当，就能成为彰显投标人能力与水平的投标方案。投标人要根据物业性质、类型以及业主的构成、服务需求确定物业管理服务的重点及难点,其目的是有针对性地提出相应的措施。

一般而言,商用类型的写字楼物业、综合性商业物业管理服务的重点及难点主要体现在经营和设施设备管理等方面;工业区物业在消防、污染控制及货物、人员的出入管理有特殊的服务需求;政府物业管理的特殊性主要体现在维护政府形象、内部特约服务、会议接待及庆典服务、安全及保密管理等方面;居住类型的物业的重点主要集中在基础性的物业管理服务内容层面;公用事业类型的物业管理服务的重点及难点主要在于确保公用设施无故障的正常运行,对紧急事件的预防与处理(包括恶性犯罪事件、重大事故、自然灾害、突发疫情等)。

(5)物业管理服务模式　确定招标物业项目的管理服务模式,是在对项目基本情况进行深入调查分析的前提下,结合招标文件的具体要求,确定最符合物业实际情况和业主需求的管理服务重点和主要措施,包括物业的功能定位、客户定位和服务需求定位三方面的内容。

2. 管理方式与运作程序

管理方式与运作程序一般由组织架构的设置、运作程序与支持系统的设计和管理机制的确定等内容组成。

(1)组织架构的设置　组织架构的设置需要综合考虑物业的规模和服务内容,在确保最大限度满足业主服务需求的前提下,设计高效运作的组织架构。

(2)运作程序与支持系统的设计　运作程序包括项目整体运作流程、内部运作流程与客户服务及需求信息反馈流程,一般采用流程图的方法进行展示,流程设计要遵循全面、高效、合理的原则,准确、真实地反映组织架构的功能和运作方式。支持系统一般也设计为表格或流程图的形式,综合反映物业服务人集中资源优势构建对项目的支持体系。

(3)管理机制的确定　管理机制是反映物业服务人实现项目物业管理服务目标的基础,一般由目标管理责任制、激励机制、监督机制组成。其中目标管理机制就是将项目的管理目标、经营目标、竞争目标以量化的形式作为重要职责交给项目的管理团队,并赋予相应的权利,同时将目标的实现与管理团队的切身利益挂钩;激励机制是在目标管理机制的基础上设计相应的激励办法;监督机制是通过政府、业主、社会舆论和企业内部管理等渠道来实现对项目运作的监督。

3. 人员的配备、培训与管理

(1)人员配备　人员配备包括拟为项目配置的各类人员,各部门、各岗位的人员编制与专业素质要求等。人员配备一般依据物业类型、规模、服务内容及需求标准、工作重点来确定,并可参照物业所在地区政府制定的物业管理服务收费指导标准和同类物业的管理经验。

(2)人员培训　人员培训方案要对各类管理人员的培训内容、培训计划、方式、目标进行详尽的描述,可以采取综合性阐述与相关表格、流程图相结合的方式。

(3)人员管理　人员管理包括录用与考核、竞争机制、协调关系、服务意识、量化管理及标准化运作等,一般根据招标文件的要求进行描述。

4. 管理指标与措施

(1)管理指标　管理指标通常由物业管理质量指标和经济效益指标两部分组成,在招标文件中一般都有具体的要求,在物业管理方案中要对招标人提出的各项管理指标进行明确的响应。

（2）管理措施　管理措施是物业服务人为完成招标文件规定的各项管理指标和承诺拟采取的措施，可以采用表格的形式将管理指标与主要的管理措施相对应，进行详细的阐述。

5. 管理制度的制定

管理制度主要由公众制度和内部管理制度两大部分组成，其中公众制度主要包括精神文明建设、管理规约、装修管理、消防管理、入住管理、电梯使用管理、物业承接查验管理、公用设施维护管理、临时用水电管理、清洁卫生及垃圾处理等内容；内部管理制度包括岗位职责、员工考核、行政管理、财务管理、客户服务、工程技术管理、安防管理等内容。一般在方案中以表格的形式列出各项制度的目录即可，招标文件有具体要求的除外。

6. 档案资料的建立与管理

档案资料应采取系统、科学的方法进行收集、分类、储存和利用。分类应严格按照原建设部《关于修订全国物业管理示范大厦及有关考评验收工作的通知》的标准执行。档案资料的体系内容可以用表格的形式进行阐述，具体的管理可以采用流程图与文字表述相结合的方式。对于政府类型的物业，在档案资料的管理方案中应重点突出保密性的管理措施。

7. 早期介入及前期物业管理服务内容

在制定此部分内容的方案时，需要依据物业的实际情况和工程进度、存在的隐患或问题进行编制，并对工作计划进行合理安排，使方案能够全面真实地反映物业管理在早期介入和前期物业管理中起到的重要作用。

8. 常规物业管理服务综述

在编制常规物业管理服务综述中需要把握的重点是将各项管理服务内容的工作要求、重点、运行管理及应急方案、计划等进行详细阐述，对于招标人或招标物业有特殊性服务需求的要进行突出的描述。

9. 工作计划

在物业管理方案中，整体工作计划的制定应该紧扣物业管理项目总体策划中的指导思想、工作重点，并结合招标文件的具体要求综合考虑。工作计划的制定大体可以分成三个阶段，即筹备期、交接期和正常运作期。

10. 物资装备

物资装备必须以满足项目管理需要为目的，在制定物资装备计划时，应该围绕物业管理的开展为核心，从作业工具、项目机构的交通工具、员工办公生活用品等方面进行合理配置、综合考虑，同时还应根据工作进度和需要分轻重缓急，根据不同阶段的需求合理安排物资装备的到位。工作计划的内容一般采用表格的方式进行表述。

11. 费用测算

在测算费用的过程中，物业服务人要依据所接管的物业类型、性质、市场定位、配套设施设备的具体情况及管理要求和服务项目，并参考招标物业所在区域物业管理市场同类同质物业的收费标准及企业现有日常综合管理的经验数据进行全面、具体的测算。

测算的主要内容包括项目所需的人力资源成本和日常管理成本的预测；物业收入项目的预测；管理风险、经营风险和未来通货膨胀率的评估、预测。

12. 成本控制

七、物业管理投标书整体框架（目录）示例

目录

第一部分　投标函
第二部分　投标报价一览表
第三部分　投标人资格证明文件
一、投标承诺书
二、法定代表人授权委托书
三、投标人资格证明文件
四、拟派现场项目经理资格声明
五、拟派项目主要管理人员、工程技术人员情况表
第四部分　物业管理方案
第一章　企业基本情况
一、企业理念
二、机构设置
三、管理优势
四、管理规模
第二章　承接查验与入住服务方案
一、承接查验方案
二、入住方案
第三章　对本项目物业管理的整体设想及策划
一、总体管理服务目标
二、管理服务理念
三、保证体系
四、服务承诺
第四章　工作计划和物资装备情况
一、工作计划
二、物资装备情况
第五章　人员的配备、培训、管理
一、人员的配备
二、人员的培训与管理
第六章　管理制度
一、内部制度
二、外部制度
第七章　档案管理
第八章　服务内容和指标
一、管理处服务人员形象的服务内容和指标
二、急修项目的服务标准与承诺
三、一般维修的服务内容和指标

四、服务受理、报修接待的服务内容和指标
五、房屋及其设备设施完好程度的服务内容和指标
六、小区消防安全、公共秩序维护的服务内容和指标
七、小区交通以及停车管理的服务内容和指标
八、控制突发事件的服务内容和指标
九、物业及住户档案管理的服务内容和指标
十、住宅装修管理的服务内容和指标
十一、业户满意度测评的服务内容和指标

第九章　构建和谐社区与便民服务
一、和谐社区
二、便民服务

第十章　物业服务费用范围的物业设施、设备维修管理与维护
一、房屋共用部位、共用设施设备的使用管理、维修和更新
二、房屋共用部位、共用设施设备维修养护的管理规定
三、房屋共用部位、共用设施设备维修养护计划及实施方案

第十一章　住宅专项维修资金管理与使用方案

第十二章　其他物业及设施、设备维修管理与维护
一、房屋及公用设施维修养护
二、设备管理

第十三章　公共秩序维护方案

第十四章　绿化和保洁管理方案
一、绿化管理方案
二、保洁管理方案

第十五章　停车管理方案及地下车库经营管理的说明
一、停车管理方案
二、地下车库经营管理的说明

第十六章　针对业主、物业使用人及装修企业的装修管理与服务

第十七章　投标报价及经费收支预算

第十八章　对招标人提出的相关配合要求的说明

第十九章　对招标人的优惠条件和承诺

第二十章　辖区内各种突发事件的应急预案
一、火灾的应急预案
二、突发停水及遇水浸（跑、冒、漏）的应急预案
三、燃气泄漏的应急预案
四、电梯故障及困人的应急预案
五、高空抛（坠）物的应急预案
六、电力故障的应急预案
七、盗窃、抢劫等刑事案件的应急预案
八、发现爆炸物或其他可疑物品的应急预案
九、台风、暴雨、暴雪、地震等自然灾害的应急预案

十、群体性事件的应急预案
十一、突发疫情的应急预案
十二、交通事故的应急预案

思考题

1. 物业管理招标主体有哪些?
2. 公开招标和邀请招标的区别有哪些?
3. 物业管理招标文件的主要内容有哪些?
4. 简要说明物业管理投标的主体和程序。
5. 物业管理投标文件的主要内容有哪些?
6. 简要说明制作物业管理方案的要点有哪些?

第五章 物业服务合同

第一节 合同概述

2021年1月1日起《民法典》生效,《中华人民共和国民法通则》《中华人民共和国合同法》自动失效,合同的相关规定以《民法典》为准。

一、合同的概念和分类

《民法典》第四百六十四条规定:"合同是民事主体之间设立、变更、终止民事法律关系的协议。"

依法成立的合同,受法律保护,仅对当事人具有法律约束力,但是法律另有规定的除外。

合同按不同的标准可做不同的分类。

1. 典型合同、非典型合同与准合同

根据法律是否明文规定了合同的名称,可以将合同分为典型合同与非典型合同,同时《民法典》首次将无因管理和不当得利认定为准合同。

典型合同,是指法律上已经确定了一定的名称及具体规则的合同。《民法典》中规定了19类典型合同,如买卖合同、建设工程合同、物业服务合同等。

非典型合同,是指法律上尚未确定一定的名称与规则的合同。合同当事人可以自由决定合同的内容,只要不违背法律的禁止性规定和社会公共利益,仍然是有效的。

准合同,是带有先决条件的合同。该先决条件是指决定合同要件成立的条件。准合同可以在先决条件丧失时自动失败,而无需承担任何损失责任;而合同则必须执行,否则叫"违约"。《民法典》准合同部分,规定了无因管理、不当得利两类准合同。

无因管理是指管理人没有法定的或者约定的义务,为避免他人利益受损失而管理他人事务,并且符合受益人真实意思的,可以请求受益人偿还因管理事务而支出的必要费用;管理人因管理事务受到损失的,可以请求受益人给予适当补偿。

不当得利是指得利人没有法律根据取得不当利益的,受损失的人可以请求得利人返还获得的利益,但是有下列情形之一的除外:①为履行道德义务进行的给付;②债务到期之前的清偿;③明知无给付义务而进行的债务清偿。

2. 单务合同与双务合同

根据合同当事人是否互相负有给付义务,可以将合同分为单务合同与双务合同。

单务合同,是指合同当事人中仅有一方负担义务,而另一方只享有合同权利的合同。例如,在赠与合同中,受赠人享有接受赠与物的权利,但不负担任何义务。无偿委托合同、无偿保管合同均属于单务合同。

双务合同，是指当事人双方互负对待给付义务的合同，即双方当事人互享债权、互负债务，一方的合同权利正好是对方的合同义务，彼此形成对价关系。例如，建设工程施工合同中，承包人有获得工程价款的权利，而发包人则有按约支付工程价款的义务。大部分合同都是双务合同。

3. 诺成合同与实践合同

根据合同的成立是否需要交付标的物，可以将合同分为诺成合同和实践合同。

诺成合同（又称不要物合同），是指当事人双方意思表示一致就可以成立的合同。大多数的合同都属于诺成合同，如建设工程合同、买卖合同、租赁合同等。

实践合同（又称要物合同），是指除当事人双方意思表示一致以外，尚须交付标的物才能成立的合同，如保管合同。

4. 要式合同与不要式合同

根据法律对合同的形式是否有特定要求，可以将合同分为要式合同与不要式合同。

要式合同，是指根据法律规定必须采取特定形式的合同。如《合同法》规定，建设工程合同应当采用书面形式。

不要式合同，是指当事人订立的合同依法并不需要采取特定的形式，当事人可以采取口头方式，也可以采取书面形式或其他形式。

要式合同与不要式合同的区别，实际上是一个关于合同成立与生效的条件问题。如果法律规定某种合同必须经过批准或登记才能生效，则合同未经批准或登记便不生效；如果法律规定某种合同必须采用书面形式才成立，则当事人未采用书面形式时合同便不成立。

5. 有偿合同与无偿合同

有偿合同，是指当事人一方在享有合同规定的权益，必须向对方当事人偿付相应代价的合同。而无偿合同的当事人一方无需给予相应权益就可以从另一方取得利益，如无偿保管合同。

6. 主合同与从合同

根据合同相互间的主从关系，可以将合同分为主合同与从合同。

主合同是指能够独立存在的合同；依附于主合同方能存在的合同为从合同。例如，发包人与承包人签订的建设工程施工合同为主合同，为确保该主合同的履行，发包人与承包人签订的履约保证合同为从合同。

二、合同的订立

当事人订立合同，可以采取要约、承诺方式或者其他方式。

（一）要约

1. 要约的概念和构成要件

要约是希望与他人订立合同的意思表示，该意思表示应当符合下列条件：

（1）内容具体确定；

（2）表明经受要约人承诺，要约人即受该意思表示约束。

2. 要约的生效时间

要约以对话方式作出的意思表示，相对人知道其内容时生效。

以非对话方式作出的意思表示，到达相对人时生效。以非对话方式作出的采用数据电文形式的意思表示，相对人指定特定系统接收数据电文的，该数据电文进入该特定系统时生效；

未指定特定系统的,相对人知道或者应当知道该数据电文进入其系统时生效。当事人对采用数据电文形式的意思表示的生效时间另有约定的,按照其约定。

3. 要约的撤销和撤回

要约可以撤销,但是有下列情形之一的除外:

(1)要约人以确定承诺期限或者其他形式明示要约不可撤销;

(2)受要约人有理由认为要约是不可撤销的,并已经为履行合同做了合理准备工作。

撤销要约的意思表示以对话方式作出的,该意思表示的内容应当在受要约人作出承诺之前为受要约人所知道;撤销要约的意思表示以非对话方式作出的,应当在受要约人作出承诺之前到达受要约人。

行为人可以撤回要约。撤回要约的通知应当在要约到达相对人前或者与要约同时到达相对人。

4. 要约的失效

有下列情形之一的,要约失效:

(1)要约被拒绝;

(2)要约被依法撤销;

(3)承诺期限届满,受要约人未作出承诺;

(4)受要约人对要约的内容作出实质性变更。

(二)要约邀请

要约邀请是希望他人向自己发出要约的表示。

拍卖公告、招标公告、招股说明书、债券募集办法、基金招募说明书、商业广告和宣传、寄送的价目表等为要约邀请。商业广告和宣传的内容符合要约条件的,构成要约。

(三)承诺

1. 承诺的概念和方式

承诺是受要约人同意要约的意思表示。

承诺应当以通知的方式作出;但是,根据交易习惯或者要约表明可以通过行为作出承诺的除外。

2. 承诺的生效时间

承诺应当在要约确定的期限内到达要约人。

要约没有确定承诺期限的,承诺应当依照下列规定到达:

(1)要约以对话方式作出的,应当即时作出承诺;

(2)要约以非对话方式作出的,承诺应当在合理期限内到达。

要约以信件或者电报作出的,承诺期限自信件载明的日期或者电报交发之日开始计算。信件未载明日期的,自投寄该信件的邮戳日期开始计算。要约以电话、传真、电子邮件等快速通信方式作出的,承诺期限自要约到达受要约人时开始计算。

承诺生效时合同成立,但是法律另有规定或者当事人另有约定的除外。

以通知方式作出的承诺,生效的时间适用要约生效时间的相关规定。承诺不需要通知的,根据交易习惯或者要约的要求作出承诺的行为时生效。

3. 承诺的撤回

承诺可以撤回。行为人可以撤回承诺。撤回承诺的通知应当在承诺到达相对人前或者与承诺同时到达相对人。

4. 逾期承诺

受要约人超过承诺期限发出承诺，或者在承诺期限内发出承诺，按照通常情形不能及时到达要约人的，为新要约；但是，要约人及时通知受要约人该承诺有效的除外。

5. 迟到的承诺

受要约人在承诺期限内发出承诺，按照通常情形能够及时到达要约人，但是因其他原因致使承诺到达要约人时超过承诺期限的，除要约人及时通知受要约人因承诺超过期限不接受该承诺外，该承诺有效。

6. 承诺对要约内容作出的变更

承诺的内容应当与要约的内容一致。受要约人对要约的内容作出实质性变更的，为新要约。有关合同标的、数量、质量、价款或者报酬、履行期限、履行地点和方式、违约责任和解决争议方法等的变更，是对要约内容的实质性变更。

承诺对要约的内容作出非实质性变更的，除要约人及时表示反对或者要约表明承诺不得对要约的内容作出任何变更外，该承诺有效，合同的内容以承诺的内容为准。

7. 承诺生效的地点

承诺生效的地点为合同成立的地点。采用数据电文形式订立合同的，收件人的主营业地为合同成立的地点；没有主营业地的，其住所地为合同成立的地点。当事人另有约定的，按照其约定。

三、合同的形式

当事人订立合同，可以采用书面形式、口头形式或者其他形式。

书面形式是合同书、信件、电报、电传、传真等可以有形地表现所载内容的形式。以电子数据交换、电子邮件等方式能够有形地表现所载内容，并可以随时调取查用的数据电文，视为书面形式。

当事人采用合同书形式订立合同的，自当事人均签名、盖章或者按指印时合同成立。在签名、盖章或者按指印之前，当事人一方已经履行主要义务，对方接受时，该合同成立。

法律、行政法规规定或者当事人约定合同应当采用书面形式订立，当事人未采用书面形式但是一方已经履行主要义务，对方接受时，该合同成立。

当事人采用信件、数据电文等形式订立合同要求签订确认书的，签订确认书时合同成立。

当事人一方通过互联网等信息网络发布的商品或者服务信息符合要约条件的，对方选择该商品或者服务并提交订单成功时合同成立，但是当事人另有约定的除外。

四、合同的履行

（一）合同履行的概念和原则

合同的履行是指债务人全面地、适当地完成其合同义务，债权人的合同债权得到完全实现。

合同履行应当遵循的原则：

（1）当事人应当按照约定全面履行自己的义务。

（2）当事人应当遵循诚信原则，根据合同的性质、目的和交易习惯履行通知、协助、保密等义务。

（3）当事人在履行合同过程中，应当避免浪费资源、污染环境和破坏生态。

合同生效后，当事人就质量、价款或者报酬、履行地点等内容没有约定或者约定不明确的，可以协议补充；不能达成补充协议的，按照合同相关条款或者交易习惯确定。

（二）合同履行中的抗辩权

1. 同时履行抗辩权

同时履行抗辩权是指当事人互负债务，没有先后履行顺序的，应当同时履行。一方在对方履行之前有权拒绝其履行请求。一方在对方履行债务不符合约定时，有权拒绝其相应的履行请求。

2. 先履行抗辩权

先履行抗辩权是指当事人互负债务，有先后履行顺序，应当先履行债务一方未履行的，后履行一方有权拒绝其履行请求。先履行一方履行债务不符合约定的，后履行一方有权拒绝其相应的履行请求。

3. 不安履行抗辩权

不安履行抗辩权是指当事人互负债务，有先后履行顺序，应当先履行债务的当事人，有确切证据证明对方有经营状况严重恶化，转移财产、抽逃资金以逃避债务，丧失商业信誉，有丧失或者可能丧失履行债务能力的其他情形等，可以中止履行其债务的权利。

当事人没有确切证据中止履行的，应当承担违约责任。

当事人依据上述规定中止履行的，应当及时通知对方。对方提供适当担保的，应当恢复履行。中止履行后，对方在合理期限内未恢复履行能力且未提供适当担保的，视为以自己的行为表明不履行主要债务，中止履行的一方可以解除合同并可以请求对方承担违约责任。

五、合同权利义务的终止

有下列情形之一的，债权债务终止：

（1）债务已经履行；
（2）债务相互抵销；
（3）债务人依法将标的物提存；
（4）债权人免除债务；
（5）债权债务同归于一人；
（6）法律规定或者当事人约定终止的其他情形。

六、合同的内容

合同的内容由当事人约定，一般包括以下条款：

（1）当事人的名称或者姓名和住所；
（2）标的；
（3）数量；
（4）质量；
（5）价款或者报酬；
（6）履行期限、地点和方式；
（7）违约责任；

(8)解决争议的方法。

当事人可以参照各类合同的示范文本订立合同。

第二节 前期物业服务合同

根据不同物业管理阶段和不同的签约主体,物业管理实践中存在两种物业服务合同。一种是在前期物业管理阶段,由建设单位选聘物业服务人所签订的物业服务合同,即前期物业服务合同;一种是由业主或业主大会选聘物业服务人所签订的物业服务合同,即物业服务合同。

一、前期物业服务合同的概念和特征

1. 前期物业服务合同的概念

前期物业服务合同,是指物业建设单位与物业服务人就前期物业管理阶段双方的权利义务所达成的协议,是物业服务人被授权开展前期物业管理服务的依据。

《物业管理条例》第二十一条规定:"在业主、业主大会选聘物业服务企业之前,建设单位选聘物业服务企业的,应当签订书面的前期物业服务合同。"

在实践中,物业的销售及业主入住是持续的过程。在业主陆续入住的过程中,无法达到召开业主大会、选举业主委员会的条件,而这个阶段的物业管理服务又是必需的。因此,为了避免在业主大会选聘物业服务人之前出现物业管理的真空,明确前期物业管理服务的责任主体,规范前期物业管理活动,《物业管理条例》明确地规定前期物业管理服务由建设单位选聘物业服务企业。结合《民法典》的相关规定,其他管理人只要具备承接前期物业服务的条件,也可以作为前期物业服务合同的主体。

2. 前期物业服务合同的特征

(1)前期物业服务合同具有过渡性。前期物业服务合同的期限,存在于业主、业主大会选聘物业服务企业之前的过渡时间内。一旦业主大会成立或者全体业主选聘了物业服务人,业主与物业服务人签订的合同发生效力,就意味着前期物业管理阶段结束,进入了常规物业管理阶段。

(2)前期物业服务合同签约主体的特殊性。前期物业服务合同由建设单位和物业服务人签订。通常情况下物业服务合同的签订主体是业主与物业服务企业,而前期物业服务合同签订的主体是建设单位和物业服务企业。

(3)前期物业服务合同是要式合同。前期物业服务合同应当采取书面形式。

二、前期物业服务合同的终止情形

由建设单位与物业服务人签订的前期物业服务合同,仅仅是在业主不具备自行选聘物业服务人条件下的权宜之策,因此在业主具备自行选聘物业服务人条件后,必须充分尊重业主选聘物业服务人的自主权。《民法典》第九百四十条规定:"建设单位依法与物业服务人订立的前期物业服务合同约定的服务期限届满前,业主委员会或者业主与新物业服务人订立的物业服务合同生效的,前期物业服务合同终止。"因此,前期物业服务合同不受合同中约定的期限限制,只要业主委员会与物业服务人签订的物业服务合同生效,前期物业服务合同自动失效。

三、前期物业服务合同的主要内容

合同的内容就是合同的条款,是合同对当事人权利义务的具体规定。前期物业服务合同的内容就是通过合同条款反映建设单位与物业服务人之间的权利义务关系,包含以下几个主要部分。

1. 合同的当事人

物业服务合同的当事人就是建设单位与物业服务人,其中建设单位以及物业服务人一般都是法人组织。

2. 物业基本情况

物业基本情况包括物业名称、物业类型、坐落位置、建筑面积等方面的内容。

3. 服务内容与质量

服务内容主要包括:物业共用部位及共用设施设备的运行、维修、养护和管理;物业共用部位和相关场地环境管理;车辆停放管理;公共秩序维护、安全防范的协助管理;物业装饰装修管理服务;物业档案管理及双方约定的其他管理服务内容等。

前期物业管理服务应达到约定的质量标准。

4. 服务费用

服务费用包括:物业服务费用的收取标准、收费约定的方式(包干制或酬金制);物业服务费用开支项目;物业服务费用的缴纳;酬金制条件下,酬金计提方式、服务资金收支情况的公布及其争议的处理等。

5. 物业的经营与管理

物业的经营与管理包括:停车场和会所的收费标准、管理方式、收入分配办法;物业其他共用部位、共用设施设备经营与管理。

6. 承接查验和使用维护

承接查验和使用维护的主要内容包括执行过程中双方责任义务的约定。

7. 专项维修资金

专项维修资金的主要内容包括这部分资金的缴存、使用、续筹和管理。

8. 违约责任

这部分内容主要包括违约责任的约定和处理、免责条款的约定等。

9. 其他事项

其他事项主要包括合同履行期限、合同生效条件、合同争议处理、物业管理用房、物业管理相关资料归属以及双方认为需要约定的其他事项等。

四、签订前期物业服务合同应注意的事项

1. 物业的承接验收

物业共用部位、共用设施设备的承接验收是前期物业服务活动的重要环节,前期物业服务合同应当对物业共用部位、共用设施设备的承接验收内容、标准、责任等作出明确的约定。而对业主自有物业专有部分的承接验收则属于业主与开发商之间的问题,无须在合同中约定。

2. 物业服务的费用

前期物业服务合同涉及的费用种类多,情况复杂,支付主体及责任容易混淆,易造成矛盾,必须在合同中予以列明。例如,应当由建设单位支付的费用不能转嫁给业主;对于由业

主支付的费用部分,则应当注意是否符合国家法律法规的要求,并应当在物业销售前予以明示或约定。

3. 前期物业服务合同的解除或终止

前期物业服务合同的履行受业主入住状况及房屋工程质量等各种因素的影响,合同的期限具有不确定性,当此类因素致使前期物业服务合同无法全面履行时,物业服务企业可以通过提前解除合同或要求补偿的方式规避风险。因此,有必要在前期物业服务合同中对解除合同的条件作出明确约定。

第三节 物业服务合同

一、物业服务合同的概念和主要内容

《民法典》第九百三十七条规定:"物业服务合同是物业服务人在物业服务区域内,为业主提供建筑物及其附属设施的维修养护、环境卫生和相关秩序的管理维护等物业服务,业主支付物业费的合同。"

由此,物业服务合同的签约主体是业主及业主委员会与物业服务人,物业服务人包括物业服务企业和其他管理人。

《民法典》第九百三十八条规定:"物业服务合同的内容一般包括服务事项、服务质量、服务费用的标准和收取办法、维修资金的使用、服务用房的管理和使用、服务期限、服务交接等条款。物业服务人公开作出的有利于业主的服务承诺,为物业服务合同的组成部分。物业服务合同应当采用书面形式。"

二、物业服务合同与前期物业服务合同的主要区别

物业服务合同中关于服务内容的条款与前期物业服务合同基本相同,主要差别在于:
(1)订立合同的当事人不同。前期物业服务合同的当事人是物业建设单位与物业服务人;物业服务合同的当事人是业主(业主委员会)与物业服务人。
(2)合同期限不同。前期物业服务合同的期限虽然可以约定,但是期限未满,业主委员会与物业服务人签订的物业服务合同又开始生效的,前期物业服务合同将会终止。物业服务合同期限则由订立合同双方约定,与前期物业服务合同相比,具有期限明确、稳定性强等特点。

三、物业服务合同的转委托

物业服务人将物业服务区域内的部分专项服务事项委托给专业性服务组织或者其他第三人的,应当就该部分专项服务事项向业主负责。

物业服务人不得将其应当提供的全部物业服务转委托给第三人,或者将全部物业服务支解后分别转委托给第三人。

四、《民法典》中对物业服务人权利和义务的相关规定

(1)依据《民法典》的相关规定,物业服务人的权利有:
① 物业服务人为业主共有部分开展经营所产生的收入,有权扣除合理成本。
② 物业服务人可以将物业服务区域内的部分专项服务事项委托给专业性服务组织或者

其他第三人。

③ 业主违反约定逾期不支付物业费的，物业服务人可以催告其在合理期限内支付；合理期限届满仍不支付的，物业服务人可以提起诉讼或者申请仲裁。

④ 物业服务人员对业主装饰装修房屋的，转让、出租物业专有部分、设立居住权或者依法改变共有部分用途的，享有知情权。

⑤ 物业服务合同终止后，在业主或者业主大会选聘的新物业服务人或者决定自行管理的业主接管之前，原物业服务人继续处理物业服务事项，可以请求业主支付该期间的物业费。

（2）依据《民法典》的相关规定，物业服务人的义务有：

① 物业服务人应当根据业主的委托，依照物业服务合同的规定管理建筑区划内的建筑物及其附属设施，接受业主的监督，并及时答复业主对物业服务情况提出的询问。

② 物业服务人应当执行政府依法实施的应急处置措施和其他管理措施，积极配合开展相关工作。

③ 物业服务人应当按照约定和物业的使用性质，妥善维修、养护、清洁、绿化和经营管理物业服务区域内的业主共有部分，维护物业服务区域内的基本秩序，采取合理措施保护业主的人身、财产安全。对物业服务区域内违反有关治安、环保、消防等法律法规的行为，物业服务人应当及时采取合理措施制止、向有关行政主管部门报告并协助处理。

④ 物业服务人应当定期将服务的事项、负责人员、质量要求、收费项目、收费标准、履行情况，以及维修资金使用情况、业主共有部分的经营与收益情况等以合理方式向业主公开并向业主大会、业主委员会报告。

⑤ 物业服务人不得采取停止供电、供水、供热、供燃气等方式催交物业费。

⑥ 物业服务合同终止的，原物业服务人应当在约定期限或者合理期限内退出物业服务区域，将物业服务用房、相关设施、物业服务所必需的相关资料等交还给业主委员会、决定自行管理的业主或者其指定的人，配合新物业服务人做好交接工作，并如实告知物业的使用和管理状况。

⑦ 物业服务合同终止后，在业主或者业主大会选聘的新物业服务人或者决定自行管理的业主接管之前，原物业服务人应当继续处理物业服务事项。

五、《民法典》中物业服务合同解除与续约的相关规定

（1）业主依照规定程序共同决定解聘物业服务人的，可以解除物业服务合同。决定解聘的，应当提前六十日书面通知物业服务人，但是合同对通知期限另有约定的除外。

依据前款规定解除合同造成物业服务人损失的，除不可归责于业主的事由外，业主应当赔偿损失。

（2）物业服务期限届满前，业主依法共同决定续聘的，应当与原物业服务人在合同期限届满前续订物业服务合同。

物业服务期限届满前，物业服务人不同意续聘的，应当在合同期限届满前九十日书面通知业主或者业主委员会，但是合同对通知期限另有约定的除外。

（3）物业服务期限届满后，业主没有依法作出续聘或者另聘物业服务人的决定，物业服务人继续提供物业服务的，原物业服务合同继续有效，但是服务期限为不定期。

当事人可以随时解除不定期物业服务合同，但是应当提前六十日书面通知对方。

（4）物业服务合同终止的，原物业服务人应当在约定期限或者合理期限内退出物业服务

区域，将物业服务用房、相关设施、物业服务所必需的相关资料等交还给业主委员会、决定自行管理的业主或者其指定的人，配合新物业服务人做好交接工作，并如实告知物业的使用和管理状况。

原物业服务人违反前款规定的，不得请求业主支付物业服务合同终止后的物业费；造成业主损失的，应当赔偿损失。

（5）物业服务合同终止后，在业主或者业主大会选聘的新物业服务人或者决定自行管理的业主接管之前，原物业服务人应当继续处理物业服务事项，并可以请求业主支付该期间的物业费。

思考题

1. 简要说明合同的概念和分类。
2. 前期物业服务合同的概念和特征是什么？
3. 前期物业服务合同的主要内容有哪些？
4. 《民法典》关于物业服务合同的概念和主要内容是如何规定的？
5. 《民法典》中对物业服务人权利和义务是如何规定的？

第六章 不同业态物业管理概述

第一节 居住物业的物业管理

一、居住物业的概念和特点

居住物业,是以满足人们居住使用功能为主的物业类型,主要包括住宅小区、公寓、别墅等。本文内容仅以住宅小区为例。

住宅小区物业的主要特点有:

1. 规划统一,配套齐全

随着我国房地产业的发展,城市建设和人们居住水平都有了提高,在"统一规划、合理布局、综合开发、配套建设"原则指导下,住宅小区的建设由原来分散的、功能单一的规划方式向集中化、综合化和现代化的方向发展。而在使用功能上,新建的住宅小区大都配有商业、服务业、饮食业、学校、幼儿园以及银行、邮电、娱乐等设施,建成了一个更加适宜的生活空间。

2. 产权多元化,管理复杂化

由于住宅建设投资的多渠道、住宅商品化等因素,住宅小区房屋的产权结构发生了变化,由单一所有制转向了多元化。一个住宅小区内,通常会有国家、集体、个人等不同类型的产权存在,这样在管理上就会出现统一管理和产权分散的矛盾,给小区物业管理工作增加了难度。

3. 人口构成复杂化

开放的市场要求住宅小区的开发面向社会,住宅小区一般规模大,吸纳人口多,小区内的居民来自社会各行各业、各阶层,而不是像以前那样来自一个企业、机关、工矿、事业单位或社会团体,这使得居民构成十分复杂。

4. 使用功能多样化

新建小区以住宅楼为主体,配有商业、文教、卫生、服务、金融、邮电、治安、行政服务等各类配套设施,小区内日常生活和工作所需基础设施也一应俱全,满足与居住相关联的各种使用功能要求。

二、住宅小区的主要功能

1. 居住功能

这是住宅小区的基本功能,也是最原始的功能,其他功能均可以看作是居住功能的延伸。

人们在住宅小区内要度过大部分的时间,因此一个安静、清洁、有秩序的生活环境是非常重要的。物业服务人在开展经营活动时,必须以满足住宅小区基本功能——居住功能为基础。如果以破坏或者影响这一基本功能为代价盲目开展经营,势必会严重影响业主对物业服务人的信任和支持,甚至会面临解聘的危险。

2. 生活服务功能

当今住宅小区各种生活服务设施配套齐全,小区除了居住功能以外,还具备多方面的生活服务功能。住宅小区可以用较完善的公共设施和组织机构为居民提供各样的服务,如银行、邮局、煤气站、美发厅、家电维修部、百货店、超市、幼儿园、小学、中学等。一般来说,规模大的小区各项服务功能比较完善。拓展小区服务范围,强化小区服务质量,健全小区服务网络就成为物业服务人开展经营的主要方向。

3. 经济功能

住宅小区的经济功能首先体现在小区物业的商品化和管理服务的有偿化。随着国家房地产二、三级市场成熟发展,房屋的买卖和租赁越来越活跃,小区物业管理通过提供中介服务或创立中介机构为业主代理,既方便了业主,也给企业带来了经济效益。住宅小区的经济功能还表现在小区内的各项服务和商业活动上,随着商业网点的设立,满足了小区居民日常用品的需要,同时也有经济回报。就整个市场经济来说,小区市场的繁荣也会给社会带来良好的效益。

4. 社会功能

住宅小区作为一个相对独立的单元存在于城市中,必然会与城市各项活动有着千丝万缕的联系。住宅小区不只是服务于城市居民生活的空间场所,更是城市社会经济活动赖以正常进行和发展的重要物质条件。住宅小区的社会功能就是让生活在住宅小区内的居民在生存的小区空间与住宅小区内的政府机关、商业网点、文化教育机构以及银行、保险等单位发生关系。这些单位之间、单位与居民之间组成了住宅小区的社会关系、人际关系,形成了一个社会网络。

三、住宅小区物业管理的主要特点

1. 综合性

住宅小区管理服务的内容既有房屋及设施设备的管理,又有环境维护的管理,还有委托性管理服务和经营性管理服务,内容涵盖业主生活的方方面面。

2. 服务性

住宅小区物业管理的目的是为了满足小区内居民居住的需要,为居住在小区内的人们提供一个优美、安全、舒适、满意的居住环境。物业服务人应该本着服务至上的宗旨,强化服务意识,为居住在小区内的人们提供高质量的服务。从事住宅小区管理的物业服务人通过向居住在小区内的业主及使用人提供优质的服务,达到管理的目的。同时,管理的服务性要求物业服务人不仅要提供物业服务合同范畴内的基本服务,还要结合小区的特点、业主的需求提供有针对性的个性化服务。

3. 专业性

住宅小区的管理既要有专门的机构,又需要具有专业技术和专项技能的工作人员,如小区环境绿化、卫生等的维护管理。住宅小区管理的各专项工作如环境绿化、安全保卫等可以分包给各专业公司去做,这也体现了小区管理的专业性特点。

4. 经营性

近十年,由于人工成本的刚性增长,物价不断上升,而物业服务收费标准难以保持同步增长,使得居住类物业管理举步维艰。很多住宅小区入不敷出、面临亏损,迫使物业服务人通过多种经营创收,维持物业项目的运作,既满足业主的多元化需求,也能实现企业的可持续发展。

四、住宅小区物业管理的主要内容

住宅小区物业管理的主要内容包括以下三方面。

1. 常规性的服务

又称公共服务,主要为物业服务合同约定的公共性基础服务,同第一章物业管理服务的主要内容,其资金来源主要为物业服务费。

2. 委托性服务

委托性服务面向有特殊需求的业主及使用人,与该部分业主及使用人单独签订委托合同,如代为照顾独居老人、接送小孩、提供定期家政服务、房屋租售或托管等,双方权利义务由物业服务人和该部分业主及使用人在合同中约定。该部分收益是物业服务费以外的经营收入。

3. 经营性服务

这部分服务是在常规物业服务和委托性物业服务以外,物业服务企业结合业主及使用人的多元化需求和企业自身实际情况开展的,面向住宅小区内居民及相关商家提供的服务。物业服务人既可以直接提供经营服务,也可以作为平台提供商开展经营服务,多渠道创收。

第二节 写字楼的物业管理

一、写字楼的分类和特点

写字楼原意是指用于办公的建筑,或由办公室为主组成的楼宇。广义的写字楼是指各类机构、单位用于办公或商务活动为主的建筑物。狭义的写字楼是指公司或企业从事办公或商务活动为主的楼宇。根据我国《办公建筑设计规范》(JGJ 67—2006),商务写字楼是指具有统一的物业管理、以商务为主、由一种或数种单元办公平面组成的租赁办公建筑。本节和日常所称的写字楼主要是指商务写字楼。

(一)写字楼的分类

无论国际上还是国内尚无对写字楼统一的分类标准,与其他类型的物业相比,写字楼物业的分类更为复杂。不仅要考虑其自身建筑及设施设备的档次、所处位置、周边交通、环境的优劣,还要考虑客户的组成及所提供的物业管理服务的水平等众多因素。目前,常见的写字楼物业分类主要分为以下几种。

1. 按写字楼的使用功能划分

(1)单纯性写字楼 该类型写字楼基本上只有办公一种功能,没有其他如餐饮、居住、购物、美容美体、健身等附加功能。

(2)商住型写字楼 该类型写字楼兼具办公和居住两种主要功能。这种写字楼又有两种形式,一种是办公室内有配置套间可以住宿;另一种是楼宇的一部分用于办公,另一部分用于居住。

(3)综合型写字楼　该类型写字楼指以办公为主,同时又兼具其他多种功能的写字楼,即除办公功能外,还有公寓、餐饮、商场、美容美体、健身、商务中心等功能部分。但用作商务办公部分的面积最多,使用功能上以商务办公为主。

2. 按写字楼的使用方式划分

(1)自用型写字楼　该类型写字楼是为企业量身设计建设的、仅供其独占使用的写字楼。

(2)租售型写字楼　该类型写字楼是将写字楼空间作为经营载体,租售给市场有需求的企业与机构,可以满足广大写字楼使用者的需要和期望,目前出租越来越成为主要的经营方式。

(3)自用租售复合型写字楼　该类型写字楼一部分由建设单位持有用于自用,另一部分用于销售或出租。

3. 按产权所有方式划分

(1)单一产权写字楼　该类型写字楼可分为自用型写字楼、出租型写字楼、出租自用相结合型写字楼,其本质特征是单一产权,便于统一管理。保持写字楼产权的完整性,是写字楼保值和增值的关键。

(2)分散产权写字楼　该类型写字楼产权分散,往往整体分割出售;或部分自用和出租,其余用于销售。从写字楼的长远发展来看,该种类型写字楼不利于统一管理。

4. 按写字楼建筑高度划分

根据《民用建筑设计统一标准》(GB 50352—2019),写字楼可分为多层写字楼、高层写字楼和超高层写字楼。

(1)多层写字楼　建筑高度不大于24m的为多层写字楼。

(2)高层写字楼　建筑高度大于24m不超过100m的为高层写字楼。

(3)超高层写字楼　建筑高度大于100m的民用建筑为超高层写字楼,超高层写字楼相对于高层写字楼,在建筑设计、消防要求、电梯运行、环境卫生、秩序维护等方面有着更高的要求。

(二)写字楼的特点

1. 所处区位好,规模大

写字楼大多建在以经济、金融、贸易、信息为中心的大中城市,特别是城市的中心地段,区域经济活动频繁,信息集中,交通方便,各类商业设施齐全,便于集中办公、处理公务和商务事宜,所以能吸引众多企业、机构或单位在此类地段建造或租赁办公场所,设立公司和办事处,因为其既利于工作人员上班,又利于贸易的谈判和开展。同时一栋写字楼有相当规模的建筑面积,办公单位集中,人口密度大。

2. 多为现代化高层建筑

写字楼大多为现代化高层建筑,楼体高、层数多、建筑面积大,使用先进的建材和高技术性能的装修装饰材料,不仅外部有自己独特的线条、格局、色彩和装饰风格,而且内部配有先进的设施设备,如中央空调、高速电梯、先进办公和通信系统等。

3. 功能齐全

现代化写字楼具有各种功能,如前台服务、大小会议室、酒吧、商场、餐厅、停车场等,形成独立的工作、生活系统,满足各种客户办公、高效率工作的需要。

4. 人员密集，流动性大，使用时间集中

写字楼内办公单位集中，可能有几十家甚至上百家办公单位，工作人员以及往来客户形成密集人流。同时，写字楼使用时间集中，多在早 8 点至晚 6 点之间，形成固定的使用时间。

5. 物业服务与经营管理要求高，时效性强

写字楼由于档次高、设施设备复杂，因此，管理要求高，一般都委托专业物业服务人进行管理。同时由于多数写字楼以出租为主，出租率的高低是此类物业的生命线，而出租率的高低与物业管理的好坏休戚相关，因此，很多写字楼业主委托物业服务人代理出租。对于物业服务人来说，为业主获取最大利润是其全部工作的出发点和落脚点，其所有工作均应围绕这个目标进行。

二、写字楼物业经营管理的概念和理念

写字楼物业经营管理，就是物业服务人将写字楼物业管理服务过程中所能涉及的所有资源和生产要素，包括人、财、物、品牌及知识产权等有形资产和无形资产，都作为可以经营的资源，通过对这些资源的综合运营利用，获得相应经济效益的过程。

写字楼物业经营管理理念主要包括以下几个方面。

1. 物业管理服务是经营的基础

写字楼物业经营是建立在物业管理服务平台之上的多种商业经营活动，是物业服务人在满足客户使用写字楼的基本管理服务前提下，所提供的能够满足客户其他服务需求的经营服务。如果物业服务人的经营脱离物业管理服务，舍本逐末，势必对基本的物业管理服务产生不利的影响。所以，只有提供优质的物业管理服务，才有物业经营管理的内容、项目和空间等。

2. 满足客户需求是经营的核心

有客户的需求，才有经营的内容；只有满足客户的需求，才能使经营获取利润并延续发展。物业经营的战略、理念、规划等均应围绕着客户的需求展开，客户需求是物业经营的核心。

3. 遵守规则是经营的保障

在物业管理经营过程中涉及的规则主要包含有国家法律法规、行业规范、市场规律和企业管理规范等。在遵守国家法律法规的同时，亦要遵循行业规范才能保证经营管理的顺利进行。

4. 追求利润是经营的目标

在物业经营管理过程中，获取利润是物业服务人的根本目的。物业服务人追求利润的形式、手段不尽相同，但最终是为了产生效益。利润是保障物业经营管理发展的必备条件。

三、写字楼物业经营管理的主要模式

1. 自主经营型

自主经营型是物业服务人自行组建经营管理团队，对经营项目实施经营管理，自负盈亏。这种模式下物业服务人既提供物业管理服务，也开展经营管理，要求企业有较强的物业经营管理经验，储备有足够的专业经营管理人才，物业服务人的收入包括物业服务费的收入和开展经营管理的收入。

2. 联合经营型

联合经营型是物业服务人和专业服务企业共同经营管理为客户所提供的服务项目，运行成本、利润的分配双方协商决定。经营管理团队由双方共同组建或由专业服务企业单独成立，

物业服务人提供消费群体平台、招揽维系客户、收集客户服务需求信息，专业服务企业则提供经营项目所涉及的技术操作、管理等内容。物业服务人的收入包括物业服务费的收入和约定比例的部分经营收入。

3. 委托经营型

委托经营型是物业服务人将经营项目委托给专业服务企业进行经营管理，并向其收取一定的佣金。经营管理团队由专业服务企业单独组建，物业服务人协助提供客户服务需求信息，为专业服务企业经营尽量提供便利条件，专业服务企业全面负责实施经营管理。物业服务人的收入包括物业服务费的收入和佣金。

四、写字楼物业经营管理的主要内容

写字楼物业管理的内容比一般居住物业要多，要求也比较高。一般包括营销、前台服务、安保、消防、保洁、设备的维护和保养、绿化、商务服务、停车场管理、财务管理等。这部分内容仅属于写字楼日常物业管理服务，本节重点介绍写字楼物业经营管理的主要内容。

（一）写字楼物业经营管理的常规性内容

写字楼物业经营管理的常规性内容即是以物业租售为主要经营方式的经营管理内容，包括进行市场调研分析，制定经营管理计划，进行市场营销，制定租金，选择租户，谈判与签约，现场租赁管理，协调自身与业主及租户、业主与租户、租户与租户之间关系等。

（二）写字楼经营管理的拓展性内容

物业服务人应充分利用写字楼物业自身资源、业主与客户资源、物业服务人自身资源等开展拓展服务，提升对写字楼物业开展经营管理的能力。

写字楼常见拓展经营服务项目可以按经营内容作如下分类：

1. 商务服务类

商务类经营内容是以为辅助写字楼承租客户办公业务而开展的各种服务，如代办打字、复印、文件翻译、文件印制、快递收发、会务组织及配套服务，文化办公用品采购和办公设备租用、维修等。

2. 餐饮服务类

好的餐饮配套服务（食堂服务）意味着为写字楼上班一族节约时间和就餐成本，同时还能有效减少上班一族点餐饮外卖带来的电梯占用及由此引发的安全与扰乱办公秩序等问题，对稳固企业客户有较大的辅助作用。这类服务经营包括开办食堂、餐厅、咖啡厅、酒吧、茶馆等，也可提供集中配餐、送餐服务。

3. 交通服务类

该类服务经营内容包括开设飞机、火车、汽车等票务代理点；提供租车、约车、拼车服务；提供洗车、代泊、代验、代保养等经营活动。

4. 办公配套服务类

该类服务经营内容包括为楼宇租户提供室内卫生清洁、绿化租摆、送水送货、代订代购代办、网络升级、软件升级等各种提升租户办公环境品质和办公效率的服务。

5. 文体休闲服务类

文体休闲服务类经营内容是以写字楼客户的文化、休闲、健身、娱乐等服务需求为导引所展开的服务活动，如开设花店、干洗店、练歌房、健身房、按摩室、美容美发室、瑜伽训练馆，及经销文体用品、器材等。

6. 卫生健康服务类

可以视具体情况，为写字楼客户群体提供健康保养类服务，如可以设立简易医务室，提供简单护理和救助与体检上门服务或手续代办；开办心理咨询室，同时对楼宇内外人群服务。

7. 教育服务类

可以结合写字楼客户需求及周边的实际情况，与各类专业教育机构联合开办各类文化、艺术培训班、职业技能培训班、专业讲座班等。还可以考虑周和夜间开设各类职（执）业资格考试培训、公务员培训、研究生考前培训等，提高写字楼夜间和周末的使用率，增加收入。

8. 顾问咨询服务类

物业服务人开展顾问咨询类服务，一方面是指为写字楼客户群体提供物业管理活动中所涉及的房屋及设施设备、保洁、绿化、安全等物业服务人较具优势和经验特长的咨询服务。如大理石保养、房屋接收、安全防范、空间布置与利用、物业资产投保等；另一方面，可以联合专业公司为写字楼租户提供企业经营管理、产品研发推广、筹资融资、创业、改制、上市等企业成长壮大必需的服务项目。

第三节　零售商业物业的物业管理

一、零售商业物业的概念和业态分类

零售商业物业指用于零售、商业的物业，其范围相当广泛。从小型店铺、百货商场到大型现代化购物中心，面积规模从十几平方米到十余万平方米，其服务的地域范围从邻里、居住区到整个城市甚至全国。在房地产开发与投资领域，零售商业物业又称为商业地产。

零售商业物业发展到今天已经出现了各种各样的形式，即多样化的零售业态。我国零售业态分类体现了商业物业及其商品结构的特点，即同时考虑其经营方式、商品结构、业态布局、服务功能，以及选址、商圈、规模、店堂设施、目标顾客和有无固定营业场所等因素进行分类。其中，规模一项主要用经营面积来衡量。

根据 2010 年修订的零售业态的国家分类标准，零售业态从总体上可以分为有店铺零售业态和无店铺零售业态两类。其中有店铺的零售业态可分为食杂店、便利店、折扣店、超市、仓储会员店、百货店、专业店、专卖店、购物中心和厂家直销中心 10 种零售业态；无店铺的零售业态可分为电视购物、邮购、网上商店、自动售货亭、直销和电话购物 6 种零售业态。共计 16 种零售业态。

有店铺零售业态因其有着固定的进行商品陈列和销售所需要的场所和空间，并且消费者的购买行为主要在这一场所内完成，因此需要良好的物业经营管理。零售商业物业经营管理的对象主要是有店铺的零售业态。无店铺的零售是由厂家或商家直接将商品递送给消费者的零售，目前与物业服务人的经营管理尚无明显的、直接的联系。本节不涉及无店铺零售业态的物业管理。

二、零售商业物业管理的目标

零售商业物业管理的目标可以概括为"六个统一"和"一个指导"。

（一）六个统一

1. 统一的店面管理

零售商业物业店面管理涉及很多方面，包括：根据季节和节假日制定合理的对外营业时间；制定启、封店的规定程序及人员安排；做好卫生保洁工作，配合全店定期的灭蟑灭鼠工作；严格规定各承租商的上货地点、路线及上货时间，尽量减少"客货同行"，确保经营环境，针对货区商品的摆放制定统一标准，加强检查等。

重大节假日期间，协助运营团队在促销活动期间的店内、店外节日气氛的烘托工作。对店内各类装饰品及"购买点广告"（point of purchase advertising，POP广告）制定统一的使用规范；建立"出门条"审批制度，对进店和出店人员及其所携带的物品进行必要的检查，避免商品丢失。

2. 统一的形象管理

零售商业物业的形象管理涉及员工形象和零售商业物业形象两方面。

零售商业物业由于租赁给不同承租商，往往形成不同承租商的员工穿着不同款式的服装，难以形成零售商业物业统一的员工对外形象。为此，物业服务人有责任在涉及零售商业物业整体对外形象方面承担责任。例如，按照工装设计计划统一所有员工服装款式、颜色和配套件数、工鞋与工袜及工牌等设计制作；在现场管理中，制定严格的员工现场行为规范。

在涉及商业物业店面装修时，严格保护店面设施，防止墙体、地面、装饰、指示牌、灯箱等设施受损坏，严格审批承租商临时施工、货区改造、移动设施、修复货柜、悬挂POP广告等事宜。

3. 统一的员工管理

负责协调、实施新进店员工的培训工作，培训要系统化、专业化。通过培训，使所有员工具备零售商业物业管理所需的上岗素质要求。制定严格的员工行为规范等有关规定，在日常的现场物业管理工作中加大检查力度，统一管理。建立奖惩机制，实行过失处罚。

同时注意安排好员工就餐地点和时间，制定员工用餐规定，同时针对员工的存车问题提出统一要求，有计划地实施管理。合理安排员工更衣柜使用、明确员工洗浴及储物等规定并严格执行，做到专人管理，规范操作。

4. 统一的安全管理

安全工作对于任何一个零售商业物业来讲都需要一把手负责。物业服务人在维护零售商业物业安全方面负有重大责任，主要任务包括：巡视货区各项设施的使用是否安全；检查货区消防规定的执行情况是否到位；检查各承租商灭火器材的配备是否符合规定要求；严格控制承租商使用电器，杜绝承租商自行添置电器、接线板、电信设施及各类电源设备；随时检查客用和货用电梯的使用情况以及安全情况，发现问题及时通知工程部修复，避免各类事故发生。

物业服务人要做好安全检查及自查工作，秩序维护部要配合陪同当地市、区安全消防部门的各项检查，对例行检查和自查发现的问题隐患督促有关部门或人员及时整改。对检查不合格的承租商，下发安全隐患通知书，要求其及时反馈整改意见，并复查整改效果。定期进行各区域消防安全演习，具体包括：火警、匪警、急救、防疫、疏散和撤离等演习，以期不断加强全员的应变能力和处理突发事件时的心理素质及能力。

5. 统一的租赁管理

根据每个承租商的经营状况，招商部门会定期对不符合零售商业物业经营标准的承租商进行淘汰。在新老承租商交接转换期间，物业服务人要督促当事双方签订零售商业物业管理承诺书，并送交物业管理部备案，严格按照承诺书执行。业主有义务协助物业管理部对承租商的管理；物业服务人要协助承租商办理退租相关手续，结清费用并做好移交相关工作。

物业服务人要认真收集整理承租商信息，确保信息的准确与安全。

6. 统一的价格与质量检查管理

物业服务人并不直接参与相关部门对承租商的价格与质量检查工作。但由于这项工作往往导致承租商与商业物业运营、质检部门产生矛盾甚至冲突，因此，物业服务人要积极配合运营部门开展价格与质量检查工作，确保各承租商应依照《中华人民共和国产品质量法》的有关规定，严格规范自身的商品质量，并遵守物价部门的规定，对于已发现的违法违规行为，物业服务人要配合运营部门或国家执法部门的行动。

（二）一个指导

一个指导即权益的指导。物业服务人应在承租商开业前对其应具有的权利和应承担的责任给予必要的宣讲和培训，使承租商的员工明白自身权利和义务，自觉遵守物业管理的相关规定。

三、零售商业物业经营管理的内容

（一）日常物业管理

1. 秩序维护管理

零售商业物业往往楼宇面积大、商品多、客流量大，大型零售商业物业的日客流量达几十万人次，与其他物业相比容易发生安全问题。因此，秩序维护部要坚持24小时值班巡逻，必要时还可以安排便衣秩序维护人员在场内巡逻。商业物业晚上关门时，要进行严格的清场，同时在硬件上要配套，要安装闭路电视监控器及红外线报警器等报警监控装置，对商业物业进行全方位的监控，且要与属地派出所密切配合，预防和妥善处理刑事案件，为顾客购物提供安全、放心的环境。

2. 消防管理

由于零售商业物业属于人流密集型场所，环境复杂，应该将消防安全放在重要位置上。消防工作要常抓不懈，不仅要管好消防设备、设施，保持消防通道畅通无阻，还要组织建立义务消防队，建立应急预案体系，做好应急预案演练，一旦发生火警，能够及时疏散人群，及时控制火情。

3. 设备管理

（1）确保设备设施正常运行　零售商业物业的设备设施多而复杂，自动化程度高。设备设施的正常运行是承租商开展经营的基础保障，例如，空调温度不达标，内部环境温度过冷或者过热，就会导致顾客流失，进而影响承租商销售额；如果发生停水、停电、停电梯等问题，不仅是销售额受影响，还有可能引发不安全因素，甚至发生安全事故。

（2）加强重点设备安全管理　要加强对重点设备安全管理，确保商业物业中所有固定设施、设备均达到安全标准，取得相关政府部门发放的合格证，定期年检，发现安全隐患及时整改。注重安全标识管理，提示顾客远离危险源，老人、小孩应有专人陪护。

（3）强化二次装修管理　要科学安排装修时间，合理安排装修人员及材料的进出通道，明确敏感装修阶段（如喷漆）的错时安排，装修现场要采取切实的封闭措施，避免粉尘或垃圾进入营业区域，影响相邻承租商。要加强现场管理和监控，在现场悬挂定期巡视表，按规定巡视并标注巡视结果。对现场动火、动气等作业，要严格事前核准程序，慎重审批。装修人员进出现场，要按照零售商业物业的规定执行。

（4）加强节能管理　零售商业物业设备设施管理中，还要关注节能，例如大型商业物业的照明用电、洗手间用水都是耗能的重点，通过技术节能和管理节能，杜绝浪费。

4. 清洁卫生管理

要有专门人员负责场内流动保洁，将垃圾、杂物及时清理、外运，时时保持场内的清洁卫生，对大理石饰面等要定期打蜡、抛光，卫生间保持清洁、干燥、无异味。

5. 重点部位保洁管理

在超市或购物中心开辟美食街已经成为一种趋势，这固然丰富了零售商业物业的经营内容，为商场带来可观的收入，但与此同时也给商场的管理带来了极大的风险。要注意美食街区域的排风，避免食品气味长久滞留在商场内部无法排除；加强对厨余垃圾的储存和外运管理；规范管理下水管道，避免堵塞；做好防火排烟工作；定期开展杀虫灭鼠灭蟑。

6. 绿化管理

绿化环境是保持生态平衡，营造舒适、美观、清新、幽雅的购物环境的基础。零售商业物业内外的绿化搞得好能使周围的环境得到改善，并提升商业物业的品位。

7. 停车场管理

停车场车位是否充足和管理的好坏会直接影响到客流量。要合理进行车辆进入的引导，减少不必要的滞留，提高停车场的使用效率。要有专人指挥，维持良好的交通秩序；同时应有专人看管，设置监控，减少停车纠纷，化解矛盾。

8. 开闭店管理

开店流程是自下而上，先开一层，然后逐层向上开店。闭店流程是自上而下，先关闭最上层店，然后逐层向下闭店。

（二）重点经营管理

商业物业经营管理的内容较多，现就几项重要的经营管理内容，如承租商、防损、监控、促销、影院等管理进行描述。

1. 对小业主、承租商的管理

统一产权型的零售商业物业，其经营者一般情况下都是承租商，有的还可以再转租。租赁合同中写进相应的管理条款，对承租商的经营行为进行规范管理，也可以商业物业经营管理公约的形式对他们进行管理引导。对于分散产权型的商业物业，一般宜采用管理公约的形式，明确业主、经营者与管理者的责任、权利和义务，以此规范各方的行为，保证良好的经营秩序；也可由工商部门、物业服务人和业主、经营者代表共同组成管理委员会，由管理委员会制定管理条例，对每位经营者的经营行为进行约束，以保证良好的公共经营秩序。

2. 防损管理

商场防损的目的就是通过加强管理，减少商品损耗。商场损耗是指商品的流失、商品价值及商品使用价值的降低。导致商场内商品损耗的主要原因包括：员工作业错误，员工偷盗，顾客偷盗，供应商偷盗以及各种特殊原因造成的意外损失，如火灾、水灾、台风、地震等。而其中80%左右的损耗是由内部员工的不良行为造成的。针对不同性质的损耗，商场可以采取合理措施加强防范和监督。

3. 外来人员监控

对外来人员的监控主要指对在零售商业物业正常经营时间内在店内临时工作的人员的监督和管理，如二次装修人员、送货人员、撤店人员和推销人员。针对不同人员要分别制定不同的管理措施，加强监控。

4. 促销管理

每个商场都会利用各种可能的机会组织促销活动，促销的目的是提升商业社会知名度，提升销售收入，扩大社会资源占有率等。计划周密、形式新颖、组织得力、运转正常的促销活动，可以在平时商场营业额的基础上另外作出35%~70%的额外贡献。促销工作涉及工程保障、现场秩序维护、场地清洁和垃圾清扫等作业。因此，促销活动对物业管理统筹协调能力来讲是巨大的考验。

5. 影院管理

首先是安全问题。影院的开放时间不可能与商场的营业时间同步。为此，预留影院散场后的疏散通道，预先安排安保人员在通道值守和巡视就成为一种必需。这种通道应该是专用的，不能与商场任何其他已经关闭的经营面积连通，也不能与任何公共设备（如卫生间）相连通。其次，商业物业的通风、空调、供暖时间与影院经营时间需要相互匹配，在节约能源的前提下，为影院提供充足的、完善的能源供应服务（需要影院经营方另外支付费用）。最后，影院通常向顾客供应饮料、小食品如爆米花。在昏暗的环境下，会经常发生饮料遗撒、食品散落等现象，影响影院的卫生，也会给防鼠、防蚁工作带来不利影响，需要特别注意安排专人及时清理，定期消毒，避免造成大面积虫害鼠害。

（三）形象管理

零售商业物业经营管理的一项重要工作，就是做好商场的商业形象的宣传推广，扩大商业物业的知名度，树立商业形象，以吸引更多的消费者。这是整个商业物业统一管理的一项必不可少的工作。主要内容包括零售商业物业外部形象的管理、内部形象的管理和识别系统的建立。

四、零售商业物业的租赁管理

在零售商业物业经营管理过程中，制定零售商业物业经营管理的租赁方案和租赁策略是核心内容，一般主要包含有承租商的选择、租金确定与调整、租约制定等内容。

（一）承租商的选择因素

1. 声誉

声誉是选择承租商作为零售商业物业承租商时首先要考虑的因素。由于声誉是对商家公众形象的评估，所以物业服务人要注意了解承租商对待消费者的态度如何。这对于一些大型百货公司、连锁店或准备改变经营地点的承租商来说，很容易对其声誉作出评估。

2. 财务能力

除了承租商的声誉外，物业服务人还要认真分析可能承租商的财务状况。大型承租商在某一个连锁店经营的成功，并不表明其母公司或其母公司的母公司或其相关权益人的成功。母公司可能会通过转让其下属的某一连锁店，来解决整个企业对资金的需求。而在商店经营权更迭的过程中，虽然可能对母公司所经营的业务影响较小，但对某一个具体连锁店的经营业务影响较大，从而加大了整个购物中心空置的风险。

3. 承租商组合与位置分配

一宗商业物业内经营不同商品和服务的出租空间组合构成了该物业的承租商组合。主要承租商的类型决定了每一商业物业最好的承租商组合形式。换句话说，次要承租商所经营的商品和服务种类不能与主要承租商所提供的商品和服务的种类相冲突，两者应该是互补的关系。将每一个独立的零售商都作为整个购物中心内的一部分来对待，是使承租商组合最优化的有效方法。合理确定各承租商在整个购物中心中的相对位置非常重要。位置分配的目标是，在综合考虑各零售业务之间的效益外溢、效益转移、比较、多目标和冲动性购物行为等因素的前提下，实现购物中心整体利润的最大化。

4. 承租商需要的服务

零售商业物业内的承租商非常关心是否有足够的楼面面积来开展其经营活动，其所承租部分在整个物业内的位置是否容易识别，整个购物中心的客流量有多大。除此之外，某些承租商还有一些特殊的要求，是否提供以及在多大程度上提供这些特殊服务，是租赁双方进行租约谈判时要解决的重要问题。

（二）租金确定与调整

1. 基础租金

基础租金又称保底租金，常以每月每平方米为基础计算。基础租金是业主获取的、与承租商经营业绩（营业额）不相关的一个最低收入。

2. 百分比租金

百分比租金通常以年总营业额为基础计算，具体可以按月或季度支付。由于该类租金以承租商的营业额为基数，其数量可能在不同季节有较大的波动，所以百分比租金常常作为基础租金的附加部分。

例如，某承租商的基础租金为 10 万元/月，如果营业额的 5% 作为百分比租金，则只有当月营业额超过 200 万元（10 万元/5% = 200 万元）时，才对超过部分的营业额收取百分比租金。当然，如果承租商的月营业额低于 200 万元，则仍按 10 万元/月的基本租金收租。在前面的案例中，每月 200 万元的营业额为自然平衡点，如果承租商在一个月内的营业额 250 万元，则其应支付的租金为 10 万元加上超出自然平衡点的营业额乘以 5%（在本案例中，50 万元的 5% 为 2.5 万元），故该月应缴纳的租金总额为 12.5 万元。

3. 租金的调整

由于零售商业物业的租约期限较长（一般承租商中零售类为 2 年左右，餐饮类为 5 年左右，基础承租商可以长达 10 年以上），因此在租约中必须对租金调整作出明确的规定，以便使租约有效地发挥作用。租金调整可以基于消费者价格指数、零售价格指数或其他租赁双方商定的定期调整比率。租金调整条款对基础租金及百分比租金同样有效，经营过程中的费用可根据每年的实际情况确定。对于主要承租商一般每 2~5 年调整一次，一般承租商可每年调整一次。

（三）租约制定

零售商业物业的标准租约必须突出该类物业的特点，重点是要对容易引起租赁双方矛盾的问题和今后若干年中可能出现的不可预见因素做出具体的约定。租约中除了对租金及其他费用的数量和支付方式、支付时间等作出具体规定外，还要对每一独立承租单元的用途、经营内容相似的承租商、在一定地域范围内重复设店的限制、营业时间、公共面积的使用及维护、广告与标志和图形、折让优惠、终止租约条款和持续经营条款、合同期限管理、POS 系统的使用等作出规定;另外,作为零售商业物业租赁合同的配套,都会附属第三方物业服务人的管理协议、安全管理协议、员工管理手册、装修管理规范及承租商手册等附件一并签署,以免进场装修后承租商为逃避风险不愿签署。

第四节 其他专业物业的物业管理

一、学校物业的物业管理

随着后勤社会化改革进程的加快,为物业服务人不断扩大服务范围,拓展经营项目提供了广阔空间,学校在开展正常工作的同时也需要专业化的保洁、保安、绿化,以及教学办公楼、学生公寓、体育场馆、食堂等各类房屋及其相关设备设施维修养护等,物业服务人员可以通过总包或专业分包的方式参与到学校的物业管理活动中。目前从我国学校物业管理实践来看,学校物业管理模式已经得到校方和师生的广泛认可,服务质量较过去有了很大提高,教学及生活环境得到了明显改善。特别是高校物业管理模式日趋成熟,已经有一大批优秀的社会化物业服务人崭露头角,对高校的物业管理服务社会化、专业化的推进与实施起到了示范性作用,本节在学校物业管理这部分仅重点介绍高校物业管理。

(一)高校物业管理的概念

高校物业管理是指物业服务人受高等院校的委托,依照国家有关法律法规的规定和物业服务合同的约定,对学校已经建成并投入使用的各类建筑物及其附属设施设备、绿化、卫生、交通、治安和环境等管理项目进行维修、养护和管理,并向物业所有人和使用人提供多层次、综合性的有偿服务的一种活动。

(二)高校物业管理模式的类型

1. 后勤自管型

这种模式没有面向社会,高校后勤服务机构没有完整的经营自主权,未实现真正的市场化运作,服务能力有限。

2. 单项外包型

这种模式是对于符合外包条件的单项服务比如保洁、保安、防水等采取充分竞争的方法,从社会上引入物业服务人进行管理。

3. 全委托型

这种模式下高校后勤物业管理机构遵循"小机关、多实体、大服务"的格局,通过引入专业物业服务人参与后勤管理,并以市场竞争机制来保障服务质量,促进高校物业管理服务水平和质量的不断提高。

(三)高校物业管理的内容

(1)房屋维修与保养服务;

(2)设施设备运行与保养服务;

(3)公共秩序维护与管理;

(4)环境卫生管理服务;

（5）绿化养护管理；

（6）教学和科研保障服务；

（7）各类大型活动保障服务。

二、医院物业的物业管理

（一）医院物业管理的概念

医院物业管理通常是指物业服务人依据物业服务合同，运用现代化管理手段和专业技术，为医疗机构诊疗活动提供支持、保障的服务。

（二）医院物业管理的内容

1. 常规服务内容

常规服务内容是指与传统物业相一致的服务内容，包括环境卫生、秩序维护、设施设备管理、绿化养护及消杀服务等。

2. 特殊服务内容

特殊服务内容是围绕医院场所、使用人（医护人员、病患及家属等）的需求开展的服务，包括医院运送服务（如标本、器械、药品、手术患者接送等）、医院导医服务、医院电梯司梯服务、医院病患陪护服务、医院配餐服务及医用织物洗涤服务等。

三、金融机构物业的物业管理

本节所述的金融机构的物业管理，主要指对银行总部的物业服务与经营管理。

（一）银行总部等金融机构物业管理特点和难点

1. 特点

（1）银行总部内既有相对封闭的办公区域，又有对外开放的营业场所，既要保证银行内部人员办公环境的私密安全，又要确保银行重要客户的出入便捷，需要物业服务人合理的分区管理。

（2）既要满足单一业主的办公需求，又要满足业主的客户来访及办理业务的服务需求，需要物业服务人在管理中体现服务，在服务中不失管理。

（3）既要保证物业的秩序安全，又要维护银行的信息安全，需要物业人防与技防的完美结合。

（4）银行总部由于自身性质的特点，突发事件较多，需要物业服务人既要有周密完备的应急预案，又要有经验丰富的应变能力。

2. 难点

难点体现在：社会人员管理，访客管理，高层次专业会议管理，社会冲突管理，银行内部员工服务与管理等方面。

（二）银行总部等金融机构物业管理的内容

1. 窗口业务管理

银行总部大都在大楼一层设有服务窗口，办理一般百姓需要的业务，如存款、取款、转账、付费、购买债券、兑换外币、咨询查询等。办理此类业务的人群中，以中老年人为主。因此，物业服务人员要根据这种现象，帮助或提醒银行多设置为老年人、行动不便人的服务设施，适当调高扩音声调，注意进出通道的防滑和无障碍通行等。雨雪天气及时清扫雨水，除冰铲雪，防止顾客滑倒摔伤。同时，应注意在营业区域放置急救包，以备万一。要特别注意 ATM 机附近的监控及定期巡视，防止意外事件发生。

2. 内部员工服务与管理

银行内部员工是物业服务人服务的一个重要群体。这个群体具有较强的主人意识，对于物业的使用往往有些企业内部约定俗成的方式，所以要求物业服务人加强员工服务规范性与灵活性培训，提高一线服务人员规范服务、灵活应变能力，力争以持之以恒的良好规范服务赢得客户员工信任与认可。

3. 访客管理

银行总部来访客人多。对于访客的管理，关键是注重内紧外松。访客进入总部内部必须走专用通道；访客必须办理登记手续，如留下联系电话，明确说清楚去往何部门见何人办理何业务；访客必须持发放的访客证方可进入物业；物业服务人员应当提醒银行有关部门严格执行一项规定：当事人领入制；访客进入大厦前，要在登记处出示相关证件，如身份证、驾驶证、军官证等。

4. 重要会议管理

银行因其在各类经济工作中的重要作用，各种重要会议频繁召开。银行可以通过购买服务的方式请社会上的专业服务机构承担银行内部的会议管理服务，也可以通过专项委托方式，由物业服务人承担。对此，就需要物业管理者能够灵活调动资源，随时整合各种管理和服务手段，针对不同会议推出不同档次、不同规格、不同服务方式及价格合理的会议报价单，在确定会议服务任务后，确保会议质量，达到主持者满意。

5. 社会冲突管理与控制

在处理这类纠纷中，物业管理方应尽可能取得当地派出所或公安方面的配合和协助，采取规劝、说服、讲道理等柔性手法化解矛盾，切不可以强行压制，采取硬性手段处理，以避免矛盾升级，产生意外伤害甚至集体暴力行为。同时注意，在事发现场布置摄录装置，保留相关影像资料备用。

6. 设备设施安全管理

银行总部的工程设备和系统的配置一般都高于普通写字楼标准，因此，需要物业管理方按照高标准落实对银行总部各工程系统和设施设备的维护保养工作。需要特别提出的是银行总部的电脑及网络管理，需要格外关注国外敌对势力利用各种技术手段侵入银行内部网络，窃取信息、盗取情报，甚至进行各种网络破坏活动。

7. 生活服务与管理

银行员工工作强度大，经常加班加点，出差频繁，参与各种重要会议、谈判的事项越来越多。所有这些都可以成为物业服务人增加经营服务项目的机会。物业服务人员可以根据银行员工的需求开展多种经营服务，如提供代送代领衣物洗涤等业务。

四、体育场馆物业的物业管理

体育场馆属于大型社会公建项目，具有规模大、建筑形式新颖独特、科技含量高、设备特殊复杂等特点。因此，对参与体育场馆经营管理的物业服务人而言，紧紧抓住这类物业特点，认真分析其经营管理的重点和难点，有的放矢地做好预算、组织结构、人员选派、赛事配合、服务设备的配置等项工作，才能在体育场馆的管理中独树一帜，创立自己的品牌和核心竞争力。

体育场馆的物业管理服务内容包括以下三个方面。

（一）日常管理内容

1. 票务管理

在重要赛事的票务管理上，要特别注意黄牛党利用各种可能屯票、高价转售等容易扰乱市场的行为。

2. 媒体转播

确保媒体转播正常进行的关键是电力供应。物业管理方应派出专门技术人员，集中精力，调动一切技术手段，全方位保证转播工作的顺利完成。

3. 运动员服务

大型体育场馆附近多设有运动员宿舍。没有固定宿舍的场馆，也会在赛前临时开辟运动员休息场所，供中场休息或应急治疗之用。比赛开始前，运动员准备区域严格禁止物管人员进入，更不允许媒体或闲杂人员打扰。赛场休息时，管理服务人员应将备品准备充足。为赛事准备的设备要结实耐用，在赛事开始前，要专门组织人员对这些设备给予必要的检查，确保安全。

4. 入场

人员入场是一个循序渐进的过程，也是一个情绪酝酿的过程。入场时特别要注意仔细检查入场人员携带的物品，危险品、禁止带入的物品一律不得带入赛场。为确保安全，应设置安全门，从技术角度帮助把关。对于长时间聚集在通道旁、停车场、进出口的观众，要及时疏导，尽快进入看台就座，避免堵塞通道，甚至形成与其他观众的冲突。做好停车场的管理，加强指挥，进行疏通和引导。

5. 散场

散场后，要立即组织保洁人员对赛场进行清理，及时修整草坪，清洁卫生间，收集运出垃圾，收回临时设立的各种引导标牌，熄灭赛场灯光。最后的清场非常关键，要重点关注。

（二）专业物业管理内容

1. 卫生间管理

遇有赛事，场馆内的卫生间使用率非常高，污渍也非常多，需要保洁人员注意随时清扫、保洁，确保卫生间始终保持良好的卫生环境，保证不发生堵塞、返味、厕纸溢满、积水遍地、冲洗不及时等现象。

2. 餐饮管理

赛场一般提供小吃和简便食品，如爆米花、三明治、面包、鸡蛋、饮料、冰凌等。对于赛场内的餐饮场地，要注意现场的地面卫生，注意用电安全，注意废弃物的及时回收清理和外运。要善意提醒顾客文明进餐，注意保持环境卫生；要提醒观众保管好私人物品。

3. 车辆管理

车辆管理要实行分区域、分片包干管理，这样的管理效果最好，最适合大型赛事活动的特点。不同的车要停放在事先规划的区域，不同功能和性质的车要事先派发不同颜色和标记的车证以示区别，同时也便于指挥疏导。车辆管理的另一个方面是车辆的安全管理。力争做到自行车不丢失，汽车不剐蹭，公交车不抛锚，运动员轿车不被封堵等。

（三）其他需要关注的工作

1. 应急预案

各种比赛现场都是意外事故经常发生的场所。为防患于未然，需要物业服务人提前根据情况制定专门的应急预案，以动用各种资源迅速解决问题。包括：防止对立球迷冲突预案；防止打砸车辆预案；防止人员拥挤踩踏预案；防止儿童迷路丢失预案；防止意外伤害预案等。

2. 贵宾护卫

重要赛事或国际赛事，会有重要来宾及国际友人到场观看。确保这些人员在场期间的安全是国家有关部门的责任。但是，仍需物业服务人各方面人员的密切配合。如秩序维护人员对外围警戒，专用车场警戒巡视，保洁人员对专用卫生间的打扫和保养，工程人员对贵宾区域能源供应和照明情况的保障等。

3. 冲突管控

对于比赛现场可能发生的种种过激行为，物业服务人的责任是：协助公安机关缓解事态，降低事故等级，妥善保护公共财产，尽量疏导人员散离。不能擅自采取指责、威胁、动用警用器械，更不能擅自参与对上述人员的推搡、谩骂、围攻甚至以暴制暴等行为。

4. 标识管理

准确、醒目、足够的标识，对于确保入场秩序、散场速度、比赛期间的公共秩序都至关重要。体育场馆的标识包括：看台标识、停车标识、方向方位标识、辅助设施标识、禁止标识等。

5. 火炬燃气安全

物业服务人的工程管理人员要加强对燃气的管理。不仅仅要关注火炬本身，还要做好燃气管线的防漏、防火、防断气等工作。重要赛事中使用燃气，一般都要事先经过市政主管部门的专项审批。燃气的使用，要严格按照赛事要求进行，不得随意关闭，不得随意调节，一切都要在市政主管部门主管人员的指挥下进行，物业人员不要盲目操作，避免引发责任事故。

五、产业园区物业的物业管理

在我国，产业园区是一个较为宽泛的概念，包括工业园、产业园、经济技术开发区等，都归为产业园区的范畴。

（一）产业园区的分类

按园区经济业态划分，产业园区可分为：

（1）工业园区。以工业生产企业为主的特定区域。

（2）农业园区。以农业生产为主的特定区域。

（3）科技园区。以高科技研发企业为主的区域，包括软件园区、高新园区等。

（4）物流园区。以物品集散、交易、转运为一体的区域，包括港口园区、交易园区等。

（5）文化创意产业园区。以文化创意产业为主的特定区域。

产业园区物业管理，是产业园不动产管理活动的总称，是指产业园区的产权方通过自行管理、委托其他管理人或者物业服务人的方式，对其所有的建筑物及其附属设施进行维修、养护和管理的活动。

（二）产业园区物业管理的特点

1. 园区规模大，地处相对偏远

为促进地区经济发展，政府往往采取开辟新区的方式建设产业园区，大部分产业园区地处新市区或开发区，随着产业园区的逐步投入使用，带动新区或开发区的迅速发展。产业园区建筑规模一般在十几万建筑平方米或几十万建筑平方米，甚至有上百万建筑平方米的园区。

2. 入住企业众多，入住周期长

由于园区建筑体量大，地处相对偏远，虽然有政府招商引资的优势，但一般很难在短时间内完成整体园区招商工作，一个园区从开业到入住率达到70%以上，往往需要3～5年的时间。同样由于园区建筑规模较大，入园企业数量较多。

3. 企业性质不同，员工需求差异大

一个园区内，往往多种业态企业并存，有生产型、研发型、服务型等。园区内企业规模差异较大，往往会有几家大型企业作为园区产业代表，员工人数一般在千人以上。企业性质不同，聘用的员工从学历、年龄、性别都有较大差异，不同人群的服务需求也不同。

4. 园区规划统一，政府主导性强

产业园区作为区域经济的代表，往往由政府主导，从园区规划设计、施工建设、招商引资，到后期管理服务，一般都有园区管委会作为常设机构进行统筹。对于园区的管理服务也要求配合园区定位，与园区发展相适应。

（三）产业园区物业经营管理对策

1. 做好物业管理早期介入，为经营管理打下基础

成熟的园区建设，往往在设计阶段就引入物业服务人，以便从后期园区使用和物业管理服务角度对设计提出建议和意见。作为专业产业园区物业服务商，对于目标项目要尽早介入，一方面为甲方提供积极的建议，赢得甲方的信任和了解，另一方面也为后期进驻开展服务管理打下基础；同时在早期介入中，要关注后期经营开展的可行性，为开展经营服务做硬件准备，例如，物业服务中心的位置是否适合开设商务中心，员工餐厅的设计是否符合后期经营需要，商业经营的场地的位置是否有利于经营等。

2. 协调处理好与园区开发商、管委会的关系

物业服务人要积极处理好与园区开发商和管委会的关系，了解并掌握园区定位，明确园区特殊需求和规定，积极做好相关物业管理法律法规的介绍工作，赢得甲方对规范管理的支持。

3. 了解园区产业政策和主导产业服务需求

为拓展物业经营空间、针对性提供服务，物业服务人应积极了解产业园区产业政策和主导产业情况，了解入园企业性质和企业员工情况，识别客户服务需求。

思考题

1. 住宅小区物业管理的主要内容有哪些？
2. 写字楼物业经营管理的概念和理念是什么？
3. 写字楼物业经营管理的主要模式和主要内容有哪些？

4. 零售商业物业的概念和业态分类是如何规定的?
5. 零售商业物业经营管理的内容有哪些?
6. 如何计算百分比租金?
7. 高校物业管理的内容包括哪些?
8. 医院物业管理的内容包括哪些?
9. 银行总部等金融机构物业管理的内容包括哪些?
10. 体育场馆物业管理的内容包括哪些?
11. 产业园区的分类和主要特点有哪些?

第七章　物业管理信息系统与绿色物业管理

第一节　物业管理信息系统

一、物业管理信息系统概述

（一）物业管理信息系统的概念

物业管理信息系统（property management information system，PMIS）是指物业管理中由人和计算机等组成的，专门用于物业和物业服务信息的收集、传递、存储、加工、维护和使用的系统。它能及时反映物业及物业管理的运行状况，并具有预测、控制和辅助决策的功能，帮助物业服务企业实现其规划目标。

物业管理信息系统是物业服务企业提供物业服务的"神经系统"，它在一定程度上改变了传统的管理思想、管理方式和管理行为，是物业管理转型升级走向前端的重要支撑与体现。

（二）物业管理信息系统的特征

1. 集成性

物业管理信息系统最主要的特征是信息系统集成，其信息化是建立在网络集成、系统集成和数据库集成一体化的信息系统集成平台之上的。

2. 交互性

传统的物业管理无法利用现代化的信息与网络科技，实现人（管理者）与物（设备等）和人（管理者）与人（用户）之间的信息交互和意见与建议的沟通。而物业管理信息系统则可以有效实现双向的、交互式的信息沟通。

3. 动态性

物业管理信息系统的动态性特征，是区别传统物业管理模式的主要特征。完善的物业管理信息系统，主要是通过系统自动实现信息的采集与综合、分析与处理、交换与共享的。物业管理信息系统的动态性特征，代表了信息采集的自动化、实时性和可靠性。

人和物的信息化、智能化、网络化是物业管理信息系统的重要组成部分，物业管理信息系统不仅可以实现对人的服务、对物的管理方式的转变，而且也能实现物业运营管理方式的转变。

（三）物业管理信息系统的分类

从不同的角度，可对物业管理信息系统进行不同的分类。

1. 以系统适用的物业类型划分

不同的物业类型对物业管理服务的需求不同,因此,对物业管理信息系统的适用性要求也不同。常见的物业类型包括住宅、写字楼、商场、综合性/专业性市场、公寓/别墅、酒店、娱乐场所、大学城、科技园、生产/研发基地、展览馆、体育馆、度假村、医院、寺院、政府/后勤机关、大型集团/企业办公区与住宿区、工业厂区、矿山、油田、车站、机场、码头、水库、电站、旅游景点、廉租房、公租房及城中村等。可以为每一种物业类型定制开发一种物业管理信息系统。

目前,应用较多的物业管理信息系统有:住宅物业管理信息系统、政府后勤物业管理信息系统、商业物业管理信息系统、公租房物业管理信息系统、数字化社区门户等。

2. 以系统运行模式划分

以系统运行模式划分,物业管理信息系统大体可以分为三种运行模式,即C/S(client/server,客户机/服务器)模式,B/S(browser/server,浏览器/服务器)模式和混合模式。从信息系统发展进程看,B/S模式已逐渐取代C/S模式。物业服务企业可以根据需要选择单机版和网络版两种系统,也可以出于安全性方面的考虑采用C/S模式。但随着企业规模的不断扩大、网络化应用程度的不断深化,越来越多企业选择具有智能客户端混合模式的物业管理信息系统。国内大多数软件企业开发的物业管理信息系统都基于以上模式。

3. 以系统应用覆盖区域划分

随着物业管理信息系统产品逐步迈向智能化、网络化,产品覆盖的管理区域逐步扩大。以系统应用覆盖区域划分,物业管理信息系统可以分为小型、中型(区域型)、大型(全国级)、超大型(世界级)四种。企业选择哪一类覆盖范围的管理信息系统与其业务范围、业务类型、经营管理策略、员工素质、计算机与移动端手机/PAD配备水平、网络条件、信息化运作经验等有关。

(四)物业管理信息系统应用价值

物业管理信息系统的实质是利用人和计算机系统在物业管理中进行信息收集、传输、加工、保存和使用。物业服务企业运用这一系统,可在经营服务中实施预测、控制和决策,能有效地控制成本、提高效率,实现对生命周期内的物业从整体环境和空间上进行多功能、多层次、全方位的管理。其应用价值主要体现在:

(1)有效存储物业管理档案资料;

(2)实现设备设施远程数据获取(如远程自动抄表等)、远程监控;

(3)高效低成本处理日常事务(如智能化快速查询、自动计费、智能化费用管理与收缴等);

(4)实现数据智能化、电算化管理;

(5)实现信息共享与高速自由交换;

(6)加强企业内部和企业与外界及客户的联系;

(7)扩大企业经营服务的范围和能力;

(8)提高企业的管理及科学决策能力。

二、物业管理信息系统的功能

物业管理信息系统可以促使物业服务企业的管理运作更加顺畅,使优秀的管理方法能融入每一个相关工作角色的工作任务中,确保企业的经验和资源保留下来,而不会因为员工的离职影响公司的管理和运营的连续性，从而有助于实现企业管理优化和持续改进。

目前国内主流物业管理信息系统的功能主要包括在以下物业管理系统中。

1. 办公自动化（OA）协同办公子系统

该系统能解决大企业信息化应用需求，实现企业 OA 标准应用、流程审批、知识管理、公文管理、电子签名、综合办公等。

2. 基础数据子系统

该系统能统一管理和维护各业务模块共用的基础数据，提供基础信息支撑，支持多语言版本，辅助实现物业资源管理、客户管理、员工档案管理、区域及地址管理、银行和币种设置及各类基础资料的管理。

3. 财务管理子系统

该系统可以满足物业服务企业多种管理模式需求，实现企业财务数据的集中管理、财务状况实时查询与监控、协同化的业务处理、人性化系统设计、集成化的系统应用，支持复杂组织架构管理。如财务初始设置、分摊管理、应收管理、实收管理、预交管理、付款管理、票据管理、凭证管理、财务结算管理、收费组件、财务预测等。

4. 客户服务子系统

该系统可以满足物业服务企业客户服务管理与监控要求，工作流配置灵活可调，提供强大的数据统计分析，提供完善的呼叫中心解决方案。如客服初始设置、客户服务调度（采用工单记录及工单流转双模式）、物业有偿服务（增值服务）、装修管理、问卷调查管理等。

5. 租赁经营子系统

该系统能结合工作流引擎对潜在客户、租赁意向、租赁控制、合同管理、经营分成等租赁业务进行全流程管理和监控，提供详细查询与统计分析以及收入预测。

6. 设备资产管理子系统

该系统能帮助物业服务企业实现业务、事务、财务、流程一体化，对巡检维保工单与工作流整合实现审批、推送、反馈、督办，并通过备品备件与仓库采购联动，设备运行参数与能耗关联。主要包括：不动产资产管理、办公资产管理、设备管理、能耗管理等功能。

7. 采购管理子系统

该系统基于工作流，能分别对服务与物料的采购流程全面管理。服务采购实现合同管理、考核评分、费用结算与支付等功能，物料采购完全实现从物料需求、全局库存、采购申请、采购订单、收货验货到采购结算全流程管理，且与财务管理子系统无缝对接，由财务支付相关费用。满足供应商管理、批号管理、采购管理、采购招投标管理等要求。

8. 库存管理子系统

该系统整合工作流与采购和财务子系统，能实现从采购到出入库再到财务支付全流程管理，支持条码及二维码扫描，批次、序列号管理等完善的仓库解决方案。如物料档案维护、仓库档案维护、库存管理、全局库存、审核及反审核等。

9. 品质管理子系统

该系统根据 ISO 管理标准体系搭建，能将各业务线的工作内容、方法、流程、规范和检查标准固化在物业管理信息系统中。以日常工作考评（由六类工单完工时检查评分或回访评分支持）和综合检查考评（由问卷答卷评分体系和全年考评计划支持）二套方法，配合知识管理（推广和推送工作方法流程规范）和考评结果的统计分析，为 PDCA［计划（plan）、实施（do）、检查（check）、行动（action）]管理循环提供方法及数据支持。主要包括：品质管理标准体系、品质管理考评、品质管理分析等。

10. 人力资源管理子系统

该系统能帮助物业服务企业实现组织架构体系、人事档案信息、考勤排班、绩效管理、社保福利、工资管理、招聘选拔、培训发展等人力资源规划管理。

三、物业管理信息系统的发展趋势

物业管理不仅是对人的服务、物业的管理，更是对物业整体的运营管理。因此，当今物业管理信息系统已从单纯的技术层面上升到物业的运营管理层面。未来，随着物业经营业务比重的加大及智慧社区（包括社区电子商务）发展引发的物业服务创新商务模式的兴起，物业管理信息系统将呈以下发展趋势。

1. 向决策支持系统转化

在房地产物业管理领域，决策支持系统在房地产管理信息系统中较为常见，在纯粹的物业管理信息系统中，能较完整地实现决策支持功能的比例很少，一般只是开发了局部的决策支持功能，如统计分析功能、综合查询功能、报表功能等。但是随着大数据时代的来临、数据挖掘技术的进步和企业主动利用数据意识的增强，根据已有数据进行应用统计、应用分析、数据挖掘、知识发现、辅助决策功能的物业管理信息系统会越来越多，相应的功能也会越来越完善。

2. 向多技术融合转化

今后的物业管理信息系统将会融合更多领域的高科技技术，进一步提升物业的智能化和物业管理服务的智能化。如融合监控技术、物联网技术、智能网络技术等建立智慧社区基础平台，并与物业ERP系统、财务系统、政府公务服务应用平台等兼容，促成物业服务数据的规范化与统一，进而实现智能化操控与分析，大大提升物业服务的技术应用水平。

3. 向物业ERP（企业资源计划）系统转化

ERP系统不只是一套计算机系统，它更代表了一整套现代化的企业管理思想、程序和方法，它的最终目的是实现企业管理的信息化，这就要求ERP系统必须与每个专业的管理工作高度融合，使得大家都可以借助ERP系统开展日常工作，最终达到"用数据说话"的目的。

在ERP思想的指导下，以物业管理为基础，以客户服务为核心，实现对物业服务企业的人、财、物、行政、质量工作的集中管理，以及各种类型物业项目的房产、客户、客服、品质、工程、保洁、保安、设备运维、租赁经营、仓库采购等工作的专业化管理。

4. 向互联网云计算平台、社区电子商务转化

云计算被视为科技业的下一次革命，它将带来工作方式和商业模式的根本性改变，当前，企业云计算服务市场逐渐成形。同时，电子商务的快速发展改变和促进了物业管理的环境与模式，一定程度上影响着物业管理的各个方面。物业信息化系统正在从传统的技术转向服务，这是技术发展、社会分工与产业升级的必然趋势。未来，物业软件平台将根据企业需求去构建个性化的解决方案，按需使用，按需付费，呈现一种全新的信息化应用模式（SaaS, Software as a Service，软件即服务）。这种模式同时有效地在物业服务与邻里生活之间构建了一个交流、沟通及商务桥梁。让物业服务机构与社区居民之间、居民与居民之间，以及物业服务企业、居民及社区商家之间的关系变得更加密切，生活更充实、更加丰富多彩。同时，通过全新的社区电子商务服务，创新物业服务赢利模式，让物业管理服务更有"钱"景。

5. 专用管理信息系统更加完善，得到更多应用

例如，专门用于设施设备管理的设施设备管理信息系统（FMMIS）会在业界得到更广泛的应用。FMMIS 是以预防性维修设备管理理念为导向，构建设备管理标准化制度规程，通过标准化作业规范设备管理工作，优化设备管理工作流程，达到降低运营管理成本，实现提升设备管理水平和效率的目的。其主要功用为：

（1）便于建立设施设备管理电子台账　设施设备电子台账包括设备安装位置、状态、品牌、型号、制造商等设备信息。根据物业设施设备重要程度的不同，管理维护人员可将设施设备进行分类，重要性高的设施设备，如发电机、变压器、水泵、中央空调、电梯等赋予高等级，在台账中的覆盖率要力争达到100%。一般性设备如阀门、控制开关等赋予较低等级，可以根据实际情况分步骤、分区域录入电子设备台账，并不断充实完善。

（2）实现设备巡检、维保作业标准化管理　FMMIS 系统自带了几乎所有设施设备巡检、维保标准，设备管理养护人员可根据具体标准制定相应的巡检、维保作业计划。严格的作业标准和规范的管理制度能保证设备参数按照待定的周期正确记录。FMMIS 系统能够自动分析参数录入数据，判断设备的运行状态，可以让管理维护人员实现对设施设备管理的实时监控，并能及时地向其提供设备分析报告，帮助设备管理人员派发针对性极强的作业工单，消除管理层和操作层的工作衔接障碍，从而确保各类设备能及时得到维修养护，提升设备的完好率。

（3）实现设施设备的全寿命期管理　FMMIS 从设备设施和备品备件物资两条主线出发，贯穿设施设备资产从购置、启用、日常运行维保直到最终报废清理的全过程，配合各个阶段的备品备件采购供应过程及相应的成本控制和进度控制，与财务软件、人力资源等系统有机结合，形成设施设备管理完整的生命链。

第二节　绿色建筑和绿色物业管理

目前，在国家有关政策的推动下，绿色建筑理念得到快速的发展，绿色建筑的技术和产品层出不穷，绿色建筑工程项目蓬勃兴起，相关的标准及政策不断地推出。按绿色建筑的理念推进建设，采用绿色技术实施建设，取得绿色建筑的标识认证，已经成为中国建筑业的主流趋势。

在绿色建筑运行中，物业管理服务扮演着极为重要的角色，如设施设备的养护、节能改造、环保节能材料的使用等。这些不仅使绿色建筑功能得以保持与实现，也给物业经营提供了无限空间。物业服务人如何实现绿色建筑物业管理理念、制度、模式、技术创新，切实做好绿色建筑全寿命期的保障，推动绿色物业管理的快速发展，已经成为物业服务人重点研究的课题。

一、绿色建筑

（一）绿色建筑的概念

绿色建筑是指在全寿命期内，节约资源、保护环境、减少污染，为人们提供健康、适用、高效的使用空间，最大限度地实现人与自然和谐共生的高质量建筑。

绿色建筑评价应遵循因地制宜的原则，结合建筑所在地域的气候、环境、资源、经济和文化等特点，对建筑全寿命期内的安全耐久、健康舒适、生活便利、资源节约、环境宜居等性能进行综合评价。

绿色建筑应结合地形地貌进行场地设计与建筑布局,且建筑布局应与场地的气候条件和地理环境相适应,并应对场地的风环境、光环境、热环境、声环境等加以组织和利用。

(二)绿色建筑的设计理念

1. 节约能源与节约资源

在建筑设计中,充分利用太阳能,采用节能的建筑围护结构以及采暖和空调,减少供暖和空调的使用;根据自然通风的原理设置风冷系统,使建筑能够有效地利用夏季的主导风向;建筑采用适应当地气候条件的平面形式及总体布局等均属于节能措施。在建筑设计、建造和建筑材料的选择中,充分考虑资源的合理使用和处置;减少资源的使用,力求使资源可再生利用;节约水资源,包括绿化的节约用水等。

在建筑设计过程中,应尽量使用各种可再生资源,如太阳能、风能等。同时,要求采用更先进的节能材料与技术。这样,不仅能尽量避免对不可再生资源的消耗,还不会对环境造成污染。还应利用自然通风原理,结合建筑的具体情况设计科学、有效的风冷系统,进一步提高建筑的节能水平等。

2. 回归自然

在绿色建筑中,回归自然设计理念已得到广泛应用,主要体现在以下几方面:

(1)建筑体外部 绿色建筑体的外部要强调与周边环境相融合,和谐一致、动静互补,做到保护自然生态环境。

(2)建筑体内部 绿色建筑体的内部使用空间不采用对人体有害的建筑材料和装修材料并保证室内空气清新,温、湿度适当,使居住者感觉良好,益于身心健康。

(3)地理条件 绿色建筑的地理条件要求是,土壤中不存在有毒、有害物质,地温适宜,地下水纯净,地磁适中。根据地理条件,还要设置太阳能采暖、热水、发电及风力发电装置,以充分利用环境提供的天然可再生能源。

(4)建筑材料 绿色建筑应尽量采用天然材料。建筑中采用的木材、树皮、竹材、石块、石灰、涂料等,要经过检验处理,确保对人体无害。

3. 采用环保型建材

在绿色建筑设计中,环保型建材的使用已得到建筑设计师的广泛重视。一般情况下,设计中所采用的建筑材料具有持久性好、易于维护、不散发或很少散发有害物质,同时也兼顾艺术效果、节约资源等方面的特性。环保型建材强调装饰材料除具有实用、美观的效果之外,还要具有对人体、环境没有毒害、没有污染,对环境有良好的亲和力,具有耐久性好、易管理等特性。另外,环保型建材必须节约资源,建材应尽量采用可再生或可循环利用的材料,最大程度地节约资源。环保型建材的标准是既要满足强度要求,又能最大限度地利用废弃物,并具有节能、净化功能及有利人类身心健康。

当前,环保型建材已得到很大的发展,产品多种多样,出现了新型保温隔热材料、新型防水密封材料、新型墙体材料、装饰装修材料和无机非金属新材料等。此外,环保型装饰材料还包含了一些新型的合成材料,如一种质地柔软、透气性良好的"防霉壁纸",在潮湿的空气内或室内外温差较大的情况下,都不会出现发霉、滋生霉菌等现象。

(三)绿色建筑的主要形式

建筑行业发展至今,绿色建筑形式多种多样,以下主要介绍仿生建筑和智能化建筑两种类型。

1. 仿生建筑

仿生建筑是以生物界某些生物体功能组织和形象构成规律为研究对象，探寻自然界中科学合理的建造规律，并通过这些研究成果的运用来丰富和完善建筑的处理手法，促进建筑形体结构及建筑功能布局等的高效设计和合理形成。仿生建筑已成为一种新时代潮流，也是建筑文化的新课题。它主要研究城市仿生、功能仿生、结构仿生、形式仿生等方面。从科技发展的速度来看，未来的城市建筑必将以仿生与生态为主体。仿生通过研究动物、植物的生长机理以及自然生态的规律，结合建筑的自身特点，这种最具有生命力的创作形式也是可持续发展的保证。建筑师们从自然界中吸取灵感，从中得到启发，从而创造各式各样的建筑。人类的生存和发展需要建筑，建筑需要保护生态环境，作为新时代的一种潮流，建筑仿生学还需要大力发展，今后必将成为建筑创新的源泉和保证环境生态平衡的重要手段。

2. 智能化建筑

智能建筑是指利用系统集成方法，将智能型计算机技术、通信技术、控制技术、多媒体技术和现代建筑艺术有机结合，并通过对设备的自动监控，对信息资源的管理，对客户的信息服务及其建筑环境的优化组合，获得合理投资；同时，适合信息技术需要并且具有安全、高效、舒适、便利和灵活特点的现代化建筑物。

智能化建筑主要可以分为三大系统：安全防范系统、通信及控制系统、多媒体系统。在建筑物内设置的任何设施与系统都要在细节上进行更加详细的考虑，将智能化技术融入建筑设计，更好地实现对环境的保护与节能降耗的需求。例如，利用光纤维技术、纳米技术、声控技术等，为人们构建一个安全、舒适、便捷的建筑环境。以上所述，都离不开对建筑物结构、系统、服务、管理这几个基本要素的考虑，给使用智能化建筑的客户提供一个具有合理性的投资平台，并使其拥有更加舒适、便利的环境，这正是建筑智能化兴起与发展的终极意义所在。

（四）绿色建筑评价体系

英国于 1990 年提出的 BREEAM 是世界上第一个绿色建筑综合评估系统，也是国际上第一套实际应用于市场和管理之中的绿色建筑评价方法，其采用了一个相当透明、开放和比较简单的评估架构，主要评估条款包括管理、能源、健康舒适、土地使用、选址的生态价值等 9 个方面。

我国于 2006 年颁布了《绿色建筑评价标准》，该标准主要用于评价住宅建筑和办公建筑、商场、宾馆等公共建筑，该体系包括 6 大指标：节地与室外环境；节能与能源利用；节水与水资源利用；节材与材料资源利用；室内环境质量；运营管理（住宅建筑）和全生命周期综合性能（公共建筑）。2014 年，住房和城乡建设部发布公告，批准《绿色建筑评价标准》为国家标准，编号为 GB/T 50378—2014，自 2015 年 1 月 1 日起实施。

2019 年 3 月 13 日住房和城乡建设部发布公告，《绿色建筑评价标准》（GB/T 50378—2019）于 2019 年 8 月 1 日起正式实施。作为规范和引领我国绿色建筑发展的根本性技术标准，历经十多年的"3 版 2 修"，目前已被住房和城乡建设部列为推动我国城市高质量发展的十项重点标准之一，对建设领域落实绿色发展理念意义重大。

《绿色建筑评价标准》（GB/T 50378—2019）修订的主要技术内容是：重新构建了绿色建筑评价技术指标体系；调整了绿色建筑的评价时间节点；增加了绿色建筑等级；拓展了绿色建筑内涵；提高了绿色建筑性能要求。

绿色建筑评价指标体系应由安全耐久、健康舒适、生活便利、资源节约、环境宜居5类指标组成，且每类指标均包括控制项和评分项；评价指标体系还统一设置加分项。控制项的评定结果应为达标或不达标；评分项和加分项的评定结果应为分值。对于多功能的综合性单体建筑，应按《绿色建筑评价标准》（GB/T 50378—2019）全部评价条文逐条对适用的区域进行评价，确定各评价条文的得分。

（五）物业服务人在推进绿色建筑中的主要工作

1. 强化物业服务人的责任与地位

在绿色建筑经营管理过程中，物业服务人针对绿色建筑的实际状况，拟定经营管理服务标准、流程，使绿色设施正常运行，达到设计目标，并获得绿色运营认证。积极推动相关政府部门对绿色建筑物业服务人的政策支持，以鼓励重视绿色建筑经营管理工作的物业服务人，推进绿色建筑经营管理行业的发展。

2. 控制绿色建筑物业经营管理的成本

绿色建筑的开发有增量成本，同样，绿色建筑的运行也有增量成本。绿色建筑在节能和节水方面的经济收益是有限的，绿色建筑的效益更多是体现在环境和生态的广义收益上。所以，在进行绿色建筑的物业经营管理成本测算时，应适当考虑绿色建筑运行的增量成本部分，确保物业服务人在绿色建筑的经营管理中的合理收益。

3. 强化智能控制与信息管理系统的使用

在绿色建筑使用过程中，能耗、水耗、材耗、舒适度等均是反映绿色目标的重要数据，物业服务人需要通过对绿色建筑运行数据的监测来获取。同时，物业服务人对这些数据进行分析，可以全面掌握绿色建筑的实时运行状态，发现问题及时反馈控制，调整设备参数；也可以根据数据积累的统计值，比对找出设施的故障和资源消耗的异常，从而改进设施的运行，提升绿色建筑的能效。绿色建筑的智能控制和信息管理系统广泛采集环境、生态、建筑物、设备、社会、经营等信息，为控制、管理与决策提供良好的基础。绿色建筑的控制对象包括绿色能源、蓄冷蓄热设备、照明与室内环境的控制设备、智能呼吸墙、变频泵类设备、水处理设备等。在智能控制和信息管理系统的平台上，依据真实准确的数据，去实现绿色目标的综合管理与决策。经过几年的运行，所积累的运营数据、成本和收益将能正确反映绿色建筑的实际效益。

4. 做好操作流程与评估体系配套

在遵循新版《绿色建筑评价标准》基础上，物业服务人应制定配套的绿色建筑物业经营管理绩效评估体系，并制定相应操作流程，做到最大限度节约资源和保护环境。物业服务企业应定期对评价体系进行评审，以确保环境管理体系的持续性、适用性、充分性、有效性，并持续改进以达到不断提高绿色建筑经营管理水平目的。要从物业的全寿命期出发，将绿色建筑物业经营管理操作流程深入到前期策划、规划和设计、施工和运行各个阶段，物业管理人员从前期开始全面了解绿色建筑所使用的先进设备与技术，为后期实现绿色建筑物业经营管理的节能减排等目标奠定基础。

5. 注重科技的引领与创新

绿色建筑物业经营管理过程中，物业服务人主要是通过应用节能、智能化技术来实现节能降耗的目标。因此，科技既是绿色建筑物业经营管理发展方向的导航，又是绿色建筑物业经营管理发展的坚实支柱，其中既含有理论层面上的创新研究，也包含先进技术的开发与应用，例如，供热、通风和空调设备节能技术，能耗监控系统，水、电、气、热等的分项计量，水循环利用，新型绿化灌溉技术，垃圾分类收集与处理技术，楼宇能源自动管理系统等。同时，物业服务人还要关注、学习绿色建筑经营管理的先进做法，结合绿色建筑和物业服务人的实际情况，不断持续改进，提高自主创新能力。

二、绿色物业管理

随着社会、经济的飞速发展，工业化、城市化进程的空前加速，人类赖以生存和发展的环境正面临前所未有的危机。当前，全社会的环保意识不断增强，人们不但注重单体建筑的质量，也关注物业小区的环境；不但注重结构安全，也关注室内空气质量；不但注重材料的坚固耐久和价格低廉，也关注材料消耗对环境和能源的影响。目前的房地产市场上，"绿色"概念已成为新卖点。物业服务人在当前形势下，必须积极拓展新思路，在政府的扶持下，在业主的配合下，积极推动绿色物业管理的发展。

（一）绿色物业管理的概念

所谓绿色物业管理，是在保证物业服务质量等基本要求前提下，通过科学管理、技术改造和行为引导，有效降低各类物业运行能耗，最大限度地节约资源和保护环境，致力构建节能低碳生活社区的物业管理活动。绿色建筑离不开绿色的物业管理，非绿色建筑也应该倡导实施绿色物业管理。

（二）物业服务人开展绿色物业管理的具体要求

1. 早期介入阶段

参与早期介入的物业服务人和具体工作人员，应当与建设单位及规划、设计、施工方密切配合，从物业全寿命期使用效能和便于实现绿色物业管理的角度提出策划、规划设计、施工安装建议。具体包括：提出建立一体化的数字能源计量监测、控制、管理系统（一般的楼宇自控系统不一定具备），采用专业的能源管理控制软件，以便将来实现能耗的在线监测、动态分析和能源系统的优化控制和节能管理；提出符合绿色建筑要求的建筑布局、围护结构规划设计建议；提出应用新型建材、新型设备的建筑设计建议，如建筑外墙采取保温技术与新型玻璃，利用具备智能化功能的太阳能设备，智能调节物业内的光线、温度与湿度；提出能对空调及采暖系统、照明系统实施分时、分区控制的建筑设计和施工安装建议等。

2. 日常管理服务阶段

在日常物业管理服务阶段，物业服务人和具体工作人员应在科学规划、制度建设、合理组织、技术应用、精细管理、科学评价和宣传培训等方面，全面开展绿色物业管理活动。第一，应从物业全寿命期、整体环境和最佳利用角度，做出符合绿色物业管理要求的科学规划，提出明确可行的管理方案、措施、目标。第二，要制定新方法新技术应用制度、系列管理制度、岗位责任制度、企业员工和业主使用人的激励与约束制度、统计评价制度等，为绿色物业管理提供制度保障。第三，要配备一定数量懂得新技术、富有绿色物业管理经验的管理服务人员，在岗位安排、设备配置等方面进行合理组织，做好人员物资保障。第四，在物业使用、运行、维修养护和更新改造的各个方面推广利用节能环保新技术和适用技术，保证物业管理服务的技术水平。第五，实行精细化管理。制定合理的设备运行方案，特别是三大耗能系统（中央空调系统、供水设备系统、公共照明系统）的运行方案，合理安排、科学调度，严格执行。第六，利用数字计量监测等技术手段，按照合理的指标体系，采用科学的统计评价方法，对物业耗水、耗能及其他资源利用消耗情况、环境质量情况等，进行及时的监测、统计、评价，以便做出有针对性地改进和奖惩。第七，一方面，持续加强对一线管理服务人员的教育培训，增强他们开展绿色物业管理意识和知识技术水平。另一方面，在整个物业管理服务过程中，以各种形式、渠道对业主和使用人进行绿色环保知识宣传，进行良好行为和习惯示范引导，培养业主和使用人具备绿色环保意识和行为习惯，主动参与和支持绿色物业管理。

3. 物业寿命结束期

在物业寿命结束期，如需拆除物业，物业管理中应注重评估拆除物业对环境的影响，提出合理方案，做好噪声、粉尘、建筑垃圾控制处理，做好残余资源的回收利用等。

思考题

1. 物业管理信息系统的特征和分类有哪些？
2. 物业管理信息系统的功能有哪些？
3. 绿色建筑的概念和设计理念是什么？
4. 绿色建筑评价指标体系包括哪几项？
5. 物业服务人在推进绿色建筑中的主要工作有哪些？
6. 物业服务人开展绿色物业管理的具体要求有哪些？

第二编　物业管理实操

第八章 早期介入

第一节 早期介入概述

一、早期介入的概念

早期介入是指新建物业竣工之前，建设单位根据项目开发建设的需要所引入的物业管理的咨询活动，主要指从物业管理的角度对开发建设项目提出的合理化意见和建议，可以由物业服务人提供，也可以由物业管理专业人员提供。

二、早期介入在物业管理全过程管理中所处的位置

早期介入发生在前期物业管理之前，对开发建设单位而言并非强制性要求，而是根据项目和管理需要进行选择。从目前我国物业管理实践来看，我国物业管理全过程管理可以分为三个阶段：早期介入阶段、前期物业管理阶段和常规物业管理阶段（图8-1）。

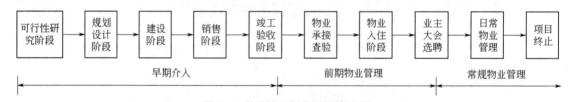

图8-1 物业管理全过程管理划分图

三、早期介入与前期物业管理的区别

1. 服务的阶段不同

早期介入发生在项目入住前；前期物业管理从承接查验开始至业主大会选聘新的物业服务人为止。

2. 服务的对象不同

早期介入的对象是建设单位，由建设单位按照约定支付早期介入服务的费用；前期物业管理的对象是业主，并由业主按照前期物业服务合同的约定支付物业服务费。

3. 作用不同

早期介入是为建设单位提供物业管理专业技术支持；前期物业管理是物业服务人对物业新项目实施的前期物业管理服务。

四、早期介入的作用

1. 防患于未然，规避日后物业管理服务中不必要的纠纷

在物业开发建设初期，把不利于日后物业管理服务、损害业主利益的因素尽可能消除或减少，从源头避免历史遗留问题发生，使物业投入使用后各项工作能够顺利开展，减少后期不必要的纠纷，防止建设单位从自身利益考虑，将部分开发建设的责任和义务转嫁给物业服务人。

2. 有助于提高工程质量

在物业的建设过程中，物业服务人利用自身优势帮助建设单位加强工程质量管理，及时发现设计、施工过程中的缺陷，提前防范质量隐患，使工程质量问题在施工过程中及时得到解决，减少在日后使用中的矛盾纠纷，从而提高业主或物业使用人对物业的满意度和认可度。

3. 有利于了解物业情况

对物业及其配套设施设备的运行管理和维修养护是物业管理的主要工作之一，要做好这方面的工作，必须对物业的建筑结构、管线走向、设备安装等情况了如指掌。物业服务人可以通过早期介入，如对于图纸的改动部分作好记录，对设备安装、管线布置尤其是隐蔽工程状况进行全过程跟踪等，充分了解所管物业的情况，从而在日后的管理中做到心中有数、"对症下药"。

4. 有利于提高建设单位自身的品牌

项目早期介入是物业服务人从项目的可行性研究开始到项目竣工验收的全程介入，通过早期介入的专业支持，建设单位可以对项目进行准确的市场定位，并考虑到物业的使用功能和业主满意，促进项目的销售，加快资金周转。同时，建设单位还可以通过引入高水平的物业管理咨询服务来提升自身的品牌，促进销售。

5. 优化设计，满足业主使用需求

随着社会经济的发展，人们对物业的品位和环境要求越来越高，这使得建设单位在建设过程中除了要执行国家有关技术标准外，还应考虑到物业的功能、布局、造型、环境以及物业使用者的便利、安全、舒适等因素。物业服务人可从业主（或物业使用人）及物业管理的角度，就房屋设计和功能配置、设备选型和材料选用、公共设施配套等方面提出建议，使物业的设计更符合业主的使用要求。

6. 奠定物业长效管理基础

物业服务人可以利用早期介入的机会，与各方主体进行磨合，理顺与环卫、水电、通信、治安、绿化等部门之间的关系，为日后物业管理工作的开展建立畅通的沟通渠道。

同时，好的物业服务要从项目的全生命周期进行规划，因地制宜，量体裁衣，物业服务人在早期介入的过程中充分熟悉项目基本情况，可逐步开展制定物业管理方案，结合项目自身情况，围绕项目的长期发展进行合理规划，奠定长效管理基础。

第二节　早期介入的主要内容

通常把早期介入分为五个阶段，这五个阶段各自的工作内容构成了早期介入的主要内容。

一、可行性研究阶段

可行性研究阶段的主要内容有：

（1）根据物业建设及目标客户群的定位确定物业管理的模式；
（2）根据规划和配套确定物业管理服务的基本内容；
（3）根据目标客户情况确定物业管理服务的总体服务质量标准；
（4）根据物业管理成本初步确定物业服务费的收费标准；
（5）设计与客户目标相一致并具备合理性能价格比的物业管理框架性方案。

二、规划设计阶段

规划设计阶段的主要内容有：
（1）就物业的结构布局、功能方面提出改进建议，如地下停车场的出入口位置、车位规划、户型设计等；
（2）就物业环境及配套设施的合理性、适应性提出意见或建议；
（3）提供设施设备的设置、选型及服务方面的改进意见；
（4）就物业管理用房、社区活动场所等公共配套建筑、设施、场地的设置、要求等提出意见。

三、建设阶段

建设阶段的主要内容有：
（1）对规划设计阶段提出的问题进行跟踪，对设备安装的位置和管道走向进行跟踪，主要考虑日后物业管理的经济性和便利性。
（2）配合设备安装，确保安装质量。
（3）对内外装修方式、用料及工艺等从物业管理的角度提出意见，如结合以往服务经验推荐一些绿色环保材料、注意完善相关设计规划缺陷，包括各类开关、空调位（孔）等。
（4）熟悉并记录基础及隐蔽工程、管线的铺设情况，特别注意那些在设计资料或常规竣工资料中未反映的内容。
（5）与建设单位、施工单位就施工中发现的问题共同商榷，及时提出并落实整改方案；对于施工中因各种原因造成的严重工程质量问题，影响到今后的使用功能、使用安全等重大问题，及时向有关方提出整改建议，如果一时难以解决的，应提出专题报告，交建设单位处理。

四、销售阶段

销售阶段的主要内容：
（1）完成物业管理方案及实施进度表，根据目标客户情况确定物业管理服务的总体服务质量标准。
（2）拟定物业管理的公共管理制度，根据物业管理成本初步确定物业服务费的收费标准。
（3）拟定各项费用的收费标准及收费办法，必要时履行各种报批手续。
（4）对销售人员提供必要的物业管理基本知识培训。
（5）派出现场咨询人员，在售楼现场为客户提供物业管理咨询服务。
（6）将全部早期介入所形成的记录、方案、图纸等资料，整理后归入物业管理档案。

五、竣工验收阶段

这一阶段的介入内容主要是参与竣工验收,为物业前期管理中的现场承接查验提供有力的查验依据。

(1)在各单项工程完工后,参与单项工程竣工验收;
(2)在分期建设的工程完工后,参与分期竣工验收;
(3)在工程全面竣工后,参与综合竣工验收。

第三节 早期介入的方法

一、成立早期介入工作小组

1. 早期介入工作小组的组成

(1)组长:该人员应具备物业管理、工程管理等相关经验;
(2)小组成员:应包括驻场人员和技术人员,该类人员应具备物业管理、工程管理一年以上相关岗位工作经验。

2. 主要工作职责

(1)负责与建设单位、施工单位就早期介入相关工作进行沟通与协调;
(2)负责参与项目各专业设计、技术交底和图纸会审,提出书面合理化建议和意见;
(3)负责参与施工现场的了解、跟进,发现可能影响日后使用或管理运作的因素,及时反馈给建设单位采取适当措施;
(4)负责对检查过程中发现的问题和合理化建议进行对接、沟通;
(5)负责收集整理前期物业相关文件资料,并备案存档,同时熟悉各个部分环节,为日后管理做好充分的准备;
(6)负责对建设单位销售人员进行物业管理基础知识专业培训;
(7)负责跟进提出的相关建议,并督促各相关单位实施。

二、明确早期介入的沟通机制

1. 沟通内容

(1)获取建设单位及施工单位的联系信息,以便能够及时有效地沟通;
(2)项目信息,包括项目规划信息、施工进度与施工计划信息等;
(3)项目图纸资料,包括项目设计方案、设计图纸等;
(4)早期介入成果的反馈。

2. 沟通方式

(1)电话沟通;
(2)书面发函;
(3)参加对接会,如项目经理会、总经理决策会、施工、设计、监理三方技术交底会;
(4)填写周报制度,主要包括工作进度计划、检查情况及问题处理建议。

3. 沟通流程

根据沟通的主体和不同时间节点分别明确沟通内容,具体见表8-1。

表 8-1　沟通流程表

工作类别	时间节点	工作内容
内部沟通	介入合同签订前一周内	组建介入小组
	介入小组组建一周内	组织内部会议，制定介入方案
	各项介入工作前一周内	组织技术交底会
	介入期间	组织相关人员评审会，明确评审意见
	单次介入服务工作完成后三日内	组织介入成果评审会，并将评审结果向建设单位提报
	介入期间	跟进物业项目开发进度；介入小组成员及时反馈意见、建议，组长统一决策
	定期	组织介入小组相关人员进行技能培训
	每月	介入小组组长制定月度介入工作计划，向介入单位提报，并纳入介入小组考核
与建设单位沟通	介入合同签订后一周内	组织介入项目启动会，确定介入小组负责人及公布介入小组成员名单
	介入小组组建一周内	对接建设项目具体介入方案
	介入各节点工作前一周内	沟通介入节点工作内容、要点
	单次介入完成三日内	组织问题解决意见沟通会，确定最终解决方案
	每月	组织对接会
	介入期间	参见建设单位工程管理例会，通报介入工作开展情况；协助建设单位召开产品推荐会、准业主见面会等品牌宣传推广活动

三、早期介入的信息收集与资料准备

（1）收集小区整体规划指标，了解产品类型、设施设备配套等信息。

（2）收集物业项目开发建设计划、运营计划、各分项工程时间节点等，与建设单位保持积极沟通，及时获取最新资料。

（3）获取物业项目的相关图纸（建筑、结构、给排水、电气、暖通、景观、精装等）。

四、制定早期介入工作计划

根据早期介入的不同阶段及开展时间节点分别制定对应的工作计划，具体内容见表8-2。

表 8-2　早期介入工作计划

阶段	时间节点	控制要点
立项阶段	建设单位取得地块开发权	1. 根据项目立项周边考察报告，对物业建设类型提出建议 2. 根据项目物业建设类型对规划和配套提出建议
规划设计阶段	建设项目各方案论证、施工图纸内审阶段	1. 针对物业规划设计、户型设计、各类物业设施配套方案及设备选型等提出建议和意见 2. 优化各专业施工图设计，使用功能更趋于完善，更利于业主使用和后期物业管理工作的开展
建设阶段	物业项目楼栋结构封顶	1. 跟踪规划设计阶段提出的问题 2. 了解建设项目各类机电设施设备配置或容量、设施设备的安装调试、各类管线的分布走向、隐蔽工程、房屋结构等，并指出设计中有缺陷、遗漏的工程项目

续表

阶段	时间节点	控制要点
建设阶段	物业项目楼栋结构封顶	3. 加强常见工程质量通病及隐蔽工程等特殊过程的监控 4. 从业主使用功能角度，注意完善相关设计规划缺陷，包括各类开关、空调位（孔）、在施工期的介入阶段 5. 深入现场，了解各专业施工工序及方法，掌握施工的难点，收集整理各种技术及施工资料，了解各种材料生产厂家及通信地址 6. 对于施工中因各种原因造成的严重工程质量问题，影响到今后的使用功能、使用安全等重大问题，及时向有关方提出整改建议，如果一时难以解决，应提出专题报告，提交建设单位处理
销售阶段	建设单位取得预售许可证	1. 根据目标客户情况确定物业管理服务的总体服务质量标准 2. 根据物业管理成本初步确定物业服务费的收费标准 3. 物业管理模式研究 4. 销售推介应注意的内容
竣工验收阶段	物业项目单体、单项、整体施工完成	1. 参与在各单项工程完工后的竣工验收、作好记录、协调解决发现的问题 2. 为承接查验提供依据

思考题

1. 什么是早期介入？
2. 早期介入与前期物业管理的区别有哪些？
3. 早期介入的作用有哪些？
4. 早期介入的主要内容包括哪些？
5. 简要说明早期介入的方法。

第九章 前期物业管理

第一节 前期物业管理概述

物业管理的全过程管理，包括早期介入、前期物业管理和常规物业管理三个阶段。早期介入由于没有强制性，不是物业管理的必经阶段；前期物业管理阶段在物业管理活动中有着承前启后的作用；常规物业管理阶段从业主大会授权业主委员会与新物业服务人签订的合同生效时开始，期间为合同约定的年限，中间可能由于单方面或双方面原因更换新的物业服务人，直至项目完结。

一、前期物业管理的概念和主要特点

前期物业管理是指从新建物业承接查验开始至业主大会选聘物业服务人为止的物业管理阶段。

前期物业管理的主要特点有以下几个。

1. 基础性

前期物业管理的许多工作，尤其是前期物业管理的特定内容是以后常规期物业管理的基础，对常规期物业管理有着直接和重要的影响，具有基础性，这是前期物业管理最明显的特点。

2. 过渡性

前期物业管理的职责是在新建物业投入使用初期建立物业管理服务体系并提供服务，其介于早期介入与常规物业管理之间。因此，前期物业管理在时间上和管理上均是一个过渡时期和过程。

3. 复杂性

前期物业管理过程中因涉及工程质量、设施设备调试、设计配套不完善等问题，往往在投入使用的初期集中反映出来，而且解决的问题难度较大，由于物业及设施设备需要经过一个自然磨合期才能逐步进入平稳的正常运行状态，因此该阶段的物业管理呈现复杂性。

4. 特殊性

前期物业管理的日常工作内容与常规物业管理的工作内容虽然基本相同，但由于处在前期物业管理阶段，物业服务人的前期工作中包括了承接查验，业主入住，装修管理，工程质量保修处理，物业管理项目机构的前期运作、前期沟通协调等前期物业管理的特殊内容，这一阶段也容易与建设单位、业主之间产生大量纠纷，与常规物业管理工作相比内容具有特殊性。

二、项目前期筹备工作计划

项目筹备工作计划的目的是为项目管理工作提供系统性运作指南,项目工作计划是否具有系统性和实际操作性,直接关系到项目工作开展的质量和效率。

筹备工作计划管理内容包括计划编制、沟通确认、检验跟进。

1. 计划编制

筹备工作计划编制前,首先需通过现场查勘及与建设单位的沟通,确定项目的入住时间、交付面积、工程施工进度等基本情况,然后按照入住时间倒排来完成物业项目计划的编制。

编制要求:①按交付时间倒推并留有余地;②工作计划应全面系统并具实际操作性;③工作计划应明确起止时间、工作要求及责任人、验证人。

2. 沟通确认

由于前期工作涉及多个企业多个部门的合作,为确保工作计划执行顺畅,达到效果,计划编制完成后需与各关系主体充分沟通,进行确认,达成共识。

3. 检验跟进

通常由物业管理处制定工作计划定期跟进机制,由责任人与验证人通过定期(周、月)对照筹备工作计划进行检验,评估工作进度和效果,针对存在问题制定整改措施,调整工作计划,直至筹备工作圆满完成。

三、项目前期筹备工作的实施

(一)行政人力资源筹备工作

1. 行政筹备工作

行政筹备工作主要包括组织机构设立与收费许可手续的办理,解决项目经营许可问题,是项目能否合法开业的前提条件。

(1)组织机构成立。主要内容有申请营业执照、组织机构代码证、税务登记证,印章办理,基本账户设立等,分别向工商部门、质量监督部门、税务机关、公安部门、银行申报。

(2)收费许可。由于各地法规要求不同,收费许可通常通过报批和报备方式办理。报批项目需向主管部门申报批准后方可收费。无论是报批还是报备,物业服务收费标准都应在经营场所对外公示,做到明码标价、亮证收费。

(3)机构设立和收费许可申报所需材料及流程可向当地主管部门或办事窗口讯问、索取,按其规定程序准备资料申报即可。

2. 人力资源筹备工作

人力资源筹备工作是所有工作开展的基础,也是项目能够有效运转的关键条件。人力资源定编是否能满足项目运转需要,人员能否及时保障到位,员工能力是否能胜任岗位要求,是人力资源筹备需重点考虑的内容。

(二)财务筹备工作

财务筹备工作是为了规范项目收费行为,保障项目前期筹备及正常期运营资金,控制好运营成本。通常包括以下内容:

1. 财务的建账

(1)收费台账建立 收费台账建立的基础信息是项目收费面积及收费要素(包括房产编

号、房产建筑面积、收费面积、业主资料等），从介入项目开始就需要向建设单位收集相关信息并不断更新。

（2）收费票据申领　根据集中入住装修期间的使用量向税务主管部门申领票据，并做好票据使用登记。有些地方可以通过税控机安装收取。

2. 预算编制

预算成本除考虑日常工作支出外，还需根据筹备工作计划考虑筹备资金需要，预算收入除物业服务费与停车费，通常还会包括建设单位提供的前期物资装备费、入住前人员提前介入费、通过协议约定的物业补贴费用等。入住前产生的服务费用主要由建设单位承担，也有的由物业服务人作为前期投入，在项目入住后正常期预算中作为固定资产折旧或摊销方式进入入住后的成本。

（三）物资筹备工作

物资装备配置齐全，保障及时到位，是项目入住及日常管理工作正常有序开展的必要条件。前期物资筹备工作包括：物业用房确定、物资装备的配置。

1. 物业管理用房的确定与装修

物业管理用房是指物业管理处的办公、生活场所，以及为业主提供服务的场所。它既是物业服务人对外形象展示的窗口，也是物业服务运作的基本保障。物业管理用房主要由物业办公用房和物业生活用房组成，其中物业办公用房一般包括物业服务中心、物业办公室、培训室、会议室、档案室、业主委员会办公室、仓库、技工操作间等；物业生活用房一般包括员工食堂、员工宿舍、员工活动室等。确定物业管理用房应当从位置、面积、时间、产权等方面进行考虑。

需要注意的是，项目内设置的信报室（间）、保安值班室（或岗亭）、消防控制中心、闭路监控中心、设备房（间）、会所等，属于项目的共用配套设施。

2. 物资装备的采购

（1）采购类别　物业项目物资按用途划分为行政办公物资、食堂物资、宿舍物资、物业服务中心物资、秩序维护物资、工程管理物资、保洁服务物资、绿化养护物资；按易损程度划分为固定资产、低值易耗品。

（2）采购方式　前期物资属于前期开办费用开支范围，通常情况下，前期物资费用应由建设单位承担，物业管理处经理应与建设单位进行沟通协调采购方式。一般存在以下几种情况：①物业管理处报采购计划及采购清单给建设单位，由建设单位进行采购；建设单位支付开办费，由物业管理处进行采购。②由建设单位直接调拨物资给物业管理处使用。③采购延迟时，物业管理处应根据采购计划，先购买急需要用的物资，然后再逐步补充和完善。前期物资购置应做好与建设单位的确认手续，如交接手续。

（3）采购要求　物资采购前应先制定物资采购计划，采购物资项目、数量和金额应严格执行物业服务方案中的工作计划和财务计划。

（四）其他运行筹备工作

1. 物业服务方案与管理制度的建立

为履行前期物业服务合同约定，守法经营，降低经营风险，为业主提供高效优质的服务，物业管理处在入住前，需编制项目服务类方案及管理制度。

2. 服务供应商的选择

对具体物业管理项目进行管理时，物业服务人可以根据企业的自身情况和需要来确定是否将部分单项服务分包给社会专业服务公司。对分包的服务项目，要进行市场调查、筛选，确定符合自己要求的分包单位。

3. 成品保护

物业项目正式入住以后，通常会迎来业主集中装修的高峰。在集中装修期间，由于车流、人流、物流频繁，同时大量的装修施工人员在社区内进行活动，很容易造成共用设施设备的丢失、损坏以及共用部位的磨损。因此，物业管理处应在项目集中入住前预见这一类设施设备及共用部位的潜在风险，并提前采取防护措施，以避免日后维修或重置导致的经济损失。

成品保护的主要方式：防损、防盗和保新。

成品保护的责任：物业管理处应在项目的承接查验前及时制定成品保护方案并提交建设单位，方案应将成品保护的意义和作用，以及成品保护的范围、方法、期限、费用等事宜作充分的说明，并与建设单位进行充分沟通，争取获得建设单位的认可。成品保护原则上由建设单位组织实施并承担费用；物业管理处组织实施并由装修施工单位分担费用是其次选项；在管理费中支付成品保护费用是最后选项（应列入当年预算）。物业管理处应在成品保护施工时及时跟进。

4. 保洁开荒

物业保洁开荒是指物业在投入使用前，对本体公共部位（地面、墙面、天花、楼梯、玻璃窗、电梯、共用设备设施、公共卫生间、天面、空中花园、露台、雨台、雨篷）、业主专有部位（地面、墙面、天花、设施）及室外公共场所（道路、绿地、外围景观及其配套设施）进行全方位的清洁过程，恢复其原有本色、光亮度及洁净度。物业保洁开荒工作是项目入住前环境布置的首要条件，它能给业主创造良好环境的第一感观，同时也是后期保洁服务质量提升的基础。物业管理处可根据物业项目大小、档次程度确定保洁开荒时间，制定物业保洁开荒计划。

一般来讲，物业项目在集中入住前一周，物业管理处需组织人员对物业项目进行保洁开荒工作。物业交付前的开荒保洁责任归建设单位，但通常建设单位会要求物业管理处组织实施，费用由建设单位承担。

5. 公共关系建立

物业管理活动所涉及的单位、部门也较多。其中，直接涉及的单位和部门有政府行政主管部门、社区居民委员会、建设单位、业主、业主大会及业主委员会等；相关的单位和部门有城市供水、供电、供气、供暖等公共事业单位，市政、环卫、交通、治安、消防、工商、税务、价格等行政管理部门。物业服务企业应分析各相关部门和单位的作用及其与物业管理项目之间的相互关系，确定与各方面沟通协调的内容，建立沟通协调的渠道。通过沟通协调建立良好的合作支持关系，不仅有利于前期管理工作的开展，也为后期的正常管理打下良好的基础。

6. 客户信息收集

为了规范客户信息的管理，客户信息及时准确反馈，便于后期管理，需对客户信息进行收集并整理归档。主要包括客户文件材料档案收集和档案分类两大部分内容，文件材料档案收集主要是业主的文件材料（如购房合同、户型图）、业主入住办理和装修登记时获得的文件材料（如身份证信息、装修信息）、业主服务过程的记录性文件材料和定期服务监测分析性文件材料等；客户档案分类主要按照档案资料收集清单进行归类存档。

四、筹备工作的检验与跟进

物业管理处制定工作计划定期跟进机制，由责任人与验证人通过定期（周、月、季度等）对照筹备工作计划进行检验，评估工作进度和效果，针对存在的问题制定整改措施，调整工作计划，直至筹备工作圆满完成。

五、保修期限内保修责任的界定

前期物业管理阶段，开发商各种历史遗留问题（如屋顶漏雨、精装修房质量问题等）导致业主和物业服务人之间纠纷不断，而此时房屋及设备设施往往在工程质量保修期内，业主真正投诉和维权的对象应该是开发商。因此，保修期限内保修责任的界定对于明确业主、开发商和物业服务人的权责尤为重要。

物业工程质量保修分为两部分：一是物业服务人承接管理的物业共用区域及共用设施设备等部分；二是业主从建设单位购买的产权专有部分。《物业管理条例》第三十一条规定，建设单位应当按照国家规定的保修期限和保修范围，承担物业的保修责任。即无论是共有部分还是专有部分，在质量保修期限范围内非人为原因产生的质量责任由建设单位承担。

物业服务人的工程质量保修相关工作，主要是向建设单位申报对物业共用区域及共用设施设备的质量保修，跟踪并督促完成。业主产权专有部分由业主自行向建设单位提出处理要求，在实际管理中，业主也可以向物业服务人反映，物业服务人应及时转告建设单位。物业服务人依据《建设工程质量管理条例》和《房屋建筑工程质量保修办法》在质量保修期内对工程质量问题进行协调处理。工程保修服务内容主要包括维保信息收集、维保派工、跟踪管理、维保验证、业主验收五个方面的内容。

在正常使用下，房屋建筑工程的最低保修期限为：

（1）地基基础和主体结构工程，为设计文件规定的该工程的合理使用年限；

（2）屋面防水工程、有防水要求的卫生间、房间和外墙面的防渗漏，为 5 年；

（3）供热与供冷系统，为 2 个采暖期、供冷期；

（4）电气系统、给排水管道、设备安装为 2 年；

（5）装修工程为 2 年；

（6）其他项目的保修期限由建设单位和施工单位约定。房屋建筑工程保修期从工程竣工验收合格之日起计算。

在物业管理实践中，由于保修期限和保修范围模糊的问题，导致建设单位、施工企业、物业服务人之间相互推诿，产生大量纠纷。实际上，物业竣工验收后，工程进入了质量保修期，这个时候是建设单位和施工企业之间关于工程质量保修的规定，即在保修期限和保修范围内出现约定的质量问题由施工企业对建设单位承担保修责任；而房屋入住之后，从业主办理完入住手续起，建设单位在保修期限和保修范围内出现约定的质量问题对业主承担保修责任。物业服务人在这期间主要承担沟通、反馈、协调的作用。

以屋面防水保修为例：如果某住宅小区在 2016 年 1 月 1 日通过竣工验收，则施工单位对建设单位屋面防水的保修期至 2021 年 1 月 2 日；而该住宅小区 1 号楼 1 单元 1101 业主家位于顶层，于 2016 年 3 月 1 日办理入住，则建设单位对该顶层业主的屋面防水保修期至 2021 年 3 月 2 日；建设单位不得以施工单位对自己的保修期限在 2021 年 1 月 2 日截止主张自己对业主的保修责任超过保修期限而规避承担应有的保修责任。即如果该顶层业主家在 2021

年1月3日至2021年3月2日期间出现屋面渗漏，仍然有权要求建设单位承担保修责任。

第二节 承接查验

一、物业承接查验的概念和作用

物业的承接查验是指物业服务人对新接管项目的物业共用部位、共用设施设备进行承接查验。它分为新建物业的承接查验和物业管理机构更迭时的承接查验两种类型，前者发生在建设单位向物业服务人移交物业的过程中，后者发生在业主大会或产权单位向新的物业服务人移交物业的过程中。物业的承接查验是物业服务人承接物业前必不可少的环节，其工作质量对以后的物业管理服务至关重要。

《物业承接查验办法》由国家住房和城乡建设部制定，自2011年1月1日起施行。

物业承接查验的作用主要体现在：

（1）物业服务人在承接物业项目时对共用部位、共用设施设备以及档案资料认真清点验收，各方共同确认交接内容和交接结果，有利于明确各方的责、权、利，对维护建设单位、业主和物业服务人的正当权益，避免矛盾纠纷，都具有重要的保障作用。

（2）进行物业承接查验，可以督促建设单位根据规划设计标准和售房约定，重视物业共用部位、共用设施设备的建设，对提高建设质量、保障业主财产权益具有重要意义。

（3）进行物业承接查验，可以弥补前期物业管理期间业主大会缺位的弊端，加强物业建设与物业管理的衔接，是保障开展物业管理的必备条件。而在新老物业服务人交接时进行承接查验，有利于界定物业共用部位、共用设施设备的管理责任。

二、物业承接查验的主体

物业承接查验涉及的法律主体主要包括：建设单位、物业服务人、业主大会和业主委员会。

1. 新建物业共用部位、共用设施设备承接查验的主体

交验方：物业的建设单位

接管方：物业服务人

2. 新建物业购买人的专有部分物业承接查验的主体

交验方：物业的建设单位

接管方：物业专有部分的买受人

3. 物业管理机构更迭时物业共用部分、共用设施设备承接查验的主体

交验方：业主或业主委员会

接管方：新选聘的物业服务人

三、物业承接查验的依据和原则

1. 物业承接查验的依据

（1）《物业管理条例》；

（2）《物业承接查验办法》；

（3）物业买卖合同；

（4）临时管理规约；

（5）前期物业服务合同；

（6）物业规划设计方案；

（7）建设单位移交的图纸资料；

（8）建设工程质量法规、政策、标准和规范。

2. 物业承接查验的原则

物业承接查验应当遵循诚实信用、客观公正、权责分明以及保护业主共有财产的原则。

四、新建物业承接查验应当具备的条件

根据《物业承接查验办法》的规定，新建物业实施承接查验应当具备以下条件：

（1）建设工程竣工验收合格，取得规划、消防、环保等主管部门出具的认可或者准许使用文件，并经建设行政主管部门备案；

（2）供水、排水、供电、供气、供热、通信、公共照明、有线电视等市政公用设施设备按规划设计要求建成，供水、供电、供气、供热已安装独立计量表具；

（3）教育、邮政、医疗卫生、文化体育、环卫、社区服务等公共服务设施已按规划设计要求建成；

（4）道路、绿地和物业服务用房等公共配套设施按规划设计要求建成，并满足使用功能要求；

（5）电梯、二次供水、高压供电、消防设施、压力容器、电子监控系统等共用设施设备取得使用合格证书；

（6）物业使用、维护和管理的相关技术资料完整齐全；

（7）法律、法规规定的其他条件。

五、物业承接查验的内容

（一）新建物业实施承接查验的内容

物业服务人应当对下列物业共用部位、共用设施设备进行现场检查和验收。

（1）共用部位：一般包括建筑物的基础、承重墙体、柱、梁、楼板、屋顶以及外墙、门厅、楼梯间、走廊、楼道、扶手、护栏、电梯井道、架空层及设备间等；

（2）共用设备：一般包括电梯、水泵、水箱、避雷设施、消防设备、楼道灯、电视天线、发电机、变配电设备、给排水管线、电线、供暖及空调设备等；

（3）共用设施：一般包括道路、绿地、人造景观、围墙、大门、信报箱、宣传栏、路灯、排水沟、渠、池、污水井、化粪池、垃圾容器、污水处理设施、机动车（非机动车）停车设施、休闲娱乐设施、消防设施、安防监控设施、人防设施、垃圾转运设施以及物业服务用房等。

物业服务人在现场查验应当综合运用核对、观察、使用、检测和试验等方法，重点查验物业共用部位、共用设施设备的配置标准、外观质量和使用功能。现场查验应当形成书面记录。查验记录应当包括查验时间、项目名称、查验范围、查验方法、存在问题、修复情况以及查验结论等内容，查验记录应当由建设单位和物业服务人参加查验的人员签字确认。现场查验中，物业服务人应当将物业共用部位、共用设施设备的数量和质量不符合约定或者规定的情形，书面通知建设单位，建设单位应当及时解决并组织物业服务人复验。

建设单位应当委派专业人员参与现场查验，与物业服务人共同确认现场查验的结果，签订物业承接查验协议。物业承接查验协议应当对物业承接查验基本情况、存在问题、解决方

法及其时限、双方权利义务、违约责任等事项作出明确约定。物业承接查验协议作为前期物业服务合同的补充协议，与前期物业服务合同具有同等法律效力。建设单位应当在物业承接查验协议签订后 10 日内办理物业交接手续，向物业服务人移交物业服务用房以及其他物业共用部位、共用设施设备。物业承接查验协议生效后，当事人一方不履行协议约定的交接义务，导致前期物业服务合同无法履行的，应当承担违约责任。交接工作应当形成书面记录。交接记录应当包括移交资料明细、物业共用部位、共用设施设备明细、交接时间、交接方式等内容。交接记录应当由建设单位和物业服务人共同签章确认。分期开发建设的物业项目，可以根据开发进度，对符合交付使用条件的物业分期承接查验。建设单位与物业服务人应当在承接最后一期物业时，办理物业项目整体交接手续。

物业承接查验费用的承担，由建设单位和物业服务人在前期物业服务合同中约定。没有约定或者约定不明确的，由建设单位承担。

（二）物业管理机构更迭时实施物业承接查验的内容

1. 物业资料情况

物业资料情况除检查承接查验新建物业的相关资料外，还要对原管理机构在管理过程中产生的重要质量记录进行检查。

2. 物业共用部位、共用设施设备及管理现状

查验物业共用部位、共用设施设备及管理现状的主要项目内容有：

（1）建筑结构及装饰装修工程的状况；
（2）供配电、给水排水、消防、电梯、空调等机电设施设备；
（3）保安监控、对讲门禁设施；
（4）清洁卫生设施；
（5）绿化及设施；
（6）停车场、门岗、道闸设施；
（7）室外道路、雨污水井等排水设施；
（8）公共活动场所及娱乐设施；
（9）其他需了解查验的设施、设备。

3. 各项费用与收支情况，项目机构经济运行情况

各项费用与收支情况、项目机构经济运行情况包括物业服务费、停车费、水电费、其他有偿服务费的收取和支出，维修资金的收取、使用和结存，各类押金、欠收款项、待付费用等账务情况。

4. 其他内容

（1）物业管理用房；
（2）产权属全体业主所有的设备、工具、材料；
（3）与水、电、通信等市政管理单位的供水、供电的合同、协议等。

第三节 入住

入住是物业服务人第一次真正意义上和业主打交道，能否给业主留下良好的"第一印象"，直接影响到物业服务人今后的工作能否顺利开展，因此，入住阶段是物业服务人建立服务形象的最佳时期，入住整个过程需要建设单位和物业服务人紧密配合，精心策划。

一、入住的概念

入住是指建设单位将已具备使用条件的物业交付给业主并办理相关手续，同时物业服务人和业主办理物业管理事务手续的过程。对业主而言，入住的内容包括两个方面：一是物业验收及其相关手续的办理；二是物业管理有关业务的办理。

入住过程涉及建设单位、物业服务人以及业主，入住的完成意味着业主正式接收物业，物业由开发建设阶段转入前期物业管理阶段，物业管理服务活动全面展开。

在房地产开发和物业管理实践中，物业入住操作的模式有多种形式。第一种形式是以建设单位为主体，由物业管理单位相配合的作业模式。此模式是建设单位具体负责向业主移交物业并办理相关手续，如业主先到建设单位确认相关购房手续、业主身份，验收物业，提交办理房产证的资料，开具物业购买正式发票，逐项验收其名下物业的各个部分，领取钥匙等。在此基础上，物业管理单位再继续办理物业管理相关手续，如领取物业管理资料、缴纳相关费用等。第二种形式是建设单位将入住工作委托给物业管理单位，由物业管理单位代为办理入住手续。这种情况多出现于物业管理早期和前期介入较深，物业建设单位楼盘较多、人力资源不足，或物业建设单位与物业管理单位系兄弟企业，以及其他建设单位和物业管理单位协商认为必要的情况等。

二、入住的实质和各方主体责任的界定

《最高人民法院关于审理商品房买卖合同纠纷案件适用法律若干问题的解释》中规定："对房屋的转移占有，视为房屋的交付使用，但当事人另有约定的除外。房屋毁损、灭失的风险，在交付使用前由出卖人承担，交付使用后由商品房买受人承担；商品房买受人接到出卖人的书面交房通知，无正当理由拒绝接收的，房屋毁损、灭失的风险自书面交房通知确定的交付使用之日起由商品房买受人承担，但法律另有规定或者当事人另有约定的除外。"

依据规定，入住的实质是建设单位向业主交付物业的行为，由建设单位主导并承担相关法律责任和义务，如属于建设单位原因未交付给业主的物业，其物业服务费用由建设单位承担，导致业主损失的由建设单位赔偿；物业服务人作为入住后期的服务单位，只是协助具体相关手续办理，与业主建立服务与被服务关系，承担物业交付后的相关管理责任；业主依据法规与合同约定验收物业，并与物业服务人建立服务关系，对于不具备交付条件的物业，业主有权拒收并要求建设单位赔偿损失；但属于业主无正当理由拒绝接受物业的，则物业服务的费用由业主承担。

三、入住的时限

入住时限是指《入住通知书》规定业主办理入住手续的时间期限，当新建物业符合交付使用条件，开发建设单位和物业服务人应通过有效途径或合理方法，如根据业主提供的通信方式，以电话、短信、信函、微信、电子邮件等方式与业主联系，或在上述联系无效的情况下通过登报、广播和电视公共传媒等方式向业主传递或传达物业入住信息，向业主适时发出入住通知，约定时间验收物业和办理相关手续。要注意在通知业主的时候，尽可能一次性告知办理相关手续时应携带的有关材料。在规定的时限内业主无正当理由没有按规定办入住手续的，按入住时限规定的日期起开始收取物业服务费。

四、入住服务流程及要求

(一)入住的准备

入住服务是物业服务人首次直接面对业主提供相关服务,直接关系到业主对物业管理服务的第一印象。因此,物业服务人要从各方面做好充分细致的准备工作,全面、有效地保障业主的入住。

1. 入住方案策划

物业管理处需要根据项目的特点并与建设单位相关方充分沟通,用心策划入住服务方案。入住服务方案策划内容通常包括入住手续办理事项(包括仪式策划、流程策划、物资准备,确定交房线路、办理区及车辆停放区);入住现场布置(含公共区域布置、入住手续办理区)。方案中应包含对可能的紧急突发事件识别、评价,以及相应的处置预案。

2. 资料准备

(1)《竣工验收备案表》《面积实测技术报告书》《住宅质量保证书》《住宅使用说明书》。

(2)《入住通知书》。《入住通知书》是建设单位向业主发出的办理入住手续的书面通知。一般而言,主要内容包括:物业具体位置;物业竣工验收合格以及物业服务人承接查验合格的情况介绍;准予入住的说明;入住具体时间和办理入住手续的地点;委托他人办理入住手续的规定;业主入住时需要准备的相关文件和资料;其他需要说明的事项。

(3)《物业验收须知》。《物业验收须知》是建设单位告知业主在物业验收时应掌握的基本知识和应注意事项的提示性文件。一般而言,主要内容包括:物业建设基本情况、设备设施的使用说明;物业不同部位保修规定;物业承接查验应注意事项以及其他需要提示说明的事项等。

(4)《业主入住房屋验收表》。《业主入住房屋验收表》是记录业主对房屋验收情况的文本,通常以记录表格的形式出现。使用《业主入住房屋验收表》可以清晰地记录业主用户的验收情况。一般而言,主要内容包括:物业名称、楼号;业主、验收人、建设单位代表姓名;验收情况简要描述;物业分项验收情况记录以及水电煤气等的起始读数;建设单位和业主的签字确认;物业承接查验存在的问题,有关维修处理的约定等;验收时间;其他需要约定或注明的事项。

(5)《业主(住户)手册》。《业主(住户)手册》是由物业服务人编撰,向业主、物业使用人介绍物业基本情况和物业管理服务相关项目内容的服务指南性质的文件。一般而言,主要包括以下内容:欢迎辞;小区概况;物业服务人以及项目管理单位(处)情况介绍;《业主管理规约(临时管理规约)》;小区内相关公共管理制度;物业装饰装修管理指南、物业服务流程等;公共及康乐设施介绍;服务指南及服务投诉电话;其他需要说明的情况以及相关注意事项。

3. 其他准备事项

(1)根据入住服务方案场地布置要求准备及布置办理入住手续的场地,如制作安装彩旗、标语、标识牌、导视牌、流程图、公告、交通导向标志、入住流程、装修登记流程、有关文件明示(《竣工验收备案表》《面积实测技术报告书》)等;设立业主休息等待区等。

(2)准备及布置办理相关业务的场地,如电信、邮政、有线电视、银行等相关单位业务开展的安排。

（3）准备资料及预先填写有关表格（包括统计汇总表），为方便业主，缩短工作流程，应对表格资料预先作出必要处理，如预先填上姓名、房号和基本资料等，将发放给业主的资料装袋。

（4）准备办公用具，如复印机、电脑和文具等。

（5）针对入住过程中可能发生的紧急情况，如交通堵塞、纠纷矛盾等，制定必要的紧急预案。

（6）编制入住手续办理流程中各个岗位（包含流程办理岗位与其他服务岗位）的须知，包括职责、物资、流程、要求、答客问、紧急联系人等，便于培训、快速掌握。

（7）人员调配到位，组织培训与模拟演练。

（8）督促施工单位按《交房环境标准》全面彻底清理户内、楼内、楼层、楼梯及小区内的各类垃圾及建筑余料及施工配件；对房屋进行复验，收房屋钥匙按楼栋单元分类编号，并制作钥匙板摆放，确定专人发放管理。

（9）发出《入住通知书》，约定时间验收物业和办理相关手续。

（二）入住流程

1. 身份验证

建设单位或物业服务人凭业主身份证、入住通知书或购房合同等对业主进行身份登记确认。

2. 房屋验收

（1）考虑到人手有限，对于入住量大的项目，应为客户设置等候区，发放等候号牌，并将客户引导至休息区进行等候。等候区可为业主提供饮料、水果、小食品及杂志；播放电视宣传片或阅读有关交房资料、装修小知识等。

（2）验房人员陪同业主一起验收其名下的物业，登记水、电、气表起始数及房屋验收情况，建设单位和业主核对无误后在《业主入住房屋验收表》《房屋设备移交清单》签章确认，建设单位向业主发放钥匙。

（3）对于验收不合格的部分，物业服务人可协助业主敦促建设单位、施工方进行工程不合格整改、质量返修等工作。若发现重大质量问题，业主可拒收钥匙，物业服务人需做好登记。

3. 签署物业管理有关服务约定等文件

（1）指导业主填写《业主基础信息登记表》，收集业主必要信息（如紧急联系人电话、家庭成员等），便于后期管理与服务；

（2）签署物业管理的相关文件或代办业务文件，如《用电过户协议》《委托银行代收款协议》《车位使用协议》《装饰装修服务协议》《消防责任书》等。

4. 交纳当期物业服务相关费用

（1）业主按法规或合同约定交纳入住当期（当月、当季）物业管理及其他相关费用（停车费、装修管理费、代收代付水电供暖费等），开具相应票据给业主；

（2）物业管理处应准备好相关收费依据，并让每位收费人员熟知，必要时告示业主，便于消除业主疑虑，防止冲突。

5. 领取相关文件资料及钥匙

发放并让业主签领提供给业主的相关文件资料（《用户手册》《智能系统使用说明书》《房

屋使用说明书》《房屋质量保证书》《装饰装修服务协议》《装修申报登记表》《装修须知》《乔迁须知》等）及钥匙（如物业钥匙、门禁卡、遥控器等）。

6. 业主入住手续办理完结之后，物业服务人应将相关资料归档

业主物业验收以及其他手续办理完结之后，物业服务人应及时将已办理入住手续的房间号码和业主姓名通知门卫，并及时将各项业主、用户资料归档，妥善保管，不得将信息泄露给无关人员。

五、入住服务的注意事项

1. 入住准备注意事项

（1）人力资源要充足。现场引导、办理手续、交接查验、技术指导、政策解释、综合协调等各方人员应全部到位，协同工作。如现场出现人员缺位，其他人员或机动人员应及时补位。

（2）资料准备要充足。虽然物业服务人可通过一定管理方法有意识地疏导业主，避免业主过于集中，但业主的随意性是不可控的，因此，有必要预留一定余量的资料。

（3）对于入住量大的项目，建议分批办理入住手续，避免因为过分集中办理产生混乱。为避免入住工作的混乱，降低入住工作强度，在向业主发出《入住通知书》时，应明确告知其入住办理时间、办理流程、需准备的材料；现场亦应有明确标识和提示，以便对业主入住进行有效疏导和分流，确保入住工作的顺利进行。

（4）紧急情况要有预案。入住时由于现场人员混杂、场面较大，随时可能发生如治安、消防、医疗、纠纷等突发事件，建设单位及物业服务人应预先设立各种处理方案，防患于未然。

2. 入住期间注意事项

（1）业主入住实行一站式柜台服务，方便业主办理有关入住手续。在入住办理期间，建设单位、物业服务人和相关部门应集中办公，形成一条龙式的流水作业，一次性地解决业主入住初期的所有问题，如办理入住手续、开通电话、有线电视等。

（2）因故未能按时办理入住手续的，可按照《入住通知书》中规定的办法另行办理。

（3）应合理安排业主入住服务办理时间，适当延长办理时间。为方便业主入住，应根据业主的不同情况实行预约办理或实行弹性工作方式，如在正常工作时间之外另行安排入住手续的办理，或延长工作时间，如中午或晚上延时办公。

（4）办理入住手续的工作现场应张贴入住公告及业主入住流程图，在显要位置张贴或摆放各类业主入住的标牌标识、作业流程、欢迎标语、公告提示等，方便业主了解掌握，加快入住进程。同时，现场摆放物业管理相关法规和其他资料，方便业主取阅，减轻咨询工作压力。对于重要的法规文件等，可以开辟公告栏公示。

第四节　物业装饰装修管理

入住手续办理完毕，业主陆续开始装修，这一阶段也是前期物业管理工作中的一个重点和难点。一方面业主违规装修行为有可能危害物业的安全，另一方面物业服务人处理不当也可能激发双方的矛盾和冲突，这就要求物业服务人高度敬业、检查频密、消灭隐患、及时整改，同时注意平衡好与业主及装修公司等相关主体的关系。

一、物业装饰装修管理的含义

物业装饰装修管理是通过对物业装饰装修过程的管理、服务和控制，规范业主、物业使用人的装饰装修行为，协助政府行政主管部门对装饰装修过程中的违规行为进行处理和纠正，从而确保物业的正常运行使用，维护全体业主的合法权益。

物业装饰装修管理主要依据《住宅室内装饰装修管理办法》（建设部令〔2002〕第110号）的相关要求实施。非住宅类物业装修依据《建筑装饰装修管理规定》（建设部令〔1995〕第46号）的相关要求实施。物业装饰装修管理内容包括装饰装修申报、登记审核、入场手续办理、装饰装修过程监督检查以及验收等环节。

《民法典》第九百四十五条规定："业主装饰装修房屋的，应当事先告知物业服务人，遵守物业服务人提示的合理注意事项，并配合其进行必要的现场检查。"

二、物业装饰装修管理的流程及要求

（一）装修管理准备工作

（1）物业管理处结合本物业项目情况和相关要求准备装修管理资料，包括《装饰装修服务协议》和《装修须知》，以及装修登记表格（如《装修登记表》《装修巡检表》《装修验收表》）。

《装饰装修服务协议》应当包括下列内容：装饰装修工程的实施内容；实施期限；允许施工的时间；废弃物的清运与处置；住宅外立面设施及防盗窗的安装要求；禁止行为和注意事项；管理服务费用；违约责任；其他需要约定的事项。

《装修须知》应包括装饰装修工程的禁止行为和注意事项，以及结合项目特殊设计拟定的空调室外机位，阳台、防盗网封闭式样、材质、安装位置要求，公共设施设备成品保护要求等。

（2）物业服务中心公示装修申办流程、装修须知、所需资料和装修有关收费标准及依据。

（3）与建设单位确定建筑垃圾堆放点；垃圾堆放点需考虑合理覆盖半径且不得处于主出入口或主干道，堆放点需实行封闭或半封闭；同时选聘装修垃圾清运单位并确定备选方（以便应急），保障建筑垃圾及时清运。

（4）对物业管理处装修管理人员进行培训。

（二）装修服务流程

1. 装修申报

（1）装修申报登记表、物业所有权证明、申请人身份证原件及复印件；

（2）装修设计方案，原有建筑、水电气等改动设计以及法律法规要求的有关部门申报核准文件；

（3）装修施工单位资质、装修人员相片、身份证原件及复印件；

（4）法律规定的其他内容；

（5）非业主的物业使用人对物业进行装修申请，应得到业主的书面确认。

2. 登记审核

有下列行为之一的将不予登记：

（1）未经原设计单位或者具有相应资质等级的设计单位提出设计方案，擅自变动建筑主体和承重结构的；

（2）将没有防水要求的房间或者阳台改为卫生间、厨房间的；
（3）扩大承重墙上原有的门窗尺寸，拆除连接阳台的砖、混凝土墙体的；
（4）损坏房屋原有节能设施，降低节能效果的；
（5）未经城市规划行政主管部门批准搭建建筑物、构筑物的；
（6）未经城市规划行政主管部门批准改变住宅外立面，在非承重外墙上开门、窗的；
（7）未经供暖管理单位批准拆改供暖管道和设施的；
（8）未经燃气管理单位批准拆改燃气管道和设施的；
（9）其他影响建筑结构和使用安全的行为。

3. 进场手续办理

（1）业主办理装修进场相关手续时，与业主、承建商签订《装饰装修服务协议》《施工消防责任书》，针对装修申请内容，提示业主装修的注意事项（如允许装修时间）；
（2）业主按规定缴纳装修管理服务费及其他相关费用（建筑垃圾处理费等）；
（3）物业管理处为装修施工单位办理《装修施工登记证》《施工人员出入证》；
（4）应提示装修施工单位在入场装修前备齐灭火器等消防器材；
（5）告知装修单位本物业管理处的装修管理人员姓名及相关的管理制度；
（6）将《装修登记表》移交给物业管理处装修管理人员，并将装修业主及装修施工单位情况向装修管理人员交底；
（7）物业管理处应在业主装修动工之前，在大堂张贴《物业装修温馨提示》，明确某栋某层在何时（计划装修期间）进行装修施工、装修业主已承诺遵守装修相关规定、装修期间造成的不便敬请业主谅解等。

4. 施工管理

物业装饰装修施工期间，装修人和装饰装修施工单位应严格按照装修申报登记的内容组织施工，严格遵守相关装修规定；物业服务人应按照装饰装修管理服务协议做好管理和服务工作，加强现场检查，发现装修人或者装饰装修施工单位有违反有关规定的行为，应当及时劝阻和制止；已造成事实后果或拒不改正的，应及时报告有关部门依法处理。对装修人或者装饰装修施工单位违反《物业装饰装修管理服务协议》的，应追究违约责任。

施工管理的主要管理内容如下：

（1）装修时间管理　装饰装修时间包括一般装饰装修时间、特殊装修时间和装饰装修期。一般装修时间是指除节假日之外的正常时间，特殊装修时间是指节假日休息时间，装修期是指装饰装修过程的完结时间，目前国家颁布的法规虽无明确规定，但一般情况下不超过三个月。

（2）成品保护　为维护公共设施设备完好，施工前需施工单位对公共部位（地板、防火门、楼层灯饰、转弯石材）和排水管口（包封，防止水泥沙石进入堵塞管道）做好成品保护。

（3）施工人员进出　物业管理处应确定施工人员进出专用通道及洗手间；施工人员需凭《施工人员出入证》进场；夜间不得留宿（除非经申请获得许可），秩序组应在装修时间结束时组织清场；凡未佩戴物业装饰装修施工标识的施工人员和其他闲杂人员，应一律禁止入内，保证装饰装修人员管理的有序化、规范化。

（4）装修材料（工具）搬运　物业管理处应确定装修车辆进出路线及装卸点；运载装修材料的车辆需要检测，控制装修违禁材料（厚重石材、成批的红砖、违章搭建材料等）的同时，需要控制易燃易爆品（罐装液化气）进入小区，杜绝不安全因素的出现；对于电焊机、大力锤、墙体打孔机等工具需严格防范，经装修主管批准方可进入小区。

（5）装修垃圾搬运　装饰装修垃圾应按指定位置、时间、方式进行堆放和清运。装修的垃圾必须由垃圾袋包装，必须堆放在物业管理处指定的位置，并及时清理，保持环境整洁；如业主未及时清运或堆放到公共楼道，物业管理处组织清理，可以委托清运公司统一清运，也可由物业管理处自行组建垃圾清运小组，统一清运，费用由违规倾倒装修垃圾的业主承担。

（6）动火作业　进行电、气焊作业前，装修人或施工单位应提前半天申请，经装修主管批准后方可进行；作业时，应配备相应的灭火器材及采取有效的防火措施，装修管理人员凭《动火作业登记表》对动火作业进行监管，防止火灾发生。

（7）装修巡查　物业集中装修期间，要增派人力，做到普遍巡查和重点检查相结合。一方面，要检查装饰装修项目是否为已登记的项目。一是要检查装饰装修项目是否申报，二是检查装修装饰物业的内容、项目有无私自增加，在巡视过程中发现新增装修装饰项目的，须指导用户及时申报，办理相关手续。另一方面，要检查施工人员的现场操作是否符合相关要求。如埋入墙体的电线是否穿管、是否用合格的套管，施工现场的防火设备是否配备，操作是否符合安全要求，现场的材料堆放是否安全；垃圾是否及时清运，有无乱堆放，装修户门外是否保持清洁卫生等。

为确保物业安全和全体业主的合法权益，物业装饰装修管理应重点检查：有无变动建筑主体和承重结构；有无将没有防水要求的房间或者阳台改为卫生间、厨房间；有无扩大承重墙上原有的门窗尺寸，拆除连接阳台的砖、混凝土墙体；有无损坏房屋原有节能设施，降低节能效果；有无其他影响建筑结构和使用安全的行为。

有无未经有关单位批准的下列行为：搭建建筑物、构筑物；改变住宅外立面，在非承重外墙上开门、窗；拆改供暖管道和设施；拆改燃气管道和设施；超过设计标准或者规范增加楼面荷载的；改动卫生间、厨房间防水层的。

同时，还应注意检查以下方面：施工现场有无采取必要的安全防护和消防措施，有无擅自动用明火和进行焊接作业等；有无任意刨凿楼地面、穿凿梁柱等；楼地面铺设材料是否超过 10mm、新砌隔墙是否采用轻质材料等；是否符合物业装修公共及室外统一要求（如空调室外机的安装和排水的统一要求、阳台栏杆的统一要求等）；要检查施工单位的施工人员是否如实申报和办理了施工证，强化施工人员的管理。

5. 装修竣工验收

（1）业主装修应进行竣工验收，双方约定验收时间。

（2）装修验收由物业管理处责任人组织，业主、装修施工单位、装修管理人员参加。

（3）装修验收时应严格按《装修登记表》的内容进行核验，并检查装修对公用部位公用设施的损坏情况，装修管理人员作好现场验收记录。

（4）对验收不合格的，应提出书面整改意见要求业主和装修施工单位限期整改。

（5）对验收合格的房屋，根据业主意见开具放行条允许装修单位搬出施工工具和剩余材料，结清费用。告知业主《乔迁须知》，确定搬家线路并为其乔迁需要提供方便。

三、物业装饰装修管理的注意事项

1. 装修材料准备时期

物业服务人要对装修人员提供的装修资料进行现场认真审核，避免出现漏项或错报项。

2. 装修申报期

物业服务人必须到现场对所附图纸进行核对，以防有漏项，或有大的拆动项目漏报，如建成使用已有数年的房屋申请装修，需注意其在此之前是否做过装饰装修，内部布局是否有改变。尤其是多层建筑，一般情况下大多数墙体为承重墙体，如在此之前进行过拆打，则需对其新申报的拆打项谨慎核查，以确保其结构的安全。

3. 办理施工手续时期

物业服务人需确认装修施工的相关手续是否已经完备。

4. 装修施工时期

物业服务人应注意现场是否有未申报项目和材料；是否存在违反有关装修法规的行为（如装修中是否注意防火安全，有无使用电炉等火源等）；装修工程是否对公共秩序、公共安全以及毗邻业主或物业使用人构成侵害，若存在私搭乱建违规行为，及时上报主管部门。

5. 验收时期

物业服务人需严格按照装修规定进行审核，一旦发现了违章行为，则需在问题处理整改后再进行验收工作。

6. 装修时期

对于在物业装饰装修过程中的违规违约行为，物业服务人应根据相关法规、临时管理规约（管理规约）及物业装饰装修管理服务协议进行处理。

7. 装修资料的保存

装饰装修资料的一部分为业主资料，如申报表、装修图、施工人员资料、整改通知单、装修竣工检查表等，另一部分为巡逻签单表、装修记录表。在每一单项装饰装修完成后，物业服务人需及时整理好相关资料，属业主资料的部分需归入业主档案资料，并长期保存，以备后查，操作记录则按文件管理办法进行相应的归档。

四、物业装饰装修管理责任

为减少物业装饰装修过程中违章现象的出现，物业服务人应主动提示督促业主及物业使用人阅读理解装饰装修管理的规定和小区规定。为了分清物业装饰装修有关各方主体的责任，物业装饰装修管理协议等相关文件应由装修人、装修单位及物业服务人三方签字。物业装饰装修过程中如出现违规、违章行为，造成公共权益受到侵害和物业损害的，物业服务人应及时劝阻，对不听劝阻或造成严重后果的，物业服务人应及时向有关主管部门报告。

1. 装修人和装修企业的责任

装修人是指业主或物业使用人，装修企业系指装修施工单位。装修人和装修企业在装饰装修活动中的责任包括以下内容。

（1）因装饰装修活动造成相邻住宅的管道堵塞、渗漏水、停水停电、物品毁坏等，装修人应当负责修复和赔偿，属于装饰装修企业责任的，装修人可以向装饰装修企业追偿。装修人擅自拆改供暖、燃气管道和设施而造成损失的，由装修人负责赔偿。

（2）装修人装饰装修活动侵占了公共空间，对公共部位和设施造成损害的，由城市房地产行政主管部门责令改正，造成损失的，应依法承担赔偿责任。

（3）装修人未申报登记就进行住宅室内装饰装修活动的，由城市房地产行政主管部门责令改正，并处罚款。

（4）装修人违反规定，将住宅室内装饰装修工程委托给不具有相应资质等级企业的，由城市房地产行政主管部门责令改正，并处罚款。

（5）装饰装修企业自行采购或者向装修人推荐使用不符合国家标准的装饰装修材料，造成空气污染超标的，由城市房地产行政主管部门责令改正，造成损失的，依法承担赔偿责任。

（6）装修活动有下列行为之一的，由城市房地产行政主管部门责令改正，并处罚款：

① 将没有防水要求的房间或者阳台改为卫生间、厨房间的，或者拆除连接阳台的砖、混凝土墙体的，对装修人和装饰装修企业分别处以罚款；

② 损坏房屋原有节能设施或者降低节能效果的，对装饰装修企业处以罚款；

③ 擅自拆改供暖、燃气管道和设施的，对装修人处以罚款；

④ 未经原设计单位或者具有相应资质等级的设计单位提出设计方案，擅自超过设计标准或者规范增加楼面荷载的，对装修人和装饰装修企业分别处以罚款。

（7）未经城市规划行政主管部门批准，在住宅室内装饰装修活动中搭建建筑物、构筑物的，或者擅自改变住宅外立面、在非承重外墙上开门窗的，由城市规划行政主管部门按照《城乡规划法》及相关法规的规定处罚。

（8）装修人或者装饰装修企业违反《建设工程质量管理条例》的，由建设行政主管部门按照有关规定处罚。

（9）装饰装修企业违反国家有关安全生产规定和安全生产技术规程，不按照规定采取必要的安全防护和消防措施，擅自动用明火作业和进行焊接作业的，或者对建筑安全事故隐患不采取措施予以消除的，由建设行政主管部门责令改正，并处罚款；情节严重的，责令停业整顿，并处更高额度的罚款；造成重大安全事故的，降低资质等级或者吊销资质证书。

2. 物业服务人和相关管理部门的责任

（1）物业服务人发现装修人或者装饰装修企业有违反相关法规规定的行为不及时向有关部门报告的，由房地产行政主管部门给予警告，可处装饰装修管理服务协议约定的装饰装修管理服务费2~3倍的罚款。

（2）物业装饰装修行政主管部门的工作人员接到物业服务人对装修人或者装饰装修企业违法行为的报告后，未及时处理，玩忽职守的，应依法给予行政处分。

思考题

1. 前期物业管理的概念和主要特点是什么？
2. 保修期限内保修责任是如何界定的？
3. 物业承接查验的概念和作用是什么？
4. 新建物业承接查验应当具备哪些条件？
5. 什么是入住？入住的实质和各方主体责任是如何界定的？
6. 入住服务流程及要求有哪些？
7. 物业装饰装修管理的流程及要求有哪些？

第十章 房屋及设施设备管理

承接查验、入住和装饰装修工作结束后,物业管理各项工作步入了正轨,物业服务人的日常基础工作内容就是对物业进行正常的维修养护,具体包括房屋及设施设备管理、物业环境管理和物业公共秩序管理等工作。

第一节 物业设施设备管理概述

一、物业设施设备的含义和构成

物业设施设备,是指房屋及附属于房屋建筑业主共用的各类设施设备的总称,它是构成房屋建筑实体的不可分割的有机组成部分,是发挥物业功能和实现物业价值的物质基础与必要条件。

物业设施设备主要分为:房屋与设施、强电系统、电梯升降系统、空调系统、给排水系统、消防系统、弱电系统等。

二、物业设施设备管理的目标和意义

物业设施设备管理是指物业服务人根据物业服务合同的约定和有关规定,运用先进的技术手段和科学的管理方法对房屋及各种设施、设备的使用、维护、保养、维修实施管理,保证房屋、设施、设备的正常使用,提高房屋、设施、设备的完好率,延长房屋、设施、设备的使用寿命,以最大限度地满足业主和使用人对房屋、设施、设备使用的需要,并创造良好的经济效益和社会效益。

1. 物业设施设备管理的目标

物业设施设备管理在整个物业管理中处于非常重要的地位,它是物业运作的物质和技术基础。

(1)用好、管好、维护检修好、改造好现有设施设备,提高设施设备的利用率及完好率,是物业设施设备管理的根本目标。

具体为:保持设施、设备完好,满足其使用功能;确保物业及使用人的安全;促进物业保值增值。

(2)衡量物业设施设备管理质量的三个指标。

① 房屋完好率,是指完好房屋与基本完好房屋面积之和占房屋总建筑面积的百分率。

② 危房率，是指危险房屋的建筑面积占房屋总建筑面积的百分率。
③ 设备完好率，是指完好设施设备数量占全部设施设备总数量的百分率。
（3）物业设施设备完好的基本标准：结构与零部件完整齐全；设施设备运转正常，满足使用功能；设施设备技术资料及管理记录齐全；设施、设备整洁，无跑、冒、滴、漏现象；防水、防冻、保温、防腐、安全、标识等措施完整有效。

2. 物业设备管理的意义

（1）良好的物业设施设备管理可以为业主和使用人创造优美舒适的环境和工作、生活条件。
（2）良好的物业设施设备管理，是延长物业使用年限、降低设备寿命周期费用、提高物业价值和使用价值、使物业保值增值的有效手段。
（3）良好的物业设施设备管理是城市经济和社会管理及文明建设和发展的需要。
（4）良好的物业设施设备管理能提高物业服务人的服务质量，为企业树立良好的企业形象，同时也能促进物业管理行业的健康发展。

三、物业设施设备基础管理的主要内容

（一）物业设施设备档案管理

物业设施设备档案主要包括设备原始档案，设备技术资料和政府职能部门颁发的有关政策、法规、条例、规程、标准等强制性文件，以及设备运行、维修养护、修理改造的使用管理档案。其目的在于实现规范管理，便于事后追溯，还可以作为管理的证据。

1. 物业设施设备档案的建立

（1）新建物业项目设施设备基础管理档案的建立。
① 设施设备原始技术档案的建立。设施设备原始技术资料收集，主要是在物业项目设施设备和系统承接查验双方交接时由交验方提交的物业清单、物业竣工图纸、竣工资料和技术资料，设备生产厂家的安装、维护、使用说明书与合同书等。承接方应安排专人按有关规范和制度的规定进行分类整理建档，永久保存；按借阅制度供查阅使用。
② 设备基础管理档案的建立。设施设备的基础管理档案是随设施设备同寿命保存的。它主要包括：《房屋清单》《共用设施清单》《设备登记卡》《设备清单》《设备台账》《设备卡》等。
③ 设备管理的相关法律、法规、规范与标准等强制性文件。
（2）设施设备使用管理档案。
① 设施设备使用维护档案。设施设备使用维护档案的保存年限一般为3～5年，可定期处理。主要包括：设备运行日志、故障处理记录、巡检记录、事故处理报告、维修保养计划、维修保养报告、设备完好率检查评定、设备系统状态参数测定记录、设备系统的专业安全检验报告等。
② 设施设备修理、改造档案。主要包括：设备、设施、系统的专项修理，大修、中修、改造计划，实施合同，实施报告，验收报告等。
③ 设施、设备报废档案。主要包括：设施、设备的报废申请、评估、报废记录等。

2. 物业设施设备档案的管理

原始档案资料应统一编号，规范管理、分录类归档、严格管理，原件不得带出资料室，由资料员保管和复制供应；其他要求与物业档案管理的规定一样。设备档案资料按每台单机整理，存放在设备资料档案内，档案编号与设备编号一致，按编号顺序排列，定期进行登记

和资料归档、更新，达到物业管理档案管理标准要求。

（二）实施标准化管理

标准化管理是为设备管理职能的实施提供共同的行为准则和标准，同时也是为设备的技术经济活动提供基本的依据和手段。主要包括：在管理中导入 ISO 9001、ISO 14001、ISO 18001 质量、环境、健康安全国际标准管理体系，建立和完善各类物业管理标准，制定房屋、设备完好率标准等，完善物业设施设备管理的管理制度、操作规程与作业流程。

（三）计划管理

规范的设施设备管理必须遵循 PDCA 循环法则，即计划、实施、检查、总结提高。因此，计划是保证各项工作达到标准的基础，只有科学合理的计划，才能保证管理目标的实现。

物业设施设备管理的计划内容包括：专业技术人员作业安排计划，即技术工人岗位作业安排表；各类专业设备运行计划，如投入设备台数、开机时间、运行状态参数、巡检周期等；设备维修保养计划，包括维保设备名称、项目、内容、标准、时间、资源、实施人等；设施设备大、中修，更新改造，报废计划；设备及物资采购计划、资金应用计划等。

（四）专项对外专业委托分包管理

随着经济发展、科技进步，人们对生存环境的要求提高，物业项目配套的共用设施设备愈来愈全，科技含量愈来愈高，对管理者的要求亦随之提高；加上社会专业化分工越来越细，物业管理用工成本逐年提高。为了实现高水平、经济合理的管理目标，物业项目设施设备的专业化维修保养和大、中修改造，亦可以采用专项对外专业委托分包管理的方法，即对专项外委分包管理。

（五）施工管理

物业项目在管理中不可避免地会有工程施工，而任何施工都有可能会给业主和物业使用人带来影响与干扰，并对物业服务质量造成负面影响。因此，物业管理者要重视项目内的施工管理。

1. 施工许可管理

包括：任何单位需到物业项目内进行施工，必须按规定办理有关审批手续，并到物业管理处办理施工登记手续，提交相关证件和资料。物业管理处应及时、全面地审核申请人和施工人员的证件和资料，必要时需征得相关业主或物业使用人同意，符合要求时才能办理开工手续。双方必须签订施工管理协议，规范施工管理。签发施工入场证，包括施工设备、材料、人员等。张贴施工公示，告知业主和物业使用人。

2. 施工过程管理

包括：严格按相关规定进行施工，认真履行管理协议，实现管理目标。采取有效措施，确保安全。施工区域必须封闭隔离，文明施工，尽力避免干扰。施工现场明示施工单位、内容、时间、要求、责任人、安全人、投诉方式、管理者等，以便联系或投诉。定期或随时进行施工监管，发现问题及时处理。工程结束立即清理现场，恢复原状。施工管理过程要全面记录，归档保持。

（六）安全管理

（1）建立完善安全管理制度。

主要包括：设施设备使用管理制度，如值班制度、交接班制度、巡查制度、岗位责任制、设备机房出入管理制度、消防设备管理制度、安防设备管理制度、电梯使用管理制度、高空作业管理制度等。

（2）完善落实各类设备运行、维修安全操作过程。

主要包括：高低压停、送电安全操作过程，高低压倒闸安全操作过程，电气设备巡检规程，电梯运行操作规程，制冷机运行操作安全过程，空调机组安全操作规程，水泵运行操作规程，消防水泵试运行操作规程，送排风风机安全操作规程，燃煤、燃气（油）、电锅炉安全操作规程等设备运行安全操作规程，以及各类设备的维修保养安全操作规程等。

（3）建立完善各类设施设备突发事件的应急预案。

主要包括：突然停电、停水、停气（汽）、停暖应急预案，水、汽、气管道爆管泄漏应急预案，突发设备事故、人身事故应急预案，自然灾害突发应急预案，房屋安全突发应急预案等设施设备突发事件应急预案。

（4）加强设备安全专业培训，提高全体设施设备管理、操作员工的安全意识和应急处理能力。

（5）设施设备故障处理。

设施设备或系统在使用过程中，因某种原因丧失了使用功能或降低了效能时的状态，称为设施设备故障。设施设备故障管理包括：为了减少和消灭故障，必须了解、研究故障发生的宏观规律，分析故障形成的微观规律，采取有效的措施和方法，控制故障的发生。

（6）设施设备事故管理。

① 设施设备事故及其类别。设施设备故障所造成的停机时间或修理费用达到规定限额者为设施设备事故。其分类如下：一般事故，修理费用一般设备500～5000元，重要设备1000～10000元，造成停电、停水、停气、停冷（暖）10～30分钟；重大事故，修理费用一般设备在5000元以上，重要设备10000元以上，造成停电、停水、停气、停冷（暖）30分钟；特大事故，修理费用在10万元以上，或造成停电、停水、停气、停冷（暖）两天以上。

② 设施设备事故的性质。由于人为原因造成的事故，称责任事故；因设备的设计制造、维修质量不良和安装、调试不当引起的事故，称质量事故；因各种自然灾害造成的事故，称自然事故。

③ 设施设备事故的调查分析及处理。设施设备事故发生后，应立即切断电源、水源、气（汽）源，保护现场，逐级上报，及时进行调查、分析和处理。事故的分析要客观、全面、实事求是。事故的处理要遵循"三不放过"的原则，即事故原因分析不清——不放过；事故责任者和群众未受到教育——不放过；没有防范措施——不放过。

④ 设施设备事故报告及原始资料。发生设施设备事故的单位或部门应在三日内认真填写事故报告单，上报设施设备管理部门，并按有关规定逐级上报。事故处理和修复后应填写记录，计算维修费，与原始资料归档保存，并统计上报。

第二节　房屋共用部位、共用设施与场地修养护管理

一、房屋种类的划分与组成

1. 房屋种类的划分

（1）按房屋结构的类型和材料可分为：砖木结构、混合结构、钢筋混凝土结构和其他结构；

（2）按房屋承重受力方式可分为：墙承重结构、构架式承重结构、筒体结构或筒体框架结构承重及大空间结构承重等；

（3）按房屋的层次和高度可分为：低层建筑、多层建筑和高层建筑（包括小高层、高层

和超高层);

(4)按房屋的用途可分为:居住、商用、工业、办公、公共和其他。

2. 房屋本体的基本组成部分

(1)主体结构:基础、承重构件(梁、柱、承重墙等)、非承重墙、屋面、楼地面等;

(2)装饰装修:门窗、内外粉层、顶棚、细木装饰、内外饰材装修等;

(3)设施设备:水卫、电气、暖通、空调、特殊设备(电梯、锅炉等)、安防、消防、避雷、通信、有线电视、网络等。

二、房屋共有部位的组成及共用设施与场地

1. 房屋共用部位的组成

一般包括:建筑物的基础、柱、梁、楼板、屋顶以及外墙、门厅、楼梯间、走廊、楼道、扶手、护栏、电梯井道、架空层及设备间等。

2. 共用设施与场地

一般包括:道路、绿地、人造景观、围墙、大门、信报箱、宣传栏、路灯、排水沟、渠、池、污水井、化粪池、垃圾容器、污水处理设施、机动车(非机动车)停车设施、休闲娱乐设施、消防设施、安防监控设施、人防设施、垃圾转运设施、健身设施及物业服务用房等。

三、房屋共用部位、共用设施与场地巡检、维护的内容、方法与要求

房屋共用部位、共用设施与场地的使用管理主要是通过物业使用说明书、管理规约及物业管理者广泛的宣传、沟通,使业主和物业使用人及物业管理、操作人员在充分了解房屋及设施设备使用方法的基础上,正确使用房屋和共用设施设备。

房屋和共用部位、共用设施与场地巡检、维护的内容、方法与要求,具体见表 10-1~表 10-3。

表 10-1 结构与装修巡检、维护的内容、方法与要求

序号	项目	周期	内容与要求	方法
1	地基基础	半年	有足够承载能力,无超过允许范围的不均匀沉降(肉眼观察无明显裂纹)	人工观察、记录、发现沉降和异常现象,及时报告有关部门勘察鉴定、修缮
2	承重构件:梁、板、柱、墙、屋架	半年	肉眼观察承重构件,平直牢固,无倾斜变形、裂缝、松动、腐朽、蛀蚀	
3	非承重墙	半年	砖墙平直完好,无风化破损	
4	屋面	半年	不渗漏、防水层、隔热层、保温层完好,积尘甚少,排水通畅,雨季加强检查	人工观察、记录,清洁、维护,必要时安排维修
5	楼地面	半年	混凝土块料面平整、无碎裂	
6	地下室顶板	半年	不渗漏、雨季加强检查	
7	墙内外饰材地面	每月	地面平整,无破损,定期清洗、结晶、打蜡	
8	室外墙面装饰	3个月	完整牢固,无大量积尘、空鼓、剥落、破损和裂缝	
9	室内墙面装饰	3个月	完整牢固,无大量积尘、空鼓、剥落、破损和裂缝	人工观察、记录,清洁、维护,必要时维修
10	门窗(含防火门、窗)	3个月	完整无损,无积尘、开关灵活、严密、玻璃、五金齐全,涂料完好	
11	天花	3个月	完整、牢固,无破损、变形、下垂、脱落	
12	细木装修	3个月	完整、牢固,涂料完好	

表 10-2　场地与景观巡检、维护的内容、方法与要求

序号	项目	周期	内容与要求	方法
1	广场地面	每月	地面平整、无破损、排水通畅、设施、标识完善	人工观察、记录、清洁、维护，必要时维修
2	道路	每月	路面平整、无破损、排水通畅、设施、标识完善	
3	停车场	每月	路面平整、无破损、排水通畅、设施、标识完善	
4	景观	每月	完整、美观、清洁、设施、标识完善	
5	绿化	每周	长势良好、无病虫害、清洁、标识完善	

表 10-3　共用设施巡检、维护的内容、方法与要求

序号	项目	周期	内容与要求	方法
1	大门、围栏（墙）	每月	完整、无锈蚀、破损、标识完善	人工观察、记录、清洁、维护，必要时维修
2	健身器材	每周	完整、无锈蚀、破损、安全隐患、标识完善	
3	公示、宣传栏	每周	完整、无锈蚀、破损、标识完善、内容达标	
4	信报箱	每周	完整、无锈蚀、破损、标识完善	
5	垃圾箱（站）	每周	清洁、完整、无破损、标识完善	

四、房屋本体安全管理

（一）房屋主体结构的安全鉴定

房屋主体结构的安全鉴定，是在物业管理过程中发现房屋主体结构安全隐患时，书面报告所在地房地产安全管理机构，由其安排房屋主体结构安全鉴定部门，对房屋进行主体结构安全鉴定。

（二）房屋完好率评定

房屋完好率评定，是由物业管理处在每年的第四季度对房屋共用部位进行完好率评定。

1. 房屋完损等级的分类

根据各类房屋的结构、装修、设备等组成部分的完好、损坏程度，房屋的完损等级划分为：完好房、基本完好房、一般损坏房、严重损坏房和危险房五个等级。

2. 房屋完好率的评定计量

计算房屋完损等级，一律以建筑面积（平方米）为计量单位，评定时以幢为评定单位。

房屋完好率=[（完好房屋建筑面积+基本完好房屋建筑面积）/房屋总建筑面积]×100%

（三）房屋完损等级评定标准

（1）凡符合下列条件之一者可评为完好房：结构、装修、设备部分各项完损程度符合完好标准。在装修、设备部分中有一二项完损程度符合基本完好的标准，其余符合完好标准。

（2）凡符合下列条件之一者可评为基本完好房：结构、装修、设备部分各项完损程度符合基本完好标准。在装修、设备部分中有一二项完损程度符合一般损坏的标准，其余符合基本完好以上的标准。结构部分除基础、承重构件、屋面外，可有一项和装修或设备部分中的一项符合一般损坏标准，其余符合基本完好以上标准。

（3）凡符合下列条件之一者可评为一般损坏房：结构、装修、设备部分各项完损程度符合一般损坏的标准。在装修、设备部分中有一二项完损程度符合严重损坏标准，其余符合一般损坏以上的标准。结构部分除基础、承重构件、屋面外，可有一项和装修或设备部分中的

一项完损程度符合严重损坏的标准，其余符合一般损坏以上的标准。

（4）凡符合下列条件之一者可评为严重损坏房：结构、装修、设备部分各项完损程度符合严重损坏标准。在结构、装修、设备部分中有少数项目完损程度符合一般损坏标准，其余符合严重损坏的标准。

（5）危房，是在物业管理单位申报所在地房屋主体结构安全鉴定部门进行安全鉴定后，认定为危房者，列为危房，按规定进行专业管理。

（四）房屋的修理、修缮的内容、方法与要求

（1）房屋主体结构的所有修缮，由物业管理处根据房屋完好率评定时发现的问题和安全隐患，上报房屋安全主管部门进行房屋安全鉴定后，确需进行修缮的，应及时报告业主或业主委员会，征得法规规定的业主同意后，动用住宅专项维修资金，聘请具有专业资质的单位进行修缮。修缮后经房屋安全主管部门鉴定，达到房屋主体结构安全标准，消除危险房。

（2）房屋共用部位及场地的一般性维修，包括装饰装修、共用设施与场地，由物业管理处随时安排，及时修理完善。而达到大、中修标准的修理，同样要书面报告业主或业主委员会，征得法规规定的业主同意后，申请动用住宅专项维修资金，聘请具有专业资质的单位进行修理。修理后，保证房屋、共用部位、共用设施与场地达到完好或基本完好标准。

五、房屋共用部位、共用设施与场地管理的注意事项

（1）要通过物业管理的日常巡视，及时发现房屋使用中的问题，随时安排维修保养，确保使用功能及安全。

（2）遇到灾害天气，要加强管理，灾害过后，要进行全面检查，发现问题及时安排解决。

（3）出现安全隐患，要采取有效防范措施，保护业主与物业使用人及员工人员的安全。

（4）特别专业的问题，要及时报告，求得主管部门的支持。

第三节　共用设备管理

一、共用设备的组成

共用设备主要包括强电系统、电梯与升降系统、空调系统、给排水系统、消防系统、弱电系统。

二、共用设备管理的内容、方法与要求

（一）共用设备的使用与运行管理

1. 使用与运行管理概述

物业设施设备的运行管理实际上包括了物业设备技术运行管理和物业设备经济运行管理两部分。应确保设备的运行在技术性能上始终处于最佳状态，确保安全运行，满足用户需求。针对设备的特点，制定科学、严密且切实可行的操作规程和运行方案。设备的运行经济管理，包括能源消耗的经济核算、操作人员的配置和维修费用的管理。

2. 合理使用设备

（1）合理配置设备：根据生产工艺和用户需求及设备性能，科学配置设备台数，编制科学合理的运行方案和开关机时间，保证设备运行高效率。

（2）合理配置人员：根据设备数量、技术操作复杂程度、生产安排和用户需求及环境变化，合理配置和调整操作及维修人员。

（3）为设备提供良好的工作条件，如机房、操作间、值班室、照明、通风、空调、通道等。

（4）建立健全管理制度，如责任制、规程、程序、维修保养手册、作业指导书、应急预案等。

3. 设备投入使用前的准备工作

主要是：管理制度、技术资料的编制；管理、操作、维修人员的培训，合格上岗；能源、安全装置齐全；备件、附件、工具齐全；全面检查设备安装精度、性能完全达到标准；清理现场环境。

4. 设备使用守则

定人、定岗、定机，凭证上岗操作；建立交接班制度，制定各项规程；建立设备的"三好"（管好、用好、维护好设备）、"四会"（会使用、会维护保养、会检查、会排除故障）、"五项纪律"（凭证使用设备，遵守安全规程；保持设备清洁，并按规定维护、润滑；遵守各项规章制度；管好工具、零、附件，不得丢失；发现异常，及时排除或报告）。

5. 设施设备的巡检

设施设备的巡检就是对设施设备有针对性的检查。设施设备巡检时可以停机检查，也可以随机检查。设施设备的巡检包括日常巡检及计划巡检。

（1）设备的日常巡检由操作人员随机检查、调整、维护。日常巡检内容主要包括：运行状况及参数；安全保护装置；易磨损的零部件；易污染堵塞、需经常清洗更换的部件；在运行中经常要求调整的部位；在运行中经常出现不正常现象的部位。设备的调整是随机操作人员根据设备运行负荷及状态的变化，及时调整运行参数，保证设备始终处于最佳的运行状态，发现故障或隐患，立即排除后报告；避免事故发生。设备的日常维护是由随机操作人员随时进行的，如清扫、润滑及机房环境等，维护良好的文明生产环境。

（2）设备的计划巡检，一般以专业维修人员为主，操作人员协助进行。计划巡检内容主要有：记录设备的磨损情况，发现其他异常情况；需更换零部件；确定修理的部位、部件及修理时间；安排检修计划。

（二）共用设备的润滑与诊断

1. 设备的润滑管理

设备润滑，是指将具有润滑性能的物质施入机器中做相对运动的零件接触面上，以减少接触表面的摩擦、降低磨损的技术方式。

润滑管理的基本任务是建立设备润滑管理制度和工作细则，拟定润滑人员的职责；搜集润滑技术、管理资料，建立润滑技术档案，编制润滑卡片，指导操作工和润滑工搞好润滑工作；核定单台设备润滑材料及其消耗定额，及时编制润滑材料计划；检查润滑材料的采购质量，做好润滑材料的进库、保管、发放的管理工作；编制设备定期换油计划，并做好废油的回收、利用工作；检查设备润滑情况，及时解决存在的问题，更换缺损的润滑元件、装置、加油工具和用具，改进润滑方法；采用积极措施，防止和治理设备漏油；做好员工的技术培训，提高润滑技术水平。

2. 设施设备的诊断

设备诊断工作开展步骤：①全面搞清企业设备的状况，包括性能、结构、工作能力、工作条件、使用状态、重要程度等。②确定全部需要监测和诊断的设备,如重要关键设备,故障停机影响、损失大的设备。要先试点,总结经验后逐渐推广。③确定需监测设备的监测点、测定参数和基准值及监测周期(连续、间断、间隔时间,如一月、一周、一日等)。根据监测及诊断的内容,确定监测的方法及结构,选择合适的方法和仪器。④建立组织架构和人工、电脑系统,制定记录报表、管理程序及责任制等。⑤培训人员,使管理与操作人员都了解设备性能、结构、监测技术、故障分析及信号处理技术,检测仪器的使用、维护保养等。⑥不断总结经验,巩固成果找出规律,摸清机理。进行可靠性研究,逐渐提高设备诊断技术水平。

(三)物业共用设备维修保养管理

1. 物业共用设备维修养护概述

设备在使用过程中会发生污染、松动、泄漏、堵塞、磨损、震动、发热、压力异常等各种故障,影响设备正常使用,严重时会引发事故。

设备维修养护方式主要通过清扫、紧固、润滑、调整、防腐、防冻及外观表面检查等方式对设施设备进行日常护理,以维持设备的性能和技术状况。要求达到:清洁、整齐、润滑良好、安全。对长时期运行的设备要巡视检查,定期切换,轮流使用,进行强制保养。

设备维修养护的内容包括:日常维护、定期维护、定期检查、精度检查、润滑和冷却系统的维护检查等。日常维护保养,一般分为:日保养和周保养,由操作工完成;一级保养,以操作工为主,维修工协助;二级保养,以维修工为主,操作工协助。设备的维护保养一定要按设备维修保养手册实施,严格执行安全操作规程。特种设备的维修保养必须严格执行国家有关法律、法规的规定,确保其安全、正常运行和使用。设备管理和使用部门要制定设备保养的考核制度,并严格检查考核。

2. 物业设备的计划检修性维修保养

对在用设备,根据运行规律及计划巡检的结果可以确定其检修间隔期。以检修间隔期为基础,编制检修计划,对设备进行预防性修理,这就是计划检修性维修保养。按计划实行预防性维修保养,可以在设备发生故障之前就对其进行修理,使设备一直处于完好能用状态。根据月度维修保养计划,下达设备维修保养任务单,按标准对设备进行维修保养。通过科学有效的维修保养,可以保持设施设备良好的技术状态,使设备安全、高效运行,提高设备的运行效率,最大限度地满足用户需求;还可以有效延长设备大、中修周期,甚至可以避免设备大修,从而最大限度地降低设备寿命周期费用,为业主创造价值,为社会创造效益,真正体现物业管理的社会价值。

(四)物业共用设备的大、中修管理

1. 设备维修方式

(1)事后维修。即"坏了再修"。这种维修方式可以发挥主要零部件的最大寿命,使维修经济性好。它不适用于对使用影响较大的设备,而适用于下列设备:一是对故障停机不会影响正常使用的设备;二是利用率低或有备用的设备;三是修理技术不复杂又能提供备件的设备。如空调系统和给排水系统中所用的"一运两备(或多备)"的水泵等设备。

(2)预防维修。对重点和主要设备进行预防维修,是贯彻设备维修"预防为主"方针的重要工作,主要采取两种方式:一是定期维修,是在规定时间的基础上执行预防维修活动,具有周期性特点;二是状态监测维修,是以设备技术状态为基础,按实际需要进行修理的预防维修方式。

（3）改善维修。是为消除设备先天性缺陷或频发故障，对设备局部结构或零件设计加以改进，结合修理进行改装以提高其可靠性和维修性措施的维修方式。

2. 设备修理的类别

（1）大修。大修是设备基准零件磨损严重，主要精度、性能大部分丧失，必须进行全面修理，才能恢复其效能时使用的一种修理方式。设备大修的内容包括：对设备进行全部解体、清洗，修理基准件，更换或修复磨损件；全部研刮或磨削导轨面；修理、调整设备的电气系统；重新按标准组装，检测；修复设备的附件以及翻新设备外观；重新按标准加入工质、润滑油；进行整体测定、试车。

（2）中修。介于设备大修与小修之间的修理。内容包括：对设备进行局部解体，更换或修复磨损件；修理、调整设备的电气系统；重新按标准组装，检测；修复设备的附件以及修复设备外观；重新按标准加入工质、润滑油；进行整体测定、试车。

（3）项修。项目修理是对设备精度、性能的劣化缺陷进行针对性的局部修理。

（4）小修。设备的小修是工作量最小的一种计划修理。

3. 修理周期、修理间隔期和修理周期结构

修理周期是指两次相邻大修之间的间隔时间。修理间隔期是指两次相邻计划修理之间的工作时间。修理周期结构指在一个修理周期内应采取的各种修理方式的次数和排列顺序。

4. 备品配件的管理

运转类的零部件将要磨损、老化，从而降低设备的技术性能，需用新的零部件更换已磨损老化的零部件，在检修之前就把新的零部件准备好，这就是备品配件管理的基本原则。备品配件管理工作的目的是，既要科学地组织备件储备，及时满足设备维修的需要，又要将储备的数量压缩到最低的限度，降低备件的储备费用，加快资金周转。

（五）共用设备更新改造管理

1. 设备的磨损及其补偿

设备的有形磨损是指机器设备在使用（闲置）过程中发生的实质磨损或损失，称为有形磨损或物质磨损。设备的无形磨损，也称经济磨损，是指设备在使用（闲置）过程中因技术进步而造成的价值降低、技术落后、高耗能污染等丧失使用价值的情况。设备磨损的补偿方式包括有形磨损的补偿和无形磨损的补偿。

2. 物业设备的更新

物业设备更新的意义包括：设备更新是物业维持使用功能的必要条件；设备更新是实现物业设备高效、安全、节能的重要途径；设备更新是物业保值增值的物质基础。设备更新的原则：应围绕物业的使用价值；应采用新技术、新工艺、新材料，符合节能、环保的要求；要进行经济论证，确保经济效益。

3. 物业设备技术改造

更新改造是指应用现代科学技术成就和先进经验，改变现有设备的结构，装上或更换新部件、新装置，以补偿设备的无形和有形磨损。

（六）共用设备完好率评定

1. 设备完好分类

（1）完好设施设备。设施设备现状和运行情况完全符合设施设备完好标准的为完好设施设备。

（2）基本完好设施设备。设施设备现状和运行情况有一项达不到完好标准或有 2~3 项比较小的隐患，但不影响使用的为基本完好设施设备。

（3）不完好设施设备。设施设备现状和运行情况有两项及以上达不到完好标准或只有一项达不到标准并影响正常使用的设施设备为不完好设施设备。

2. 设施设备完好率评定方法

物业管理处每半年对所辖设施设备进行自查和完好率进行统计，将统计结果填入《设备完好率评定表》，并依下列公式计算出管理处设施设备完好率：

设施设备完好率=[（完好设施设备台数+基本完好设施设备台数）÷管理处设施设备总台数]×100%

思考题

1. 简要说明物业设施设备的含义和构成。
2. 房屋共有部位的组成及共用设施与场地分别包括哪些？
3. 简要说明房屋完损等级评定标准。
4. 设备修理的类别包括哪些？
5. 分别回答什么是修理周期和修理周期结构？

第十一章 物业环境管理

物业环境管理是整个国家环境管理体系的重要组成部分,物业服务人加强物业环境管理,不仅是履行对物业业主及使用人的责任,更会影响到整个城市甚至国家的环境管理发展体系。物业环境管理作为物业管理日常基本内容之一,主要工作包括物业管理区域内共用部位、共用设施和场地的清洁卫生、园林绿化和有害生物防治等管理服务。物业环境管理的好坏,从业主及物业使用人的感受上来讲,是物业管理服务最直观的体现。

第一节 清洁卫生管理

一、清洁卫生管理的含义和分类

清洁卫生管理通常指的是在物业管理区域内的业主共用部位、共用设施设备和公共场地进行清洁的服务。

清洁卫生管理的分类如下:

(1)按物业承接服务的时间顺序,可以分为前期开荒和日常清洁两大类。

前期开荒面临的是新物业环境,清洁工作强度大,环境恶劣,人员数量多,是体现物业管理服务供应商基本功和工作成果的阶段,直接影响后期正式物业管理的质量。

日常清洁就是业主入住后物业服务人按合同约定提供的清洁服务。

(2)按照建筑环境的区域,可以分为室内清洁和室外清洁两大类。

室内清洁包括走廊、楼梯、消防通道和电梯,室外则覆盖物业管理区域内的道路、广场、凉亭、室外停车场等。

(3)按照清洁卫生的主体内容,可以分为常规清洁和专项技术清洁两大类。

常规清洁卫生指的是日常进行的卫生服务,如室内外地面清洁、垃圾收集等;专项技术清洁指的是计划性、季节性的或针对特殊环境采取的卫生专项服务,如针对不同材质地面(如大理石、花岗岩、木地板或PVC地板等)的保养、外墙清洗等。

二、清洁卫生服务的具体工作内容

1. 楼外公共区域清洁工作

楼外公共区域的清洁工作以扫、捡、洗等为主,其清洁工作的好坏直接影响到一个小区的形象,对居民的生活及环境的美化具有很大的影响。楼外公共区域的清洁具有工作相对简单、技术要求不大、跟踪清洁要求较高等特点。在清洁时间上,楼外公共区域要求每天在早上业主出门前先全面清扫一次主要道路,避免在业主出门时因清洁道路对业主造成影响。在业主出门活动后主要道路上新产生的垃圾等进行及时的跟踪保洁,并对绿地、游乐场所、水池景观、停车场、天面、排水沟等不易业主造成影响的地方进行清洁。楼外公共道路应根据不同物业等级确定不同的频次及时进行清洁，并对道路及绿化地等进行跟踪巡查，及时清除道路及绿地上的垃圾杂物。对于铺装道路应定期用水进行清洗，而沉沙井、雨污水井及天面等也应根据合同要求定期进行全面清洁。

2. 楼内公共区域清洁工作

楼内公共区域的清洁包括大堂清洁、楼梯及公共走道清洁、墙面清洁、电梯及卫生间清洁等。楼内公共区域的清洁对象涉及玻璃、地毯、各种石材、各种金属、木材、水泥及其他各种建筑装饰材料等，各种材料的物理化学性质不一样，它们的污染性质及对清洁剂的要求与承受能力也不一样，因而其清洁的工艺及原理也各不相同。楼内公共区域清洁除了常规的清扫清抹外，更多的是对清洁对象如石材、木地板、地毯等的保养工作，对应的楼内清洁工作涉及打蜡、抛光、晶面处理、洗地、地毯清洗、玻璃清洁、金属制品清洁等多个工艺。

3. 垃圾收集与处理

垃圾的收集与处理包括了日常垃圾的收集、装修及施工垃圾的收集、垃圾分类、垃圾处理及垃圾场（桶）的清理等。

物业服务人应作好管辖区域的垃圾分类处理。从物业管理的角度，垃圾分类一般可分为建筑垃圾、经营生产垃圾及日常生活垃圾等。建筑垃圾一般指的是由装修、工程改造等施工产生的土渣、砖块、木板等废弃物，需要划分专门的区域临时堆放，并经垃圾处理人员将可回收及有害垃圾分类捡出后统一清运往城市堆填区堆放；经营生产垃圾一般指的是餐饮类厨余垃圾、园林修剪出的植物残枝以及生产企业的生产废料等，这类垃圾因为种类不同而有不同的处理方法，一般由物业服务人与相关生产单位约定由生产单位自行按环保规定处理，如果物业管辖区域内有多家产出同样垃圾的单位，亦可由物业服务人设定专门的垃圾停放点进行统一收集后再安排专业公司按环保要求进行统一处理；日常生活垃圾可通过在管辖区域内放置分类垃圾桶，将垃圾按"可回收物""有害垃圾""厨余垃圾"和"其他垃圾"进行分类回收，并在回收后由垃圾处理人员将可回收垃圾再次细分回收处理，将有害垃圾委托具备资质的有害垃圾处理单位进行统一无害化处理，将普通不可回收垃圾清运到城市指定处理区域进行统一处理。

4. 管道疏通

管道疏通是物业管理清洁工作的重要内容之一，它包括雨水管道疏通、公共污水排水管道疏通及化粪池、隔油池的清理等。雨水管道要求雨季期间最少每月全面检查疏通一次，及时清除管道内积存的泥沙杂物、杂生植物等，确保下大雨时雨水能及时排出。公共污水排水管疏通主要是各楼排污主管的弯头、排污管落地处到污水井间及小区污水系统到市政污水系统间等管道的清疏。对于已正常入住多年的小区，要求每月对各排污管道的弯头处用高压水进行一次疏通，如果流水不畅，可用专业疏通设备进行疏通，确保其通畅。而对于新入住尚处于装修高峰期的小区，则必须每半月对所有排污主管进行一次彻底清疏，以防止装修材料掉到管道内将管道堵塞造成污水返冒现象。对于小区内的化粪池，应每月进行检查，并每半年清掏一次。由于化粪池的处理会对周围居民造成一定影响，因此清掏时必须迅速并且事先向相关居民发出通知，让居民做好相关准备。

5. 外墙清洗

外墙的装修材料有花岗岩、马赛克、玻璃、铝合金、不锈钢、各种外墙涂料等。这些装饰材料在长期的日晒雨淋、有害气体腐蚀及灰尘吸附之下，会逐渐氧化、变脏、变色等，从而失去原有的光泽、老化，导致物业的贬值。为了使其保持亮丽的外观，保持物业的保值、升值，应定期对外墙装饰面进行清洁保养。

6. 泳池清洁

游泳池是小区居民锻炼及游乐的场所，其水质及水池卫生的好坏对小区居民的身体健康有着极大的影响。一般通过循环过滤系统及日常清洁、加药消毒等对游泳池及水质进行卫生保洁处理，确保水质清澈、卫生。由于游泳池卫生要求高、水处理专业性强，为了保持泳池水质量能达到国家标准，必须每天定期对泳池水进行 pH 值、余氯、水温、浑浊度等检查，每月对大肠杆菌进行检测，发现不符标准及时进行纠正。

7. 清洁拓荒

清洁拓荒是指在施工结束后正式交付使用前，由清洁公司对整个区域进行一次彻底的全面清洁，使环境达到日常使用的清洁水平，从工地状态转为日常使用状态的一个清洁过程。清洁拓荒往往时间比较紧迫，工作量大，涉及各类清洁对象及各种污渍，有些还需要对清洁对象进行首次保养，对清洁技术的要求比较高。

8. 应急预案的设计

应急预案是保障清洁卫生过程安全性，提高工作人员、业主和建筑物安全必不可少的环节。如对暴雨、台风、火灾、水管爆裂、北方冬季突然降雪等的应急防范以及事后的清洁程序。特别注意事项，包括清理火灾场地时，应在消防部门调查后经同意方可清理；暴雨、台风、突然降雪等恶劣天气要注意高空坠物、路面湿滑、排水不畅等，不要冒险户外作业，防止意外发生，还要根据天气预报提前采取相应措施防止地下停车场发生水浸事件；水管爆裂处理要注意漏电和触电，穿胶鞋等塑料硬底鞋，防止滑倒；北方冬季清理屋顶积雪要注意对工人采取安全措施，系好安全绳、戴好安全帽、穿好防滑鞋等。

三、清洁卫生服务的工作方法与分类

（一）清洁卫生管理制度的建立

清洁卫生管理制度主要包括：

（1）各岗位的岗位职责；
（2）各项清洁工作的标准操作工艺流程；
（3）各个岗位的操作质量标准；
（4）清洁质量检查及预防、纠正机制；
（5）员工行为规范等相关管理规章制度；
（6）清洁绩效考核制度等。

（二）清洁卫生质量管控方法

1. 明确不同区域保洁频次、质量标准及其指标体系

不同的物业管理区域由于其清洁对象的材料、形状、使用频度等不一样而需要采取相应的操作方法及频次，有不同的质量要求标准，需针对不同区域制定针对性的质量标准及其指标体系。

2. 完善保洁质量考核机制

清洁质量考核机制包括合同质量标准条款约定、日常巡查质量统计方法、奖惩标准及额度等。

3. 物业日常保洁检查

清洁工作日常管理由日检、月检及专项抽检组成，其中日检应覆盖小区主要楼内外公共区域。检查的主要部位有：建筑物的内外墙角、地面、天花、天台、道路、停车场、公共区域门窗、扶手、电梯、楼外沙井、沟渠、垃圾桶及垃圾处理场所等。

4. 专项保洁质量管控重点

专项保洁重点关注石材养护、地毯保养、打蜡、外墙清洗、清洁拓荒及泳池清洁等环节。

（三）物业清洁管理模式

物业清洁卫生的管理模式大致可分为外包管理及自行作业两大类。外包是将清洁工作交由专业清洁公司具体实施，物业服务人仅配备监管人员；自行作业是由物业服务人自行招聘清洁工在物业管理区域内自行实施清洁服务工作。在管理中，外包模式的管控重点是监督检查外包清洁公司的工作质量并按合同对其进行考核与管理，而自行作业模式除了要监督检查清洁工作质量外，更加要注重清洁操作技术及清洁流程的管控。

（四）日常保洁工作的分类

日常保洁工作一般可分为每日固定保洁、跟踪保洁、周期保洁工作及计划性专项保洁工作。保洁队伍可分岗位保洁员、机动保洁员及专项保洁员。地面机洗、晶面处理、打蜡、外墙清洗、地毯清洗等技术要求较高的计划性专项工作由专项保洁队伍负责操作；而家政保洁、跟踪保洁及保洁员替岗等机动性较强的工作则由机动保洁员负责；岗位保洁员则负责每日本岗位的日常固定保洁及周期性保洁工作。

第二节　绿化养护管理

一、绿化养护管理的含义、分类及管理模式

1. 绿化养护管理的含义

绿化养护管理是指物业服务人在物业管理区域内，设计并种植和养护各类植物，为业主及使用人创造物业范围内的舒适、美观、亲近自然的生态环境。

2. 绿化养护管理的分类

根据绿化管养护理的内容可以分为常规养护管理和特殊养护管理。常规养护管理主要围绕植被不同季节生长的特性，科学有效地开展，包括日常的浇水灌溉、修剪、施肥；而特殊养护管理则更加有针对性，如人为或灾害引起的植被大面积死亡而采取的补苗；夏季蚊虫滋长时期，为预防蚊虫传播而进行的大规模除草、除病虫害措施。

3. 绿化养护管理的模式

根据不同物业服务人管理方式、管理范围、管理目标及管辖范围内园林绿化情况和档次的不同而具有不同的管理模式。物业绿化管理的运作模式有完全自主管理模式、自己管理+特种作业外包管理模式、子公司式管理模式及外包管理模式等几种。

二、绿化养护管理的工作内容

（一）绿化日常养护

日常养护工作是维护园林绿化优美景观、保证植物正常生长发育的基本保证。日常保养

工作包括水分管理、清理残花黄叶、绿化保洁、杂草防除、植物造型与修剪、园林植物施肥、园林植物病虫害防治、草坪养护等工作。

（二）园林绿化的翻新改造

1. 园林植物补植

在物业绿化管理过程中，经常会出现因原设计用植物不当导致植物退化、人为破坏园林植物、因工程需要临时挖掉一些植物及台风等自然灾害对植物造成破坏等。为了不破坏原植物景观，应对受破坏的植物及时补植。

2. 花坛更换

为了保持花坛的良好景观，应每天及时对衰败的个别植株进行更换，并在整个花坛衰败植株超过 1/3 时将整个花坛植物全部更换。地栽花坛要求栽入的植物有较长的观赏时间，不容易残损、花期长。为了延长地栽花坛的观赏期，减少更换次数，地栽花坛更换时要求新栽入的花卉在未达到最佳观赏期时就栽入，并且植株间留有一定的空间以便通风透光。

（三）绿化环境布置

绿化环境布置是指节假日或喜庆等特殊场合对区域内公共区域或会议场所等进行花木装饰等布置。

（四）花木种植

花木种植包括苗圃花木种植及工程苗木种植。苗圃花木种植是物业服务人为了方便绿化管理而自建花木生产基地，用于时令花卉栽培、苗木繁殖及花木复壮养护等。花场花木种植工作包括时令花卉栽培、阴生植物繁殖与栽培、苗木繁殖、撤出花木复壮养护、盆景制作等。

（五）园林绿化灾害预防

不同地方的园林景观特别是园林植物在使用过程中，每年不同的季节均会因自然灾害的影响而或多或少地受到损坏，如寒害、台风灾害以及洪涝灾害、滑坡、旱灾等。为了减少自然灾害的影响，降低自然灾害所造成的损失，应及时根据气候变化情况，在自然灾害发生前及时采取有效措施减少自然灾害的影响。

（六）绿化有偿服务

绿化有偿服务是利用物业服务人所拥有的园林绿化专业人才开展针对业主及物业使用人甚至是物业管理区域外其他单位为客户提供的绿化代管、专项养护、绿化改造、庭院绿化设计施工、花木出租出售、花艺装饰、插花艺术培训、花卉知识培训等有偿服务。此服务既可方便客户，充分利用资源，又可以增加收入。

三、绿化养护管理的要求

（一）绿化养护管理的基本要求

1. 保持植物正常生长

应加强对植物病虫害的管理，保证病虫害不泛滥成灾，确保植物正常生长，没有明显的生长不良现象。

2. 加强枯枝黄叶的清理及绿化保洁工作

为了保证小区环境整洁及安全，应及时清除园林植物的枯枝黄叶，对园林绿地范围进行清扫保洁，每年要对大乔木进行清理修剪，清除枯枝。在灾害天气来临前还应巡视所辖物业园林树木，防止其对业主、物业使用人造成潜在危害。

3. **及时对妨碍业主、物业使用人活动的绿化植株进行改造，减少人为践踏对绿化造成的危害**

额外关注对交通道路行道树进行适当修剪，对因设计不合理造成居民正常生活有明显影响的园路分布进行合理化改造等，这样既方便业主及物业使用人，也减轻物业服务人绿化补种的压力。

4. **创建社区环境文化，加强绿化保护宣传**

对主要花木进行挂牌宣传，注明其植物名、别名、学名、科属、原产地、生长习性等方面的知识。引导业主主动参与绿化管理，使绿化管理达到事半功倍的效果。

（二）不同类型物业绿化养护管理的针对性要求

不同类型的物业选择与配置树木时具有不同的要求，除绿化的基本要求外，还应根据物业的不同特点和要求实施针对性管理。

1. **酒店及会所绿化**

（1）合理划分工作范围；

（2）灵活调整绿化养护管理工作时间，避免对客人及营业造成影响；

（3）绿化布置要求即时的效果。

2. **学校绿化管理**

（1）精品管理与自然管理相结合；

（2）充分配合与利用教学实践进行绿化管理；

（3）注意绿化保护知识的宣传教育。

3. **医院绿化**

在进行医院绿化管理时，要对园林绿化植物的保洁（包括景点保洁、植物叶面保洁等）、清残（包括残花败叶、枯枝等）及植物长势进行重点管理。避免过多的人为修剪，保持植物良好的长势，创造清新、幽雅、舒适的环境。

4. **市政及大型公共场所**

（1）不宜使用带刺、有毒、易断的绿化植物；

（2）不宜使用果树或大花植物作绿化；

（3）植物养护应注重对绿地的围护，避免人为因素造成植物损坏；

（4）对行道树的修剪控形，避免行道路对交通、输电等造成影响；

（5）必须保持景观状态的良好，对损坏的植物景观及时补充。

四、绿化养护管理的注意事项

1. **室外绿化养护管理的注意事项**

（1）日常绿化养护每一项完成时必须作好记录，留有痕迹；

（2）按计划实施施肥、除虫等措施前，管理人员做好提醒工作；

（3）修草及其等设备需定期保养维护，记录保养时间；

（4）草坪高度、乔木枝条长度需按照规范修剪，以免影响整体美观。

2. **室内绿化养护管理的注意事项**

（1）室内植物保养工作应选择客人较少或休息时间进行，避免影响日常工作和生活。

（2）运送植物时应注意人身安全，需要固定的植物必须固定牢固后方可运进；进入电梯严禁碰撞电梯壁厢和行人，上下货时轻拿轻放，不能损坏地面和植物。

（3）更换植物时做好植物的修剪、整形和清洁工作，确保新换花卉的观赏效果。

（4）密切留意虫、病斑的活动情况，做好病虫害的预测、预报工作，遵循"预防为主，综合防治"的原则。

（5）每日做好室内植物保养工作日志，并建立农药肥料安全管理制度，合理使用农药肥料。

第三节　有害生物防治

一、有害生物防治的含义

有害生物防治就是消灭各种有害生物，包括对病媒生物如老鼠、苍蝇、蟑螂、蚊子等，以及白蚁等危害性比较严重的社会性虫害的防治以及环境综合治理，保证物业管理区域环境的清洁，保障业主及物业使用人的身体健康。

二、有害生物防治的具体方法

（一）白蚁防治管理

城市房屋白蚁防治管理，是指对新建、改建、扩建、装饰装修等房屋的白蚁预防和对原有房屋的白蚁检查与灭治的管理。

城市房屋白蚁防治工作应当贯彻预防为主、防治结合、综合治理的方针。国家鼓励开展城市房屋白蚁防治科学研究，推广应用新药物、新技术、新工艺、新设备。凡白蚁危害地区的新建、改建、扩建、装饰装修的房屋必须实施白蚁预防处理。白蚁危害地区的确定由省、自治区人民政府建设行政主管部门、直辖市人民政府房地产行政主管部门负责。

白蚁预防包治期限不得低于 15 年，包治期限自工程交付使用之日起计算。建设项目开工前，建设单位应当与白蚁防治单位签订白蚁预防合同。白蚁预防合同中应当载明防治范围、防治费用、质量标准、验收方法、包治期限、定期回访、双方的权利义务以及违约责任等内容。建设项目依法批准后，建设单位应当将白蚁预防费用列入工程概预算。

白蚁防治的主要方法有挖巢法、药杀法、诱杀法以及生物防治法等，可根据不同的情况采用相应方法来治灭白蚁。

1. 挖巢法

挖巢法是根据蚁路、空气孔、分飞孔及兵蚁、工蚁的分布等判断找出蚁巢后将其挖除的办法。树巢、墙心巢、较浅的地下巢，都可用挖巢法，挖巢时最好在冬天进行，并在挖巢后在巢穴周围再施一些白蚁药杀灭残蚁。

2. 药杀法

药杀法是通过在白蚁蛀食的食物中或在白蚁主要出入的蚁路中喷入白蚁药物，使出入的白蚁身体粘上白蚁药粉，药粉通过相互传染传递给其他白蚁，导致整巢白蚁中毒死亡。为了保证白蚁在回到蚁巢前不死亡，一般所使用的药物都是慢性的药物，这样才可以保证白蚁回到蚁巢前不死亡，并且药物能够传递到蚁王蚁后身上，确保整巢白蚁全部中毒死亡。

3. 诱杀法

诱杀法有药物诱杀和灯光诱杀两种方法。诱杀法主要用于发现白蚁又未能确定蚁巢地点，或者知道蚁巢地点又不能将其挖出，或者用药杀法不能彻底消灭时使用。药物诱杀通常用木制诱杀箱诱杀。灯光诱杀主要用于白蚁分飞时诱杀分飞蚁。

4. 生物防治法

生物防治法的原理就是利用白蚁的天敌或病菌对白蚁进行生物灭杀。

（二）鼠害的防治管理

1. 防鼠

防鼠的主要方法包括环境治理、断绝食源以及安装挡鼠栅、挡鼠板等设施进行隔防等。

2. 化学灭鼠

化学灭鼠采用灭鼠毒饵灭鼠。在用毒饵灭鼠时须注意所选用的毒饵不得含有国家禁用的急性灭鼠剂，其主要有效成分含量应符合标准，选用的毒饵的适口性要好，不变质或发霉。投放毒饵时应遵循少量多堆、定时补充的办法。

3. 器械灭鼠

器械灭鼠就是将鼠笼、鼠夹、粘鼠板等放置于鼠类经常活动的地方，放置食物诱饵引诱鼠，从而捕捉消灭。

4. 生物灭鼠

生物灭鼠就是利用鼠类天敌、病原微生物、不育遗传等方法灭鼠。

（三）蚊子的防治管理

1. 环境治理

环境治理就是通过清除积水、水池放养鱼类等环境治理方法防止蚊虫滋生。

2. 药杀

药杀的主要方法有：在无法清除的积水（如下水道进水口等）投放浸药木塞或杀虫剂杀灭蚊幼虫；在鱼塘、菜地沟积水投放球形芽孢杆菌类等生物制剂灭蚊幼虫；采用超低容量喷雾或打烟炮等方法喷洒杀虫剂或点燃灭蚊片等方法来对付成蚊。

（四）苍蝇的防治管理

1. 环境治理

环境治理的主要方法有：保持垃圾日产日清，不乱丢垃圾和果皮，不用粪肥、花生麸饼等洒于地表作植物肥料，消除苍蝇的滋生场所。

2. 诱杀

诱杀就是利用苍蝇喜好的饵料将苍蝇引入蝇笼或具黏性的物体上，然后用热水烫杀。

3. 药杀

药杀就是对可能滋生苍蝇的地方（垃圾堆放地等）和成蝇喷洒杀虫剂灭杀。

（五）蟑螂的防治管理

（1）对建筑物各种孔缝进行堵眼、封缝，防止蟑螂入内。
（2）严格控制食物及水源，及时清理生活垃圾，消除蟑螂食物。
（3）彻底整顿室内卫生，清除残留卵夹，控制和减少高峰季节的蟑螂密度。
（4）利用灭蟑药粉、药笔、杀虫涂料及毒饵粘捕等进行化学防治。

三、有害生物防治的注意事项

（一）安全生产

1. 药物使用安全

（1）消杀药剂根据不同的杀灭对象做好分类存放，并且每类药剂上必须有清晰的药剂名

称、使用方法、适用对象等说明,严禁药物流失到无关人员手中;

(2)消杀药物必须由专人进行保管并建立完善的进、出、存、销登记制度;

(3)药物存放处必须做好防火、防爆、防腐蚀、防中毒的相应措施,确保安全;

(4)使用药物时,须戴好相应的防护装置,进行消杀投药前应对客户进行告知,避免对小孩、宠物等造成伤害;

(5)毒鼠药类必须使用慢性低毒性药物,严禁使用剧毒急性药物,鼠药投放时药物上面必须加掩盖装置,并做好有毒标志,避免鸟类误食;

(6)使用完的药物容器须回收按环保要求进行处理,不可随便丢弃。

2. 机械使用安全

(1)所有操作机械人员须经专门培训合格方可上岗;

(2)使用前须检查机械、电线、插头等有无损坏,电线与转动部分是否保持适当距离,用电场所有无水湿等情况,确保用电安全;

(3)所有带转动装置的机械必须确保转动部位有完善的保护装置,避免将物品、人员等卷入;

(4)机械高温部位应做好防护及警示,避免烫伤操作人员;

(5)进行机械操作时,应戴好相应的防护装置,避免机械及药物对操作人员造成伤害。

(二)综合治理

有害生物防治的根本办法是环境综合治理。首先,应做好环境积水清除、垃圾杂物清理、雨污分流、建筑缝隙填堵等综合治理工作。另外一项工作就是对区域内业主(客户)进行有害生物基本知识的宣传,发动全体业主(客户)一起对家居环境进行治理,消灭有害生物的滋生环境,这样才可以达到有效治理,提高有害生物防治效果。

思考题

1. 物业环境管理的主要工作包括哪几个方面?
2. 清洁卫生服务的具体工作内容包括哪些?
3. 绿化养护管理的工作内容包括哪些?
4. 分别说明不同类型物业绿化养护管理的针对性要求有哪些?
5. 简要说明有害生物防治的具体方法。

第十二章　物业公共秩序管理

物业公共秩序管理是指在物业管理区域内,物业服务人协助政府有关部门所进行的公共安全防范和公共秩序维护等管理服务活动,包括公共安全防范管理服务、消防管理服务和车辆停放管理服务等方面内容。物业公共秩序管理服务的实施,一要以国家相关法规为准绳,二要以物业服务合同的约定为根据,明确相关各方的责任和义务,不得超越职权范围,不得违规操作。

第一节　公共安全防范管理

一、公共安全防范管理的含义和工作内容

公共安全防范管理服务是物业服务人接受业主委托协助政府相关部门,为维护公共治安、施工安全、物业正常运行秩序等采取的一系列防范性管理服务活动。内容包括:出入管理,物业项目公共安全秩序维护,灾害防治,配合政府开展社区管理、疫情防控、施工现场的管理等工作。

1. **出入管理**

物业项目的出入管理应区分不同物业的类型和档次,制定相应方案,实现人员、物品、车辆等出入的有效管理。

2. **物业项目公共安全秩序维护**

物业项目公共安全秩序维护应对影响物业项目区域内公共安全秩序的各种行为、设施设备安全隐患、作业人员作业行为等进行合理管控,确保物业项目区域内的公共安全秩序正常有序。

3. **灾害防治**

物业项目的灾害防治是根据各类常见灾害(风灾、火灾、水灾、雪灾、地震等),根据所在地区域特征制定完善的危害应急响应预案以及采取适当的预防措施,达成防灾减灾的管控效果。

4. **配合政府开展社区管理**

(1)重大社区活动知会辖区派出所及社区居委会;
(2)协助相关部门处置治安或意外事故;
(3)积极配合相关部门做好法律政策宣传教育;
(4)协助相关政府部门进行人口普查工作;
(5)协助辖区派出所进行暂住人口登记工作。

5. 疫情防控

针对疫情防控，《民法典》明确规定："物业服务人或者其他管理人应当执行政府依法实施的应急处置措施和其他管理措施，积极配合开展相关工作。"该条规定既明确了物业服务人在疫情防控等事件中的义务，也赋予了物业服务人相应的权利，业主或其他行为人应积极配合物业服务人采取的对小区临时封闭、量测体温、查验出入证等措施，拒不履行相关义务的，物业服务人可以向有关行政主管部门报告或投诉，有关行政主管部门应当依法处理。

6. 施工现场管理

实现对人员、施工材料、设施设备、施工车辆的进出，施工区域划分分隔及物品存放的有效管理。

二、公共安全防范管理的要求

物业服务人应当招用符合《保安服务管理条例》中保安条件的人员担任秩序维护员，物业服务人与被招用的秩序维护员依法签订劳动合同。秩序维护员需经设区的市级人民政府公安机关考试、审查合格并留存指纹等人体生物信息，取得保安员证书。

1. 仪容仪表

（1）执勤时整洁着装、佩戴工牌号；
（2）精神饱满，站立、行走姿态规范；
（3）执勤中认真履行职责，不脱岗、不做与工作无关事情；
（4）举止文明大方，主动热情，耐心周到；
（5）办事高效，坚持原则，礼貌待人。

2. 值勤记录

（1）记录及时、齐全、规范和真实；
（2）交接班事项及物品记录清晰，未完成事项有跟进记录；
（3）接班人员分别签名确认；
（4）记录、分类和归档正确及时，记录本整洁完好，记录字迹清楚。

3. 出入管理

（1）熟悉人员物品出入管理流程；
（2）对访客进行来访登记；
（3）对搬入大件物品，进行询问，必要情况下进行搬入记录；
（4）对搬出的物品，验证放行手续是否齐全，如手续不齐备应积极予以协助；
（5）确保出入口通道畅通，秩序井然有序。

4. 警戒巡逻

（1）熟悉物业及业主（或物业使用人）基本情况，如业主及物业使用人家庭成员、楼层结构、消防设备、各类技防设备、各类机电设备分布情况、消防中心、应急反应等；
（2）按规定路线和方式巡逻、签到，未签到或不及时签到要记录原因；
（3）观察细致，反应迅速，按照有关规定及时发现、处理各种事故隐患及突发事件；
（4）按要求对公共设施设备的状况进行巡查，发现损坏应及时通知工程部门修复；
（5）按要求对巡逻路线中的门、窗、出入通道进行检查，发现未按要求启闭的，及时启闭处理，发现通道堵塞的，及时疏通，必要情况下通知上级处置；

（6）按要求对巡逻区域内的装修施工现场进行查看，确认现场的防火措施是否正确、施工人员证件是否齐备、施工手续是否齐备。

5. 身份识别

（1）能熟悉准入人员的身份；

（2）对身份有疑义的人员，应礼貌询问，确认身份后按要求登记放行；

（3）遇到紧急情况应及时上报上级寻求支援，同时做好阻止进入的工作。

6. 紧急事件处置

（1）服从统一指挥；

（2）坚守本职岗位；

（3）响应迅速；

（4）先人后财的处置原则，即优先确保人员生命安全，其次考虑财产安全。

7. 技防设施设备

（1）各类安防设备设施齐全完善，使用正常；

（2）定期检查维护，并有完整记录；

（3）标识明显正确，相关制度应张贴在墙壁的醒目处。

三、公共安全防范管理的检查方法

（一）定期检查

1. 日检

秩序维护队伍的各班班组长每天应依据检查标准对本班各岗位的当班人员进行检查，检查内容包括仪表礼节、服务态度、工作纪律、工作质量、工作记录、交接班、岗位形象、安全隐患等，对存在的问题应及时指出并相应处理。

2. 周检

秩序维护主管及项目领导每周应根据检查标准进行全面的检查，除日检内容之外，其内容还包括各类安防设备设施的检查、业主意见收集反馈、班组长检查记录、安全隐患分析等，并填写周检记录表。

3. 月检

月检工作是指由指定人员对各项目的安防工作进行全面检查，重点检查现场管理效果及过程管理记录，确保安防工作的有效性。

（二）专项检查

专项检查是指由指定的督查人员不定期对安防工作进行突击检查，确保安防工作严格按标准执行，并对违规人员进行处罚教育。一般包括卫生检查、陌生人测试等。

1. 卫生检查

秩序维护工作应不定期地，特别是在卫生事件发生时（如禽流感、非典、新冠疫情等），对各岗位进行卫生检查，检查重点为个人卫生状况及场地卫生状况。个人卫生状况主要检查身体清洁情况、口气清新无异味、衣服干净整洁、是否佩戴口罩等情况。场地卫生状况主要检查岗亭/值班室的地面、台面、墙面卫生情况，台面物品整洁情况，物资工具整洁情况等。

2. 陌生人测试

秩序维护工作应通过不同形式的陌生人测试来检查各岗位工作是否按要求进行。常见的使用陌生人测试有：停车场进出陌生人测试、来访人员陌生人测试、安防系统陌生人测试等。停车场陌生人测试是通过陌生车辆进行临时进出停放，主要验证：进出是否按要求登记或发卡、是否按标准收费、是否收费给票、车场岗是否热情、礼仪礼节、仪容仪表是否按要求执行等。来访人员陌生人测试是通过陌生人进行闯入试验，主要验证：陌生人进入是否按要求进行询问身份识别、是否按要求登记进入、门岗巡逻岗是否联动协同等。安防系统陌生人测试是指通过触发相关的安防系统（如遮挡摄像头、触发红外报警、触发门禁报警等）进行测试，主要验证：各岗位是否能够及时发现异常情况、发现异常情况后是否在规定的时间内快速反应赶至现场处置、各岗位是否按要求进行联动应对等。

四、公共安全防范管理的注意事项

物业服务人在公共安全防范管理中要明确主要是履行协助义务。

（1）遇到有人在公共区域聚众闹事，应立即向公安机关报告，并及时上报上级领导，协助公安机关迅速平息事件，防止事态扩大。

（2）遇有违法犯罪分子正在进行盗窃、抢劫、行凶和纵火等违法犯罪活动时，应立即报警，协助公安机关制止，并采取积极措施予以抢救、排险，尽量减少损失。对于已发生的案件，应做好现场的保护工作，以便公安机关进行侦查破案。

（3）管辖范围内公共区域有疯、傻、醉等特殊人员进入或闹事时，应将其劝离管辖区，或通知其家属、单位或公安派出所将其领走。

（4）辖区公共区域内出现可疑人员，要留心观察，必要时可礼貌查问。

（5）管辖区域内发生坠楼等意外事故，应立即通知急救单位及公安部门、家属，并围护好现场，并做好辖区客户的安抚工作，等待急救单位及公安部门前来处理。

（6）安防人员不得剥夺、限制公民人身自由；不得搜查他人的身体或者扣押他人合法证件、合法财产；不得辱骂、殴打他人或者教唆殴打他人。

第二节　消防管理

一、消防管理的目的和原则

消防管理是公共秩序管理的一项重要工作，物业服务人消防管理的目的就是预防管辖区域内火灾和减少火灾的危害。

我国消防工作执行"预防为主，防消结合"的方针。为使这一方针得到贯彻，每个与消防有关的人员都应认真做好防火工作，力求制止火灾的发生，同时充分做好灭火准备。每当发生火灾时，尽可能地减少火灾所造成的人员伤亡和财产损失。

二、消防管理的工作内容

1. 火灾预防

物业项目的火灾预防是消防管理工作的首要任务。物业服务人应根据国家法规、消防主管部门的指导要求，制定完善的消防管理制度，认真做好物业项目火灾隐患（危险源、危险载体)识别工作,编制完善的火灾应急预案,建立消防设施设备专人维护保养制度,同时还应积极开展物业项目范围内业主的消防安全知识宣传教育工作,并建立义务消防队伍,加强消防设备设施的完善与维护保养工作。

2. 灭火救援

发生火灾时,应立即报警,同时启动火灾应急预案,组织力量进行人员疏散及灭火扑救工作,同时做好现场的隔离警戒及伤员救治协助工作;

火灾扑灭后,协助公安机关消防机构现场调查取证,保护现场,接受事故调查,总结经验,汲取教训。

三、消防管理的工作方法与要求

(一)预防

1. 消防组织

义务消防队伍是日常消防检查、消防知识宣传及初起火灾抢救扑灭的中坚力量,为了做好小区的消防安全工作,各物业项目应建立完善的义务消防队伍,并经常进行消防知识与实操技能的训练与培训,加强实战能力。

(1)义务消防队员的构成 物业管理项目的义务消防队由项目的全体员工组成,分为指挥组、通信组、警戒组、设备组、灭火组和救援组等。其中灭火组及救援组的人员应由年轻力壮、身体素质较好、反应灵敏和责任心强的人员担任,设备组由具备消防设备操作及维护知识的维修人员担任。

(2)义务消防队员的工作

① 负责消防知识的普及、宣传和教育;

② 负责消防设施设备及日常消防工作的检查;

③ 负责消防监控报警中心的值班监控;

④ 发生火灾时应配合消防部门实施灭火扑救。

(3)义务消防队伍的训练 义务消防队伍建立后应定期对义务消防人员进行消防实操训练及消防常识的培训,每年还应进行1~2次的消防实战演习。

2. 消防制度

(1)制定物业服务人消防管理规定 包括企业消防管理机构及运作方式、消防安全岗位责任、奖惩规定、消防安全行为、消防保障要求、动火作业申报制度、消防报建制度、消防检查制度和消防事故处理报告制度等。

重点提示:①动火作业申报制度包括动火申报、审批、动火、结束检查四部分内容,具体见表12-1。②消防报建制度主要是为了物业项目中的装修施工的消防安全防范工作。

表12-1 动火安全管理要求

动火阶段	管理要求
动火前	1. 重点部位动火须由消防主管领导会同消防管理负责人会审,无异议才能动火; 2. 防火、灭火设施不落实,周围的易燃杂物未清除,附近难以移动的易燃结构未采取安全防范措施不能动火; 3. 凡盛装过油类等易燃液体的容器、管道,未经洗刷干净、排除残存的油质不能动火; 4. 凡盛装过受热膨胀有爆炸危险的气体的容器和管道不能动火; 5. 凡储有易燃、易爆物品的车内、仓库和场所,未经排除易燃、易爆物品的不能动火; 6. 在高空进行焊接或切割作业时,下面的可燃物品未清理或未采取安全防护措施的不能动火

续表

动火阶段	管理要求
动火中	1. 动火现场要指定安全负责人； 2. 现场安全负责人和动火作业员必须经常检查动火情况，发现不安全苗头时，要立即停止动火； 3. 发生火灾、燃炸事故时，要及时扑救； 4. 动火人员要严格执行安全操作规程
动火后	动火人员和现场负责人在动火作业后，应检查并彻底清理现场火种

（2）制定消防设施设备管理制度　包括消防系统运行管理制度，消防器材配置、保管制度，消防系统维护、保养及检查制度，消防装备日常管理制度和消防系统运行操作规程等。

重点提示：消防系统检测制度是相关法律硬性规定的，对建筑消防设施、电器设备、电气线路每年至少一次全面检测，检测报告存档备查。

（3）制定消防检查方案及应急预案

① 重点防火物业　重点防火的物业主要包括：生产易燃易爆的工厂，大型物资仓库以及工厂较为密集区，酒店，商场，写字楼，高层及超高层和度假村等。

② 重点防火部位　重点防火部位主要包括：机房、公共娱乐场所、桑拿浴室及卡拉OK厅、业主专用会所、地下人防工程、资料库（室）和计算机（资讯）中心等。

（4）灭火方案的要求

① 所制定的灭火预案应结合现有物业的消防技术装备和义务消防队伍的业务素质，符合本物业的实际情况；

② 灭火预案经消防安全部门演练后具有实操性和可行性；

③ 根据小区情况、火灾特点对火险隐患较大的地方进行重点标识；

④ 有具体的组织实施时间和相应演练经费预算；

⑤ 确定灭火预案演练的责任人；

⑥ 确定各人员、部门的职责及分工要求；

⑦ 灭火方案须报经当地公安消防大（中）队审核通过和备案。

（5）灭火方案的制定

① 在制定灭火预案前，消防安全部门负责人应组织人员深入实地，调查研究，确定消防重点。

② 根据火灾特点和灭火战术特点，假想火场上可能出现的情况，进行必要的计算，为灭火方案提供正确的数据，确定需投入灭火的装备和器材，以及供水线路。明确灭火、救人、疏散等战斗措施和注意事项。

③ 写出文字说明，打印报批，并绘制灭火力量部署的草图。

（6）灭火预案主要内容如下

① 物业项目单位的基本概况，包括周围情况、水源情况（特点）、物资特性及建筑特点、单位消防组织与技术装备；

② 火灾危险性及火灾发展特点；

③ 灭火力量部署；

④ 灭火措施及战术方法；

⑤ 注意事项；

⑥ 灭火预案图。

3. 消防隐患识别

消防隐患识别是消防预防工作重中之重，只有提前识别出消防隐患才能做好消防预防工作。消防隐患识别主要通过消防检查及设备运行测试的方式进行。

（1）消防检查

① 物业消防检查的内容　主要包括消防控制室、消防泵房、消防水箱水池、自动报警（灭火）系统、安全疏散出口、应急照明与疏散指示标志、室内消防栓、灭火器配置、机房、厨房、楼层、电气线路以及防排烟系统等场所。

② 消防安全检查的组织方法和形式　消防安全检查应作为一项长期性、经常性的工作常抓不懈。在消防安全检查组织形式上可采取日常检查和重点检查、全面检查与抽样检查相结合的方法，应结合不同物业的火灾特点来决定具体采用什么方法。

（2）专职部门检查　一般情况下，每日由小区防火督查巡检员跟踪对小区的消防安全检查，每周由班长对小区进行消防安全抽检，监督检查实施情况，并向上级部门报告每月的消防安全检查情况。

（3）各部门、各项目的自查

① 消防自查的方法

a. 日常检查。应建立健全岗位防火责任制管理，以消防安全员、班组长为主，对所属区域重点防火部位等进行检查。必要时要对一些易发生火灾的部位进行夜间检查。

b. 重大节日检查。对元旦、春节等重要节假日应根据节日的火灾特点对重要的消防设备、设施、消防供水和自动灭火等情况重点检查，必要时制定重大节日消防保卫方案，确保节日消防安全。节假日期间大部分业主休假在家，用电、用火增加，应注意相应的电气设备及负载检查，采取保卫措施，同时做好居家消防安全宣传。

c. 重大活动检查。在举行大型社区活动时，应作出消防保卫方案，落实各项消防保卫措施。

② 消防安全检查的程序和要求

a. 消防安全检查的基本程序

Ⅰ. 按照部门制定的巡查路线和巡检部位进行检查。

Ⅱ. 确定被检查的部位和主要检查内容得到检查。

Ⅲ. 对检查内容的完好情况进行判断，并通过直观检查法或采用现代技术设备进行检查，然后把检查结果和检查情况进行综合分析，最后作出结论，进行判断，提出整改意见和对策。

Ⅳ. 对检查出的消防问题在规定时间内进行整改，对不及时整改的应予以严肃处理。对问题严重或不能及时处理的应上报有关部门。

Ⅴ. 对检查情况进行登记存档，分析总结，提出检查安全报告。

b. 消防安全检查的要求

Ⅰ. 深入楼层对重点消防保卫部位进行检查，必要时应做系统调试和试验；

Ⅱ. 检查公共通道的物品堆放情况，做好电气线路及配电设备的检查；

Ⅲ. 对重点设施设备和机房进行深层次的检查，发现问题立即整改；

Ⅳ. 对消防隐患问题，立即处理；

Ⅴ. 应注意检查通常容易忽略的消防隐患，如单元门及通道前堆放单车和摩托车，过道塞满物品，疏散楼梯间应急指示灯不亮，配电柜（箱）周围堆放易燃易爆物品等。

（4）设备运行测试　设备运行测试的内容：消防危险源识别工作中主要以消防设备的运

行测试来确保消防设备处于完好状态、随时能投入到防火灭火中。消防运行测试主要包括消防水泵的电动测试、送排风系统的联动测试、烟感的报警测试、消防广播试播测试、气体灭火装置模拟测试、防火分区（防火卷帘门）隔断联动测试等。

4. 消防隐患处置（设备维护）

（1）消防设备设施损坏、故障的应及时报工程部门修复。

（2）对占用消防通道的，应及时与占用方协调，疏通消防通道。

（3）对于存在火灾发生隐患的施工现场、库房等应完善消防器材配置，设定巡查要求加强巡查。

（4）对隐患措施未能马上落实的，在落实前加强隐患的巡查强度，重点防范。

（二）准备工作

1. 消防应急资源准备

（1）常规消防器材装备

① 大型物业管理区域一般配备　大型物业管理区域的一般配备应包括消防头盔、消防战斗服、消防手套、消防战斗靴、消防安全带、安全钩、保险钩、消防腰斧、照明灯具、个人导向绳和安全滑绳等。

② 消防器材一般配置

a. 楼层配置：一般在住宅内，多层建筑中每层楼的消防栓（箱）内均配置2瓶灭火器；高层和超高层物业每层楼放置的消防栓（箱）内应配置4瓶灭火器；每个消防（箱）内均配置1～2盘水带、水枪1支及消防卷盘。

b. 岗亭配置：每个保安岗亭均应配备一定数量的灭火器。

c. 机房配置：各类机房均应配备足够数量的灭火器材。机房内主要配备有固定灭火器材和推车式灭火器。

d. 其他场所配置：其他场所配置灭火器材应保证在发生火灾后，能在较短时间内迅速取用并扑灭初期火灾，以防止火势进一步扩大蔓延。

（2）消防装备的维护、管理

① 定期检查。常规消防装备应定期检查，至少每月进行一次全面检查，发现破损、泄漏、变形或工作压力不够时，应对器材进行维修和调换申购，以防在训练中发生事故。

② 定期养护。所有员工应爱护器材，在平时训练和战勤中对器材都应轻拿轻放，避免摔打、乱扔乱掷，用完统一放回原处进行归口管理，并定期清洗和上油，以防器材生锈、变形和失去原有功能。

③ 专人保管。应指定专人对消防装备进行统一管理，建立消防设备保管台账，避免器材丢失和随便动用。平时训练用完后应由带训负责人交给器材保管员，做好领用和归还登记。

④ 交接班检查。消防班在交接班时应对备用、应急和常规配备的器材进行检查，以保证器材的良好运行。

⑤ 消防器材的定期统计定期检查。配置在各项目的消防器材，每月均应做一次全面统计工作。

2. 宣传/训练/演练

物业服务人的负责人为消防责任人。每年至少组织一次消防演练。

（三）救火应对

1. 火灾火警的应对步骤

（1）报警　自动报警装置显示火警信号或接到火情报告，应立即确认火警发生部位。

（2）确认　值班人员通知巡逻岗前往现场观察，确认火情后立即上报主管人员启动应急预案，同时立即拨打119报警通知消防主管部门。

（3）疏散　启动消防广播系统通知相关人员撤离火灾现场，救援疏散组第一时间对现场人员进行疏散。

（4）灭火　在疏散的同时，灭火组应及时启用就近的灭火器材进行灭火，如火势过大应在保证安全的前提下以尽量控制火势蔓延为主要任务，为消防部门的灭火救援争取时间。

2. 火灾火警应对常识

（1）报警常识　发生火灾要及时报警，牢记火警电话，讲清着火的具体位置、火势等信息，报警后到路口等候消防车，指示消防车去火灾现场的道路。

（2）逃生常识　平时注重在管辖区域内通过张贴宣传画、微信推送等方式进行逃生常识的普及。

（3）灭火器材选用常识

① 二氧化碳灭火器适用于固体、液体、气体和带电设备火灾扑救，主要用于扑救贵重仪器设备、档案资料等火灾。

② 1211灭火器和干粉灭火器可以扑救液化石油气灶及钢瓶上角阀，或煤气灶等的初期火灾，也能扑救火锅起火和废纸篓等固体可燃物燃烧的火灾。

③ 泡沫灭火器适用于可燃固体、液体火灾扑救。

（四）事后恢复

火灾扑灭后，物业服务人应及时做好恢复工作，主要包括：

（1）现场警戒隔离，协助相关部门做好现场取证工作；

（2）如购置相应保险，应启动保险申报赔偿工作；

（3）现场清洁修复工作；

（4）总结经验教训，完善防范措施；

（5）编制报告上报上级部门及甲方。

四、消防管理的注意事项

1. 承接查验时要确认是否有消防验收合格证

物业服务人在接手物业管理区域时，尤其是新建物业，应查验是否已通过消防部门的验收，取得消防验收合格证。在该项目未取得消防验收合格证时，物业服务人可以提前进入，但不能为业主办理入住手续。

2. 业主装修时做好防火工作

入住之后是业主集中装修期，业主及装修公司在室内装修、电气焊等，如果不按照规定要求进行，也是会引发火灾的，这一期间也是容易因不当装修引起火灾的事故高发期，物业服务人要做好宣传、监督、检查工作，防患于未然。

3. 注意检查日常容易忽略的消防隐患

物业服务人在做好日常检查的同时，要重点注意检查实践中火灾事故易发的场所和情形,如单元门及通道前堆放单车和摩托车,过道塞满各种杂物,疏散楼梯间应急指示灯不亮,配电柜(箱)周围堆放易燃易爆物品等。

第三节 车辆管理

物业管理区域内车辆管理是物业公共秩序管理的一项基本内容,也是体现管理服务水平的重要环节。特别是近年来私家车日益增多,物业管理区域内停车位紧张、车辆丢失、车辆受损等情况时有发生,导致业主与物业服务人之间矛盾尖锐,这就对物业管理区域内车辆的进出和停放提出更高的要求。

一、车辆管理的依据

物业服务人对物业管理区域开展车辆管理服务,除了要依据物业服务合同的约定外,还应该依据《民法典》的相关规定,明确物业管理区域内车库、车位的权属,避免在日后管理和收费中出现不必要的纠纷。

机动车停车场内必须按照国家标准《道路交通标志和标线》设置交通标志,施划交通标线。

物业服务人对于停车收费,其价格应当获得物价部门的允许,并在停车场显著位置挂出收费标准。

二、车辆管理的工作内容

1. 车位规划与分配

物业服务人应充分考虑业主车辆停放的具体需求,做好车位的规划与分配工作。在不影响正常项目秩序的情况下,最大限度满足顾客的车辆停放需求。

2. 车辆停放管理

业主将车辆停放在物业管理区域内指定或租售的停车场,安防人员应对车辆停放的安全、秩序、区域、特殊情况等进行管理,确保车辆停放有序,车道畅通,避免各类车场纠纷发生。

3. 停车收费管理

物业服务人应区分各类型车辆,设置合理的停车场收费标准并报当地物价部门备案许可。建立停车场收费管理制度,公正、及时、准确地收取停车费用,设立完整的停车费账目。

4. 停车出入管理

车辆的出入管理应根据国家法规、物业服务合同、停车场管理合同等约定,现场的设施设备硬件配置情况,区分不同类型的车辆,制定相应的出入管理制度,实现车辆出入的有效管理。

三、车辆管理的工作方法和要求

(一)建立健全车辆管理队伍

为做好物业管理区域内车辆管理工作,提供安全有序的车辆停放管理服务,物业服务人应根据小区车辆管理实际情况做好人员安排,包括小区车辆交通的疏导及管理人员、停车场维护人员和车辆收费管理人员等。

(二) 建立停车场制度

交通秩序服务制度包括公共制度和内部制度两部分。公共制度是指政府公布的交通法规、停车场收费管理办法等；内部制度包括《停车场管理规定》《出入口管理规定》《交接班管理规定》《工作考核管理规定》《停车场收费标准》《停车场车位分配办法》等。

在执行相关制度时，应对收费停车场所办理的各类证件照将其上墙，公开收费标准。

(三) 停车场规划

1. 动线规划

停车场一般在初步设计时，设计院往往根据设计规范进行双向行驶设计，但在实际物业管理服务过程中，停车场原设计行驶线路往往无法满足管理需要，且容易造成车场路口或交叉口拥堵以及发生刮碰事故。因此物业服务人应在物业项目早期介入阶段就参与停车场的动线规划工作。

2. 车位规划与分配

拟定停车位的规划与分配方案前应对物业项目的停车需求情况进行调研分析。分析对象有：建筑平面图、车位布置平面图、通道、出入口、停车场硬件配置情况、本项目业主/租户的车辆拥有情况、规划车位数量、外来车辆情况、周边停车状况、收费标准等。

调研分析后，确定停车位的具体设置（包括增设、减少、改建等）、区域划分、数量配置（月卡车辆配置、固定车位配置、临停车位配置）、分配方式等，并向车场所有权方提交停车位规划与分配方案。在获得权属方批准后予以实施。

3. 标识系统规划

随着现代城市的发展，越来越多的建筑设计了地下停车库。地下停车库的投入使用，可以大大缓解路面的停车压力，美化小区。同时，地下车库对各类交通指示、方向指示等标识有较多的要求，停车场应在有需要的位置设置足够的出入口标识、限高标识、限速标识、禁笛标识、方向指示、禁行标识、停车位、禁停位、减速慢行标识、严禁烟火标识、消防疏散指示、楼梯通道指示、设备机房标识及各类提示标识。指示标识设计应注重区域及区域交界处的明确指示，采用指示字体大而少的标识牌进行表示，并在各个区域的立柱上增设明显的当前位置指示，避免车主丢失位置感。一般停车场建设时均已设置了一定的交通指示标识，但在真正入住后，物业服务人还应结合实际使用的需要对停车场地脚线、地上方向指示、防撞标识、免责标识及温馨提示等再补充适量的标识，进一步做好停车场标识的完善。

(四) 车辆出入管理

（1）对物业管理区域内出入及停放的车辆，宜采用出入卡证管理。卡证根据停车场的性质采用纸质登记卡、IC卡、ID卡等不同的方式。

（2）一般对居住在物业区域内的业主及或物业使用人，其车辆多以办理年卡或月卡的方式管理，出入时只需出示年卡或月卡即可。

（3）外来的车辆或暂时停放的车辆应采用发临时卡的方式进行管理，即每次进入时发给一张临时卡，上面记录进入的时间、道口、车牌号、值班人等，此卡在车辆出去时收回。是否收费，应根据相关法规、物业类型、停车场性质和物业服务合同约定作相应处理。

（4）遇到车主未带车卡情况时，车场出口岗位要求车主出示行驶证、驾照、身份证进行核实，核实身份后予以登记放行，必要时可上报上级进行查询处理。

（5）对于进出的公检法值勤车辆，出入口岗位应询问进出事由并核实相关车辆证照，登记后予以放行。

（6）对于装有货物的民营严格查看是否有易燃易爆危险品。

（7）疫情防控期间，可依据《民法典》相关规定及主管部门的要求严格控制车辆进出，有权要求业主及物业使用人给予配合。

（五）车辆停放管理

（1）车辆进入管理区域后，管理人员应引导车辆停放。

（2）有固定车位而任意停放，或不按规定任意停放，或在消防通道停车等现象出现时，管理人员应及时劝阻。

（3）车辆进入停车位停放时，管理人员应及时检查车辆，观察车辆是否有损坏，车窗是否已关闭，是否有贵重物品遗留车内等，必要时作好记录并通知车主，避免出现法律纠纷。

四、车辆管理的注意事项

（1）车辆管理的交通标识及免责告示应充足明显，避免发生法律纠纷。

（2）车主首次申请办理停车年卡或月卡时应提交本人身份证、驾驶证、车辆行驶证原件与复印件，并签订停车位使用协议，建立双方车辆停放服务关系。协议上应对车辆是有偿停放还是无偿停放、是保管关系还是仅仅车位租用关系、停放过程中的安全责任等法律责任问题予以明确，避免在车辆出现刮损或丢失时引起法律纠纷。

（3）车辆停放必须符合消防管理要求，切忌堵塞消防通道。

（4）对于电梯直接通往室内停车场车库的小区，必须做好电梯入口的安全防范监控措施，避免不法人员直接从地下车库进入楼内。

思考题

1. 物业公共秩序管理的主要工作包括哪几个方面？
2. 什么是公共安全防范管理？其主要工作内容有哪些？
3. 公共安全防范管理的注意事项有哪些？
4. 义务消防队员的主要工作内容有哪些？
5. 简要说明车辆管理的工作方法和要求。

第十三章 财务管理

财务管理是企业管理的重要组成部分,是有关资金的获得和有效使用的管理工作,虽然《民法典》明确了提供物业服务的可以是物业服务企业或其他管理人,鉴于目前关于物业管理行业中财务管理的有关规定主要是针对物业服务企业的,且物业服务企业仍然是物业管理服务最主要的提供者,因此本章仅介绍物业服务企业的财务管理。

第一节 物业服务企业财务管理概述

物业服务企业的财务管理包括营业收入管理、成本和费用管理、利润管理以及代收代交费用等的管理。做好物业服务企业财务管理工作,有利于规范物业服务企业财务行为,有利于促进企业公平竞争,有效保护物业管理相关各方的合法权益。

一、物业服务企业的收入构成

(一)物业服务企业营业收入

物业服务企业营业收入是指物业服务企业从事物业管理和其他经营活动所取得的各项收入,包括物业管理主营业务收入和其他业务收入。

1. **主营业务收入**

主营业务收入是指物业服务企业在从事物业管理活动的过程中,为物业产权人、使用人提供维修、管理和服务所取得的收入,包括物业管理收入、物业经营收入和物业大修收入。

(1)物业管理收入是指物业服务企业向物业产权人、使用人收取的公共性服务费收入、公众代办性服务费收入和特约服务收入。

(2)物业经营收入是指物业服务企业向物业产权人、使用人提供的房屋建筑物和共用设施取得的收入,如房屋出租收入和经营停车场、游泳池、各类球场等共用设施所取得的收入。在物业服务企业开展经营活动中一定要明确如果是利用业主共有部分产生的收入,物业服务企业应按合同约定扣除合理成本,其余收入归业主所有。

(3)物业大修收入是指物业服务企业接受物业产权人、使用人的委托,对房屋共用部位、共用设施设备进行大修取得的收入。

2. **其他业务收入**

其他业务收入是指物业服务企业从事主营业务以外的其他业务活动所取得的收入,包括广告收入、废品回收收入、商业用房经营收入及无形资产转让收入等。

商业用房经营收入是指物业服务企业利用物业产权人、使用人提供的商业用房，从事经营活动取得的收入，如开办健身房、美容美发屋、商店、饮食店等的经营收入。

（二）物业服务企业营业收入的管理

物业服务企业应当在劳务已经提供，同时收讫价款或取得收取价款的凭证时确认为营业收入的实现。物业大修收入应当经物业产权人、使用人签证认可后，确认为营业收入的实现。物业服务企业与物业产权人、使用人双方签订付款合同或协议的，应当根据合同或者协议所规定的付款日期确认为营业收入的实现。

二、物业服务企业的成本费用构成

（一）物业服务企业营业成本、费用的内容

1. 物业服务企业的营业成本

包括直接费用和间接费用。

（1）直接费用　包括物业服务企业直接从事物业服务活动所发生的支出，由人员费用、物业共用部位公用设施设备日常运行和维护费用、绿化养护费用、清洁卫生费用、秩序维护费用、物业共用部分共用设施设备及公众责任保险费用、办公费用、固定资产折旧以及经业主同意的其他费用组成。

（2）间接费用　又称管理费分摊，是指物业服务企业在管理多个物业项目情况下，为保证相关的物业服务正常运转而由各物业服务项目承担的管理费用。

物业服务企业只从事物业服务的，其所发生的费用按其所管辖的物业服务企业的物业服务计费面积或者应收物业服务费加权分摊；物业服务企业兼营其他业务的，应先按实现收入的比重在其他业务和物业服务之间分摊，然后按上述方法在所管辖的各物业服务企业之间分摊。

2. 物业服务企业的费用

物业服务企业的费用是指物业服务过程中发生的，与物业服务活动没有直接联系，属于某一会计期间发生的费用。包括管理费用、营业费用和财务费用。

（1）管理费用　物业服务企业各部门（除市场部门外）发生的各项费用，包括员工薪酬、员工法定福利、员工非法定福利、招聘费用、培训费用、工会经费、固定资产折旧、办公费用、物料采购费、业务招待费、水电费、市内交通费、车辆使用费（油费、路桥费、维修费用等）、差旅费、租赁及管理费、办公设备维护费、网络通信费、会议费用等。

（2）营业费用　物业服务企业市场部门发生的各项费用，包括员工薪酬、员工法定福利、员工非法定福利、招聘费用、培训费用、工会经费、固定资产折旧、办公费用、物料采购费、业务招待费、水电费、市内交通费、车辆使用费（油费、路桥费、维修费用等）、差旅费、租赁及管理费、办公设备维护费、网络通信费、会议费用等。

（3）财务费用　如银行利息、银行扣款手续费等。

（二）物业服务企业成本费用的管理

（1）物业服务企业经营管辖物业共用设施设备支付的有偿费用计入营业成本，支付的物业服务用房有偿使用费计入营业成本或者管理费用。

（2）物业服务企业对物业服务用房进行装饰装修发生的支出，计入长期待摊费用，在有效使用期限内，分期摊入营业成本或者管理费用中。

（3）物业服务企业可以于年度终了时，按照年末应收取账款余额的 0.3%～0.5% 计提坏账

准备金，计入管理费用。

（4）工会经费、职工教育经费、住房公积金以及医疗保险费、养老保险费、失业保险费、工伤保险费、生育保险费等社会保险费的计提基数按照核定的相应工资水平确定。

（5）固定资产折旧采用年限平均法，折旧年限根据固定资产的性质和使用情况合理确定。企业确定的固定资产折旧年限明显低于实际可使用年限的，成本监审时应当按照实际可使用年限调整折旧年限。固定资产残值率按 3%～5% 计算；个别固定资产残值较低或者较高的，按照实际情况合理确定残值率。

（三）物业服务企业其他业务支出的内容及管理

物业服务企业其他业务支出是指企业从事其他业务活动所发生的有关成本和费用支出。物业服务企业支付的商业用房有偿使用费，计入其他业务支出。企业对商业用房进行装饰装修发生的支出，计入递延资产，在有效使用期限内，分期摊入其他业务支出。

（四）物业服务企业税费的管理

物业服务企业的税金和费用主要包括所得税、增值税、城市维护建设税及教育费附加等，增值税收取的税率要看物业服务企业属于一般纳税人还是小规模纳税人，例如物业服务费用，一般纳税人是6%的税率，而小规模纳税人是3%的税率。

物业服务企业代有关部门收取水费、电费、燃（煤）气费、专项维修资金、房租的行为，属于增值税"服务业"税目中的"代理"业务，不计征税费，但对从事此项代理业务取得的手续费收入应当征收税费。

三、物业服务企业的利润

1. 物业服务企业利润的构成

物业服务企业利润总额包括营业利润、投资净收益、营业外收支净额以及补贴收入。其中，营业利润包括主营业务利润和其他业务利润。

2. 物业服务企业利润的计算

（1）主营业务利润是指主营业务收入减去增值税金及附加，再减去营业成本、管理费用及财务费用后的净额；

（2）其他业务利润指其他业务收入减去其他业务支出和其他业务缴纳的税金及附加后的净额；

（3）补贴收入是指国家拨给物业服务企业的政策性亏损补贴和其他补贴。

四、代收代交费用

《物业管理条例》规定："物业管理区域内，供水、供电、供气、供热、通信、有线电视等单位应当向最终用户收取有关费用。物业服务企业接受委托代收钱款费用的，不得向业主收取手续费等额外费用。"《物业服务收费管理办法》进一步明确："物业服务企业接受委托代收上述费用的，可向委托单位收取手续费。"

据此，物业服务企业有权根据自身经营状况，决定是否接受供水、供电、供气、供热、通信、有线电视等单位委托，这些单位无权强制要求物业服务企业代收有关费用。就代收费用而言，物业服务企业有权向供水、供电、供气、供热、通信、有线电视等单位收取报酬，但向业主收取费用，没有任何依据。

第二节　物业服务费

一、物业服务费的概念

依据《民法典》第九百三十七条，物业服务费是指物业服务人在物业服务区域内，为业主提供建筑物及其附属设施的维修养护、环境卫生和相关秩序的管理维护等物业服务，向业主所收取的费用。

二、物业服务费的收费原则

《物业管理条例》第四十一条对物业服务收费原则作出规定："物业服务收费应当遵循合理、公开以及费用与服务水平相适应的原则，区别不同物业的性质和特点，由业主和物业服务企业按照国务院价格主管部门会同国务院建设行政主管部门制定的物业服务收费办法，在物业服务合同中约定。"

1. 合理原则

物业服务收费水平应当与我国经济发展状况和群众现实生活水平协调一致，既不能超出业主的实际承受能力，也不能一味降低收费水平，进而造成业主房屋财产的贬损和制约群众生活水平的提高。因此，研究和确定物业服务收费标准，应当面向实际，客观决策。一方面，要深入宣传，增强业主物业管理消费意识。另一方面，要强调业主应当具备的公共意识。

2. 公开原则

2004年10月，国家发展和改革委员会、原建设部联合颁布《物业服务收费明码标价规定》明确物业服务收费属于《中华人民共和国价格法》调整范围，应当明码标价，物业服务企业应在物业管理区域内的显著位置，依法向业主公示物业服务企业名称、物业服务内容、服务标准、收费项目、收费计价方式和收费标准。

3. 收费与服务水平相适应原则

要求物业服务收费与服务水平相适应，就是要求价质相符，业主花钱买服务必须买得公平合理，符合等价交换原则，物业服务企业的经营作风必须诚实信用，提供的服务质量必须货真价实，接受消费者的监督。

三、物业服务费的定价形式

考虑各地经济发展状况与市场环境不尽相同，《物业服务收费管理办法》规定："物业服务收费应当区分不同物业的性质和特点分别实行政府指导价和市场调节价。具体定价形式由省、自治区、直辖市人民政府价格主管部门会同房地产行政主管部门确定。"

2014年12月17日，国家发展和改革委员会下发了《关于放开部分服务价格意见的通知》，其中要求地方放开非保障性住房物业服务、住宅小区停车服务等多项服务价格，鼓励市场通过竞争提供质优价廉的多样化服务，拉动消费，促进相关行业健康发展；要求各省、自治区、直辖市价格主管部门抓紧履行相关程序，放开价格。这一规定为物业管理行业价格机制的改变带来了希望，进一步推动了物业管理的市场化进程。

四、物业服务费的收费形式

物业服务费的收费形式有两种：酬金制和包干制。

1. 酬金制

物业服务费用酬金制是指在预收的物业服务资金中按约定比例或者约定数额提取酬金支付给物业服务企业，其余全部用于物业服务合同约定的支出，结余或者不足均由业主享有或者承担。

物业服务费用酬金应以预收的物业服务资金为计提基数，计提基数和计提比例通过物业服务合同约定。

酬金制下，物业服务企业提供物业服务的经济利益仅仅局限于按固定的金额或比例收取的酬金，扣除酬金以及物业服务支出后结余的资金为全体业主所有。对业主而言，物业服务费用的收支情况较为透明，避免了收费与服务不相符的情况，保护了业主合法权益；对物业服务企业而言，由于酬金是按照预收的物业服务资金提取，具有相对的固定性，可以使企业在一定程度上规避收支不平衡的经营风险。酬金制条件下，物业服务企业应当向全体业主或者业主大会公布物业服务资金年度预决算，并每年不少于一次公布物业服务资金的收支情况。

酬金制预收的物业服务资金包括物业服务支出和物业服务企业的酬金，目前，非住宅项目或高档住宅小区多采取酬金制的收费方式，单位为元/（米^2·月）。

$$物业服务费=（支出+税费+酬金）/（可收费建筑面积×12）$$

2. 物业服务费用包干制

物业服务费用包干制是指由业主向物业服务企业支付固定物业服务费用，盈余或者亏损均由物业服务企业享有或者承担的物业服务计费方式。

实行包干制的物业服务企业在与业主签订物业服务合同时应明确服务费额度和服务内容、服务质量标准，并明确在此前提下的盈余或亏损是由物业服务企业承担的，企业的经济效益与其管理服务、成本控制、经营运作能力紧密相关。

在包干制下，物业服务企业作为一个独立的企业法人，自主经营、自负盈亏、风险自担、结余归己。但业主可以对物业服务企业是否按合同要求的内容和质量标准提供服务进行监督，对物业管理工作提出改进建议。物业服务企业应本着诚信公平原则，主动接受业主监督，保证服务质量并不断改进。

包干制物业服务费的构成包括物业服务成本、法定税费和物业服务企业的利润，实践中，普通住宅小区多采用包干制的收费方式，单位为元/（米^2·月）。

$$物业服务费=（成本+税费+利润）/（可收费建筑面积×12）$$

五、物业服务费成本（支出）构成

1. 物业服务成本（支出）构成

物业服务成本或者物业服务支出构成一般包括以下部分：

（1）管理服务人员的工资、社会保险和按规定提取的福利费等；

（2）物业共用部位、共用设施设备的日常运行、维护费用；

（3）物业管理区域清洁卫生费用；

（4）物业管理区域绿化养护费用；

（5）物业管理区域秩序维护费用；

（6）办公费用；

（7）物业服务企业固定资产折旧；

（8）物业共用部位、共用设施设备及公众责任保险费用；

（9）经业主同意的其他费用。

物业共用部位，共用设施设备保修期满后的大修、中修和更新、改造费用等从专项维修资金予以列支，不得计入物业服务支出或者物业服务成本。

2. 物业服务成本（支出）构成的内容

依据国家发展和改革委员会和原建设部于2007年9月10日联合印发的《物业服务定价成本监审办法（试行）》，物业服务成本（支出）构成具体内容如下：

（1）人员费用，是指管理服务人员工资、按规定提取的工会经费、职工教育经费，以及根据政府有关规定应当由物业服务企业交纳的住房公积金和养老、医疗、失业、工伤、生育保险等社会保险费用。

（2）物业共用部位共用设施设备日常运行和维护费用，是指为保障物业管理区域内共用部位共用设施设备的正常使用和运行、维护保养所需的费用。不包括保修期内应由建设单位履行保修责任而支出的维修费、应由住宅专项维修资金支出的维修和更新、改造费用。

（3）绿化养护费，是指管理、养护绿化所需的绿化工具购置费、绿化用水费、补苗费、农药化肥费等。不包括应由建设单位支付的种苗种植费和前期维护费。

（4）清洁卫生费，是指保持物业管理区域内环境卫生所需的购置工具费、消杀防疫费、化粪池清理费、管道疏通费、清洁用料费、环卫所需费用等。

（5）秩序维护费，是指维护物业管理区域秩序所需的器材装备费、安全防范人员的人身保险费及由物业服务企业支付的服装费等。其中器材装备不包括共用设备中已包括的监控设备。

（6）物业共用部位共用设施设备及公众责任保险费用，是指物业服务企业购买物业共用部位共用设施设备及公众责任保险所支付的保险费用，以物业服务企业与保险公司签订的保险单和所交纳的保险费为准。

（7）办公费，是指物业服务企业为维护管理区域正常的物业管理活动所需的办公用品费、交通费、房租、水电费、采暖费、通信费、书报费及其他费用。

（8）管理费分摊，是指物业服务企业在管理多个物业项目情况下，为保证相关的物业服务正常运转而由各物业服务小区承担的管理费用。

（9）固定资产折旧，是指按规定折旧方法计提的物业服务固定资产的折旧金额。物业服务固定资产指在物业服务小区内由物业服务企业拥有的、与物业服务直接相关的、使用年限在一年以上的资产。

（10）经业主同意的其他费用，是指业主或者业主大会按规定同意由物业服务费开支的费用。

六、物业服务费的缴纳和督促

1. 物业服务人对拒绝缴纳或逾期缴纳物业服务费业主的催告权

《民法典》第九百四十四条规定："业主应当按照约定向物业服务人支付物业费。物业服务人已经按照约定和有关规定提供服务的，业主不得以未接受或者无需接受相关物业服务为由拒绝支付物业费。业主违反约定逾期不支付物业费的,物业服务人可以催告其在合理期限内支付;合理期限届满仍不支付的,物业服务人可以提起诉讼或者申请仲裁。物业服务人不得采取停止供电、供水、供热、供燃气等方式催交物业费。"

2. 非业主使用人的交费责任

当业主将其物业出租给他人或者交由他人使用时,业主可以和物业使用人约定,由物业使用人缴纳物业服务费用。《物业管理条例》进一步规定,业主负连带缴纳责任。所谓连带缴纳责任,是指当物业使用人不履行或者不完全履行与业主关于物业服务费用缴纳的约定时,业主仍负缴纳物业服务费用的义务,物业服务企业可以直接请求业主支付物业服务费用。

3. 未交付房屋的交费主体

《物业管理条例》规定,已竣工但尚未出售或者尚未交给物业买受人的物业,物业服务费用由建设单位交纳。已经出售并交付给业主的物业,物业服务费用由业主缴纳。

4. 业主委员会对欠费业主的督促义务

为维护物业管理活动的交易秩序,《物业管理条例》和《物业服务收费管理办法》均明确规定:对于欠费业主,业主委员会应当督促其限期交纳。

第三节 住宅专项维修资金

一、住宅专项维修资金的概念和交存范围

《住宅专项维修资金管理办法》于2007年10月30日由原建设部第142次常务会议讨论通过,经财政部联合签署,自2008年2月1日起施行。

(一)住宅专项维修资金的概念

住宅专项维修资金,是指专项用于住宅共用部位、共用设施设备保修期满后的维修和更新、改造的资金。

(二)住宅专项维修资金的交存

1. 商品住宅维修资金

(1)商品住宅(含经济适用住房、集资合作建设的住房以及单位利用自用土地建设的职工住房)的专项维修资金由业主交存,属于业主所有。

(2)业主应当在办理住宅权属登记手续前,将首次住宅专项维修资金交至代收代管单位。

(3)业主首次交存住宅专项维修资金的标准为当地住宅建筑安装工程造价的5%~8%,具体标准由省、自治区、直辖市人民政府建设(房地产)主管部门制定。住宅建筑安装工程造价由直辖市、市、县人民政府建设主管部门每年发布一次。

(4)业主首次交存的住宅专项维修资金,由直辖市、市、县人民政府建设(房地产)主管部门或其委托的单位代收代管。

(5)成立业主大会的,业主大会可以依法变更业主交存住宅专项维修资金的代收代管单位;业主大会决定变更代收代管单位的,原代收代管单位应当在业主大会作出决定之日起30日内,将住宅专项维修资金账面余额全部返还业主大会,并将有关账目等一并移交。

(6)业主交存的住宅专项维修资金,应当存储于当地的一家商业银行,按小区设总账,

按幢设明细账，核算到户。

（7）业主分户账面住宅专项维修资金余额不足首次交存额30%的，业主应当及时续交；依据《民法典》最新规定，筹集住宅专项维修资金应当由专有部分面积占比三分之二以上的业主且人数占比三分之二以上的业主参与表决，应当经参与表决专有部分面积四分之三以上的业主且参与表决人数四分之三以上的业主同意。

（8）房屋所有权转让时，业主应当向受让人说明住宅专项维修资金交存和结余的情况，该房屋分户账中结余的住宅专项维修资金随房屋所有权同时过户。

2. 出售公有住宅维修资金

（1）出售公有住宅的维修资金，由业主和售房单位共同交存。其中，业主交存的部分属于业主所有，公有住房售房单位从售房款中提取的住宅专项维修资金属于售房单位所有。

（2）业主首次交存住宅专项维修资金的标准为当地房改成本价的 2%；售房单位交付的住宅专项维修资金，按照多层住宅不低于售房款的20%，高层住宅不低于售房款的30%，从售房款中一次性提取。

（3）公有住房售房单位应当在收到售房款之日起 30 日内，将应提取的住宅专项维修资金交予代收代管单位。

（4）公有住房售房单位交存的住宅专项维修资金，按照售房单位的财务隶属关系，由同级财政部门或其委托的单位代收代管。

（5）公有住房售房单位交存的住宅专项维修资金，应当存储于当地的一家商业银行，按售房单位设账，按幢设分账；其中，业主交存的住宅专项维修资金，按房屋门号设分户账。

二、住宅专项维修资金的管理

1. 住宅专项维修资金管理原则

住宅专项维修资金管理实行专户存款、专款专用、所有权人决策、政府监管的原则。

2. 住宅专项维修资金的所有权

业主交存的住宅专项维修资金属于业主所有；从共有住房售房款中提取的住宅专项维修资金属于公有住房单位。

3. 住宅专项维修资金的投资方式

在保证住宅专项维修资金正常使用的前提下，可以按照国家有关规定将住宅专项维修资金用于购买国债。利用住宅专项维修资金购买国债，应当在银行间债券市场或者商业银行柜台市场购买一级市场新发行的国债，并持有到期。

禁止利用住宅专项维修资金从事国债回购、委托理财业务或者将购买的国债用于质押、抵押等担保行为。

4. 代收代管单位的义务

（1）代收代管单位在房屋灭失后，应当按照以下规定返还住宅专项维修资金：

① 该房屋分户账中结余的住宅专项维修资金返还业主。

② 公有住房售房单位交存的住宅专项维修资金账面余额返还售房单位；售房单位不存在的，按照售房单位财务隶属关系，收缴同级国库，由同级政府统筹管理。

（2）住宅专项维修资金代收代管单位，应当接受业主咨询、查询，并定期向业主公布住宅专项维修资金交存、使用和增值收益等情况。

（3）住宅专项维修资金代收代管单位应当依法接受审计部门的审计监督。

5. 财政部门的监督职责

住宅专项维修资金的财务管理和会计核算应当执行国务院财政部门有关规定；财政部门应当加强对住宅专项维修资金收支财务管理和会计核算制度执行情况的监督；住宅专项维修资金专用票据的购领、使用、保存、核销管理，应当按照国务院以及省、自治区、直辖市人民政府财政部门的有关规定执行，并接受财政部门的监督检查。

三、住宅专项维修资金的使用

1. 住宅专项维修资金使用原则

住宅专项维修资金的使用，应当遵循方便快捷、公开透明、受益人和负担人相一致的原则，任何单位和个人不得挪作他用。

2. 住宅专项维修资金的列支

（1）商品住房共用部位、共用设施设备的维修、更新和改造使用，按以下两种方式从住宅专项维修资金中列支：

① 用于全体业主共同所有的共用部位、共用设施设备的，由全体业主按照各自拥有物业建筑面积的比例分摊；

② 用于部分业主共同所有的共用部位、共用设施设备的，由相关业主按照各自拥有物业建筑面积的比例分摊；

③ 依据《民法典》最新规定，使用住宅专项维修资金应当由专有部分面积占比三分之二以上的业主且人数占比三分之二以上的业主参与表决，应当经参与表决专有部分面积过半数的业主且参与表决人数过半数的业主同意。

（2）出售公有住房共用部位、共用设施设备的维修、更新和改造费用，由相关业主和公有住房售房单位按照所交存住宅专项维修资金的比例分摊，其中，应由相关业主承担的，按照商品住房列支方式分摊。

（3）以下费用不得从住宅专项维修资金中列支：

① 依法应由建设单位承担的住房共用部位、共用设施设备的维修、更新和改造费用；

② 依法应由相关单位承担的供水、供电、供气、供热、通信、有线电视等管线和设施设备的维修、养护费用；

③ 人为损坏住房共用部位、共用设施设备所需的修复费用；

④ 根据物业服务合同约定，应当由物业服务人从物业服务费用或者物业服务资金中支出的住房共用部位、共用设施设备的维修养护费用。

（4）住宅专项维修资金的滚存使用

下列资金应当转入住宅专项维修资金滚存使用：

① 住宅专项维修资金的存储利息；

② 利用住宅专项维修资金购买国债的增值收益；

③ 利用住宅共用部位、共用设施设备进行经营的业主所得收益，但业主大会另有决定的除外；

④ 住宅共用设施设备报废后回收的残值。

四、相关主体的法律责任

1. 交存主体的法律责任

（1）住房购买人未按《住宅专项维修资金管理办法》规定交存首次住宅专项维修资金的，由建设（房地产）主管部门责令限期改正；逾期不改正的，不予发放房屋所有权证。

（2）公有住房售房单位未按《住宅专项维修资金管理办法》规定交存住宅专项维修资金的，由县级以上地方人民政府财政部门会同同级建设（房地产）主管部门责令限期改正，给予警告，可以并处3万元以下的罚款。

（3）开发建设单位或者公有住房单位拒不承担尚未售出商品住房或者公有住房的维修、更新和改造费用，由县级以上地方人民政府财政部门会同同级建设（房地产）主管部门责令限期改正，给予警告，可以并处3万元以下的罚款。

2. 代收代管单位的法律责任

（1）代收代管单位未按规定依法移交住宅专项维修资金余额和账目的，由建设（房地产）主管部门责令改正，予以警告，并可处以3万元以下罚款。

（2）住宅专项维修资金代收代管单位未按规定定期向业主公布住宅专项维修资金的交存、使用和增值收益等情况的，由建设（房地产）主管部门、财政部门责令改正，给予警告，并可处以3万元以下罚款。

3. 挪用住宅专项维修资金的法律责任

（1）代收代管单位挪用住宅专项维修资金的，由县级以上地方人民政府建设（房地产）主管部门追回挪用的住宅专项维修资金，没收违法所得，可以并处挪用金额2倍以下的罚款；构成犯罪的，依法追究直接负责的主管人员和其他直接责任人员的刑事责任。

（2）物业服务人挪用住宅专项维修资金，情节严重的，除按前款规定予以处罚外，还应由颁发资质证书的部门吊销资质证书。

（3）建设（房地产）主管部门挪用住宅专项维修资金的，由上级建设（房地产）主管部门追回挪用的住宅专项维修资金，对直接负责的主管人员和其他直接责任人员依法给予处分；构成犯罪的，依法追究刑事责任。

思考题

1. 物业服务企业的税费包括哪些？
2. 酬金制和包干制的区别有哪些？
3. 物业服务费成本（支出）构成有哪些？
4. 简要说明住宅专项维修资金的概念和交存范围。
5. 分别说明住宅专项维修资金管理原则和使用原则是什么？

第十四章 客户关系管理

物业服务人与业主和物业使用人关系的好坏直接关系到物业服务人的生存和发展,由于物业管理活动中服务对象众多,需求具有极大的差异性,这就要求物业服务人高度重视客户关系管理工作。在物业管理实践中客户关系管理主要包括物业服务人与业主的沟通、投诉处理和客户满意管理三个方面的内容。

第一节 物业服务人客户关系管理概述

一、客户关系管理的含义

客户关系管理(customer relationship management,CRM),是一种通过围绕客户细分来组织企业,鼓励满足客户需要的行为,并通过加强客户与供应商之间联系等手段,来提高盈利、收入和客户满意度的遍及整个企业的商业策略。

物业服务人的客户关系管理,是以服务理念为指导,以信息技术为支撑,通过客户沟通、投诉管理和客户满意管理等手段,不断改进工作,提升管理服务水平,获取更大经济效益的行为,以达到提高企业核心竞争力,保持企业长远持续发展的目标。

二、客户关系管理的对象

具体来说,物业管理的客户包括内部客户和外部客户。内部客户是指物业服务人内部的人员,包括员工、股东、董事会等;外部客户是指与物业管理服务相关的单位和个人,包括业主及物业使用人、建设单位、专业分包公司、市政公用事业单位、新闻媒体、潜在招标人、政府主管部门及社区和街道等。

三、物业项目客户服务的主要内容

在物业管理的客户关系管理中,业主及物业使用人是物业管理服务的直接消费者,与物业管理服务活动联系最为紧密,关系最为重要,因此,业主是物业服务人最主要的客户关系管理对象。落实到具体的物业项目中,就是要为业主做好客户服务。物业项目客户服务的内容一般包括:业主档案管理、公共事务处理、业主沟通、特约服务等。

1. **业主档案管理**
(1)房屋信息管理 包括房屋的基本信息、承接查验记录、工程报修记录、房屋维修记录、装饰装修记录、房屋使用记录等。
(2)业主信息管理 包括业主的基本信息、公共事务处理记录、业主沟通记录、特约服务记录等。

2. 公共事务处理

（1）入住：手续办理、物品资料发放、工程维保问题协助跟进。
（2）装修：登记手续、装修巡查及监管、动火作业申请、消防报建手续等。
（3）搬迁：物品搬出入的验证、放行。
（4）停车：停车位分配、车位租赁登记、停车协议的签订。
（5）费用：各项费用的计算和收取、费用查询、费用催缴。
（6）投诉管理：投诉受理、投诉处理、投诉跟踪、投诉回访。

3. 业主沟通

（1）通知/公告：服务提示、紧急事件的通知、重大事项公告。
（2）业主大会：协助召开、定期公布管理工作报告、财务收支报表等。
（3）业主委员会：协助成立、定期例会、工作函件沟通等。
（4）社区互动活动：活动的策划、组织实施、活动记录等。

4. 特约服务

包括服务接报、服务派工、服务执行、服务跟踪、满意度调查。

四、物业服务人客户服务体系的构建

做好物业客户关系管理的关键环节在于能够有针对性地建立客户服务体系，包括细分客户群体、识别客户需求、设计服务项目及标准、设计服务传递系统等内容。

1. 物业项目客户的细分方法

（1）按物业类型来分，客户可以分为住宅物业客户、商业物业客户、办公物业客户、写字楼物业客户、工业物业客户甚至城市物业客户等。
（2）按物业产权来分，客户可以分为业主、租客以及其他物业使用人。
（3）按组织归属来分，客户可以分为企业客户、个人客户。
（4）按对企业的价值贡献来分，客户可以分为战略客户、重要客户、普通客户。
（5）按服务需求来分，客户可以分为服务型客户、意见型客户、费用型客户。

服务型客户通常不在意价格，非常注重服务感受，对服务的瑕疵容忍度也会较低；意见型客户喜欢表达建议，提出服务的要求及改进的建议，他们通常希望别人能认真倾听并尊重他们的感受；费用型客户对价格非常敏感，关注服务感受与支付价格的关系。

2. 物业项目客户需求的识别

对客户需求的识别，是进行物业服务策划的基本前提。识别业主的需求，通常可以运用以下几种方法。

（1）行为访谈法　通过填写调查问卷或面谈的方式，直接了解业主的需求，是最为有效的方法。但这种方法也可能存在一些挑战，例如，业主的个性化需求太多且相互冲突，不容易平衡；业主在面谈时有所顾忌不能真实表达自己的想法；物业服务人需要花费较多的时间和精力开展调研。

（2）标杆对比法　通过对行业中的标杆企业、其他服务业（如酒店、旅行社等）标杆企业的调研、了解，学习他人在客户服务方面的最佳实践。需要注意的是，对标杆企业的一些好的做法，要结合自身项目，切忌生搬硬套。

（3）特征分析法　首先按照不同的维度，对业主群体进细分，然后通过头脑风暴法对不同细分业主的特征进行讨论、分析、归类，这种方法非常适用于在项目早期介入或前期筹备阶段。

（4）业主满意分析法　通过组织和实施客户满意度评价，可以获得业主对物业服务成效的直接评价。通过对"满意因素"与"不满意因素"的分析，很容易就了解到客户在哪些方面不满意。这种方法通常适用于服务质量的改进。

对识别出来的客户需求，应当作为物业服务项目、服务标准、服务流程设计的主要依据。

3. 服务项目及标准的设计

（1）通过头脑风暴会议，初步确定服务的创意。

（2）确定主要的服务提供流程。

以接到业主报修为例：

① 业主通过电话进行报修。

② 呼叫中心座席人员受理后，录入（客户关系管理系统 CRM 系统）。

③ 物业管理处客服人员接单后，通过 APP、短信或对讲机等派工。

④ 维修工人上门提供服务。

⑤ 维修工人视服务内容收取相关费用并请业主签字确认，如果属于免费服务内容向业主说明并请业主签字确认。

⑥ 客户服务人员回访后，关闭工单。回访是客户关系管理中非常重要的环节，通过回访能及时了解跟踪维修人员服务情况，第一时间掌握业主是否满意，并可通过回访进一步改进不足，完善服务。

（3）模拟客户的服务体验过程，确定关键接触面以及细分客户的需求。

例如，业主打电话报修时，希望能得到专业的回复或指引、在最短的时间内得到响应；上门提供服务时，业主希望技工能在预约的时间内准时到达、有礼貌、主动出示工牌、穿戴鞋套、保持工作现场的整洁等。

（4）将上述的客户需求，转换为相应的文件标准。通常，服务行业的质量标准分为三个层次。

① 站在客户的角度，定义服务标准（即服务应达到什么程度）；

② 站在服务人员的角度，定义服务提供标准（即如何提供服务）；

③ 站在管理者的角度，定义服务检验标准（即如何检验和确认服务是达标的）。

（5）对已确定的服务项目、标准进行评估。

① 该服务项目对客户是否有价值、服务标准是否已经满足或超越了客户的需求；

② 与竞争对手比较，是否有差异性；

③ 是否可以分级（以便进行产品组合和满足不同层次的客户）；

④ 企业是否有能力提供；

⑤ 提供的成本以及服务定价是否可以接受。

（6）运作试行，并建立示范项目。

（7）评估服务的稳定性和经济性，并推广。

4. 服务传递系统的设计

（1）服务传递系统的构成

① 硬件要素。通常是有形的，包括服务空间的布局、环境、服务的设施设备、专业工具等。

② 软件要素。通常是无形的，包括服务流程、员工培训、服务过程中员工的职责、授

权等。

服务传递系统可以用服务蓝图来表示，服务蓝图又称为服务流程，是一种有效描述服务传递过程的可视技术，是一个涵盖了服务全部处理过程的示意图，可以运用流程图、漫画甚至相片等多元化的方式来呈现。

（2）服务传递系统的设计方法

① 工业化方法　工业化方法一般应用在一些技术密集型、标准化、大规模的服务业行业，如餐饮、零售业、银行、酒店、航空等行业。这种设计方法中要考虑的主要问题是：建立明确的劳动分工，使服务人员的行为规范化、服务程序标准化；应用各种新技术和新设备来取代个人劳动。

② 客户化方法　这种方法需要充分考虑顾客的个性化需求，使系统为顾客提供一种非标准化的、差异化的服务，一般来说，顾客在其中的参与程度较高，所需使用的服务技术也较复杂、不规范。这种设计方法中要考虑的主要问题是：把握顾客的需求偏好和心理特点；引导顾客在服务过程中的参与；给予现场服务人员足够的授权以应对各种可能出现的问题。

③ 技术核分离方法　对于某些服务行业来说，可分为与顾客的高接触部分和低接触部分，即前台服务和后台服务。高接触部分是业主经常出入、会直接影响业主直观感受的区域，如指大堂、服务中心、会所等，应在环境的布置、设施的配备、接待人员的形象等方面充分考虑业主的喜好和要求；低接触部分是业主很少到达的地方，如设备间、电梯机房、地下室等，对于这部分区域可以借鉴制造业的生产模式来设计工作流程，通过运用科技设备、流水作业的方式提高工作效率。

（3）设计服务传递系统的基本步骤

① 确认服务过程，确定服务的输入、流程与产出。

② 描绘服务蓝图，划分步骤。

③ 识别容易失误的环节。找出服务过程中可能由于人员、设备以及其他原因容易出现失误的环节，以便进行监测、控制和修正。

④ 建立时间标准。根据客户所能接受的标准确定每个环节的时间标准。

⑤ 分析成本收益。对每一环节以及整个服务系统的成本与收益进行分析，加以改进，以提高效率。

五、物业服务人客户关系管理的基本功能

物业服务人客户关系管理的基本功能包括业主管理、时间管理、服务跟踪管理、电话服务、客户服务、潜在客户管理等。

1. 业主管理

主要功能有：业主的基本信息（包括业主的姓名、工作单位、联系方式、密切亲属的联系方式等）；与此业主相关的基本活动和活动历史（业主缴交物业服务费记录、延迟或拖欠物业服务费记录、延迟或拖欠缴费原因等）；管理规约和物业服务合同等。

2. 时间管理

主要功能有：日历；备忘录；任务表；各项工作进度表等。

3. 服务跟踪管理

主要功能包括：组织和浏览服务信息，如业主和物业使用人、服务事项、维修事项等；产生各项服务的阶段报告，并给出服务所处阶段、还需的时间、历史服务状况评价等信息；

对服务的跟踪反馈，业主和物业使用人的意见或投诉，满意度调查等；提供各种服务标准和收费的查询等。

4. 电话服务

主要功能包括：生成电话列表，并把它们与业主及业务建立关联；把电话号码分配到服务人员；记录电话细节，并安排回电；电话服务内容；电话录音，同时给出书写器，用户可作记录；电话统计和报告；自动拨号等。

5. 业主和物业使用人服务

主要功能包括：业主出租房屋记录、物业承租人基本信息；服务项目的快速录入；服务项目的安排、调度和重新分配；事件的升级；搜索和跟踪与某一服务业务相关的事件；生成事件报告；问题及其解决方法的数据库。

6. 潜在客户管理

主要功能包括：业务线索的记录、服务机会的分配、潜在客户的跟踪等。

以上六个部分是物业服务人客户关系管理的有机组成部分，通过系统工程编制成一定的管理软件，同时还需实践中不断调试、维护和升级。

第二节　客户沟通管理

美国普林斯顿大学对1万份人事档案分析结果显示：个人智慧、专业技术和经验只占成功因素的25%，75%取决于良好沟通力。对于企业来说，管理的重要手段之一是沟通，良好的沟通能有效节约成本，提高效率，减少不必要的环节和浪费。对于物业服务人来说，其主要工作就是与内外客户进行沟通，特别是业主这一重要客户。

一、沟通概述

沟通是两个或两个以上的人之间交流信息、观点和理解的过程。良好的沟通可以使沟通双方充分理解、弥合分歧、化解矛盾。

沟通的形式有语言交流、书面交流和其他形式交流（如网络等）。

在物业管理服务活动中，沟通是一种常见的管理服务行为，也是物业客户关系管理的一个重要组成部分。科学掌握沟通的方式方法对提高物业管理服务的品质，顺利完成物业管理服务活动，满足业主及物业使用人的需求有着积极和重要的作用。物业服务人主要面对的沟通主体包括：业主和物业使用人、业主大会和业主委员会、建设单位、政府行政主管部门、市政公用事业单位、专业分包公司、新闻媒体等。

二、物业服务人与客户沟通的基本要求

（1）物业服务人可以采用多元化的方式，例如工作例会、座谈会、工作联系函、电话、邮件、业主微信群、业主QQ群、面谈等，与客户保持良好的沟通。

（2）与业主委员会、开发建设单位召开工作例会的，应当形成会议纪要。会议纪要由主持人签发后，分发给与会人员及相关部门。同时，物业服务人应当对会议形成决议的落实情况定期进行跟踪和督办。

（3）对重大事项，物业服务人与建设单位、业主委员会之间的沟通尽量使用书面形式，同时对书面的函件、报告等应当及时归档。

（4）物业服务人应当建立收发文制度。对业主委员会、建设单位的来函，应当在对方指定的时间内及时回函给予答复，切勿拖延。对于超越物业服务项目管理部门权限的重大事项，应当及时向上级汇报。物业服务项目管理部门向上述单位发函的，应当要求收文人签字并在发文后定期跟踪。

（5）对建设单位或业主委员会提出的要求和建议，物业服务人应当高度重视并认真研究。

① 对属于物业服务人责任范围以内的事项，物业服务人应组织制定改进措施、改进计划，并给予对方明确的回复。

② 对非物业服务人责任或暂时无法改变的质量缺陷，物业服务人应耐心做好解释，争取业主委员会的理解。例如，保修期内出现的房屋质量问题等。

③ 对与政策、法规相抵触的要求和建议，物业服务人应礼貌拒绝，并提供相关法规依据给对方参考。例如，部分业主认为没有对其所购买的房屋进行装修和实际入住就不应该交纳物业服务费，没有乘坐电梯就应该不交电梯费等。

三、物业服务人与不同类型客户沟通的具体方法

1. 与建设单位沟通的方法

（1）在工程维保期内，物业服务人应定期就以下事项建设单位沟通，并提交书面的报告：

① 业主对房屋质量、售后服务等的意见和建议；

② 工程维保进度、施工维保单位存在的问题。

（2）物业服务人应按时参加建设单位组织的施工、监理等各相关单位的协调会，提出发现的问题并寻求建设单位的支持，对物业保修期内施工单位的保修质量进行监督。

（3）物业服务人每月应将与建设单位有关的费用（如公共能耗、工程维保费、空置物业费、委托施工费用等）进行整理，并以书面的形式提交建设单位，督促其及时支付。

（4）当条件具备时，物业服务人应当根据《物业管理条例》的规定，积极协助建设单位召开第一次业主大会。

2. 与业主委员会沟通的方法

（1）定期沟通　物业服务人应通过工作例会、管理工作报告等形式，定期与业主委员会的成员进行沟通。沟通的内容包括但不限于：①物业管理方案的修订及实施情况；②物业管理处工作计划、工作目标的实现情况；③通报小区内业主投诉、报修、咨询等的处理情况；④通报社区文化活动开展的情况；⑤通报小区内突发事件及处理结果；⑥申报需动用专项维修资金的项目；⑦利用共有部分从事经营活动及收益情况；⑧需要业主委员会决策或协助的其他事项。

（2）建立突发事件报告制度　在遇到紧急突发事件时，物业服务人项目所在物业管理处应及时知会业主委员会。同时在事件处理完毕后向业主委员会提交详细的处理报告。如造成损失或不良影响的，物业服务人项目所在物业管理处还应当向全体业主发布公告。

（3）建立财务报告制度

① 物业服务人项目所在物业管理处应定期向业主委员会提交财务报告。财务报告应当真实、准确地反映物业服务企业项目所在物业管理处的收支状况、经营状况、专项维修资金的使用情况等。

② 实行酬金制的物业项目，物业服务人项目所在物业管理处应于每年年末向业主委员会提交下一年度的工作计划及财务预算，待业主大会审议通过后方可执行。

（4）在业主委员会成立或换届改选时，物业管理处应在遵守相关法律法规的前提下，积

极协助各方主体开展筹备工作。同时，在业主委员会成立后，积极协助其做好业主大会召开的后勤准备工作。

（5）在物业服务合同到期前（通常为三个月），物业服务人项目所在物业管理处应主动与业主委员会就合同续签事宜进行沟通，听取业主委员会的意见，并制定专项工作计划以推进合同的签订。

3. 与关键客户沟通的方法

管理学上有一个很著名的"二八定律"，即任何一组事物，最重要的部分只占大约20%，其余的80%虽然是大多数却往往是次要的。"二八定律"被广泛地运用在日常生活及工作当中，它也同样适用在物业服务过程当中。

物业服务人可以结合项目的实际，从业主拥有产权份额、业主在社区中的地位或职务、特殊需求等多个角度去识别关键客户。

（1）客户背景资料分析　在与关键客户沟通前，物业服务人项目所在物业管理处应尽可能多地收集、分析关键客户的背景资料（如年龄、学历、工作单位、工作履历、家庭成员、家庭背景、爱好、特长、作息时间、家庭是否困难等），做到"知己知彼"。同时，根据客户的个人特点及需求，确定与之沟通及维护关系的合适方式。

（2）日常沟通

① 物业服务人项目所在物业管理处经理应定期保持与关键客户的沟通，就物业管理处近期的主要工作及成果向其介绍，听取其对管理服务工作的意见和反馈。

② 遇到重大节日或关键客户生日时，物业管理处可以派人上门道贺、赠送贺卡等。

③ 向关键客户提供一些辅助性服务，例如将公司刊物、物业管理简讯等定期邮寄给客户以示尊重。

④ 在组织社区文化活动时，物业管理处应主动邀请关键客户参与。

（3）意见处理

① 对关键客户提出的意见或建议，物业管理处应当重点关注。在不违反法律法规的前提下尽可能采纳其意见或满足其要求，如确实无法实现的应当及时给予回复并表示歉意。

② 在与关键客户沟通时如出现分歧，应在掌握其真实想法和动机的前提下坦诚沟通，争取其理解和支持。如分歧无法消除，可以向关键客户的家庭成员或工作单位寻求协助。

（4）特殊服务　对有特殊需求的关键客户，物业管理处应当建立专门的台账并培训相关员工，以便在紧急情况下能够从容应对。例如，对长期病患需要医疗器械维持生命的客户，如遇设备检修导致停水停电的情况，物业管理处应提前派专人上门通知，以便客户做好应对。一旦发生意外停电，物业管理处应立即派人上门查看病人情况，并采取必要措施确保病人的维生设备正常运行。对一些独居的孤寡老人或残障人士，物业管理处应当在其生活起居、出行等方面给予亲切、细致的人性化关注。

四、物业服务人沟通的方法与管理

（一）沟通的方法

在物业管理服务活动中，物业服务人及员工与客户的沟通随时随地都有可能发生，沟通的内容、形式和方法是复杂多变的，沟通并无固定模式。一般而言有以下方法：

1. 倾听

物业管理服务沟通人员应该以极大的耐心倾听客户倾诉，让其充分表达甚至宣泄。

2. 提问

在客户表达混乱或语无伦次时,要有礼貌地截住客户谈话,弄清主题和要求,也可以重新组织谈话或转换话题。

3. 表示同情

无论客户所谈话题与物业管理是否相关,是否合理,应表示同情但不能轻易表示认同,要审慎对待,不可受到客户的情绪影响。

4. 解决问题

客户所提问题或投诉,要引起重视,尽快处理。

5. 跟踪

物业管理人员要全程跟踪处理过程,尤其要注意解决问题的方式方法。要有一个积极的结尾,对于无法解决的问题,要有充分合理的解释。

(二)沟通的管理

1. 建立定期客户沟通制度

物业管理应区分不同沟通对象进行分析研究,针对客户特点和要求,定期走访客户,与客户进行沟通,全面了解和掌握客户需求,不断改进管理服务工作。与建设单位的沟通主要集中在前期物业管理阶段,重点是物业资料的移交和工程遗留问题的处理;与政府机关、公共事业单位、专业服务外部单位以及业主、业主大会和业主委员会等的沟通则是一项长期性的工作,贯穿于物业管理全过程,如定期召开业主座谈会,实施客户满意度调查,向政府行政主管部门汇报物业管理相关工作等。

2. 建立跟踪分析和会审制度

在与客户沟通的过程中,要形成完整的沟通记录,包括时间、地点、沟通人员、事件和处理结果等。在每次沟通完成之后要按照客户不同类型分门别类地建立客户档案;实施跟踪分析和会审制度,评估客户沟通工作的效果;检讨物业管理工作和客户沟通存在的问题,适时采取相应措施,提升管理服务水平;同时,结合公司发展战略制定项目管理相关计划,确保物业管理工作的有序开展和顺利进行。

3. 引进先进技术和手段,加强客户关系管理

客户沟通是客户关系管理的基础性工作。有条件的物业服务人要通过引进先进的客户关系管理技术和手段,通过定量分析和定性分析相结合,将人工管理和技术管理相结合,建立行之有效的客户沟通和客户关系管理系统。

第三节 投诉的处理

一、客户投诉的含义

客户投诉(也称为客户抱怨),是指由于产品质量或投诉处理本身,没有达到客户的期望,客户向组织提出不满意的表示。

对客户来说,投诉已成为保护自身利益的有效手段;对企业而言,投诉处理是客户关系管理中一项不可或缺的内容。

企业应高度重视客户的投诉,对客户的投诉进行及时、有效的管理,有助于提高企业美誉度、提高客户忠诚度、为企业指明改进方向。

二、物业管理实践中投诉产生的原因和分类

在物业管理与服务运行的过程中,引起物业管理投诉的原因很多,但概括起来主要有以下几个方面:物业管理服务、物业服务收费、建设单位历史遗留问题、社区文化活动组织、突发事件处理和毗邻关系处理等。

在物业管理实践中,物业管理投诉具体表现为以下几种类型。

1. 对物业服务人工作人员服务态度的投诉

对公司员工服务态度优劣的甄别评定,虽然根据不同经验、不同个性、不同心境的宾客对服务态度的敏感度不同,但评价标准不会有太大差异。需要强烈尊重的客人往往以服务态度欠佳作为投诉内容,具体表现为:

(1)员工待客不主动,给客人以被冷落、怠慢的感受。

(2)员工待客不热情,表情生硬、呆滞甚至冷淡,言语不亲切。

(3)员工缺乏修养,动作、语言粗俗,无礼,挖苦、嘲笑、辱骂客人。

(4)员工在大庭广众中态度咄咄逼人,使客人感到难堪。

(5)员工无根据地怀疑客人行为不良。

2. 对物业服务人某项服务效率低下的投诉

如果说以上投诉是针对具体员工的,那么,以下内容的投诉则往往是针对具体的事件而言。如维修处理不及时、投诉反馈时间长等。

3. 对物业服务人设施设备的投诉

因公司设施设备使用不正常、不配套、服务项目不完善而让客人感觉不便也是客人投诉的主要内容。如电梯经常不能正常运行、程控门损坏、监视器出现故障等。

4. 对物业服务人违约行为的投诉

物业服务人提供的服务没有达到合同约定的标准,或者物业服务人收费质价不符是当前引起物业管理投诉的主要原因。

5. 其他投诉

诸如建设单位历史遗留问题产生的投诉、业主间相邻关系引起的纠纷、社区文化活动组织不当引发业主的不满、紧急事件处理缺少预案导致业主投诉等。

物业管理投诉的接待与处理是物业管理服务中重要的组成部分,也是提高物业管理服务水准的重要途径。通过物业管理投诉不仅可以纠正在物业管理与服务运行中所出现的失误与不足,而且能够维护和提高物业服务人的信誉和形象。

三、物业管理投诉处理体系的主要内容

为了确保客户投诉得到高效率的处理,物业服务人应当建立和完善投诉管理体系。通常,它包括管理系统、处理系统、反馈系统和评审系统四个部分。具体而言,投诉管理体系至少应当包括以下内容:

(1)制定投诉处理的原则、方针、目标;

(2)明确投诉处理的最高管理者、管理者代表、投诉处理部门、相关人员等,以及在处理投诉过程中各自的职责、授权、汇报程序;

(3)建立投诉的渠道;

（4）明确投诉处理的基本流程（包括信息收集、信息处理、信息反馈等），以及投诉处理的标准、时限要求等；

（5）明确对投诉处理的监控、考核要求；

（6）投诉处理过程的管理评审以及持续改进。

四、物业管理投诉处理体系的基本要求

1. 可见性

物业服务人应当建立多元化的投诉渠道，例如上门、电话、邮件、微信、业主意见箱等，同时应当将投诉的受理部门、联系方式、投诉受理、处理及回复的时间等公之于众，方便业主获取。

2. 可达性

已建立的投诉渠道必须保持畅通和有效。例如投诉电话随时有人接听，业主上门投诉时有专人负责接待和跟进、邮件有专人回复等。同时，还要考虑投诉渠道能够满足所有投诉人的需要，例如残疾人、儿童、老人、外国人等有特殊需要的人群。

3. 以客户为中心

物业服务人应当最大化地满足客户的合理需要。然而，有些物业服务人在处理投诉的过程中往往过多考虑自身利益，而忽略客户的感受。例如，收取物业服务费的时间与业主的上下班时间冲突，业主希望下班时能交费而物业管理处却下班了。

4. 持续改进

持续改进包括两个方面的内容，一是利用投诉发现的问题持续改进服务；二是对投诉处理流程本身不断改进。

5. 责任制

无论是制造问题导致业主投诉的人员，还是投诉处理不当导致投诉升级的人员，都应当追溯和承担责任。

6. 保密性

在事情没有解决之前不要公开被投诉者和投诉人身份，以免影响调查的公正性，同时注意保护投诉人的个人隐私，以防引起新的投诉。

7. 响应度

在收到业主的投诉后，应当快速作出响应。

8. 客观性

对投诉的调查和处理，必须保持客观、公正。

五、物业管理投诉处理的基本流程和注意事项

（一）物业管理投诉处理的基本流程

1. 接受投诉

对客户的投诉进行详细的记录，同时应当向客户表达歉意。

2. 确认投诉

（1）进一步了解客户的真实动机、对处理结果的要求等。

（2）注意区分业主是真的对服务有意见，还是恶意泄私愤。这两者有本质的不同，投诉者希望有一个回应和解决办法，而恶意谩骂者则不同。

3. 调查评估

（1）对投诉进行实质性的调查，了解事情的原委及过程。

（2）对投诉可能产生的影响（严重性）进行评估，以决定采取什么样的措施。

4. 处理方案

与相关部门或人员协商制定服务补救的方案。

5. 回复客户

将服务补救方案回复客户，并征询其意见。如客户感觉满意则按照既定方案采取行动；如客户感觉不满意，应向客户解释处理方式和另外可供选择的方案。

6. 回访客户

在服务补救完成后，再次回访客户。回访客户是投诉处理中非常重要的一个环节，通过回访可以了解客户的满意度，掌握员工的工作流程和行为是否妥当，也有助于物业服务人进一步改善服务质量。

7. 投诉总结

在投诉关闭后，应当对客户投诉处理过程加以整理存档。并定期将客户投诉的案例进行提炼和总结，以便用于员工培训及持续改进。

（二）物业管理投诉处理的注意事项

1. 鼓励客户投诉

据美国 TRAP 的研究发现，一般的企业听不到来自它们的不满意客户的声音，这并不意味着客户不会抱怨。他们只是对朋友或家人抱怨，却不会对企业抱怨。平均说来，一个不满意的客户会向其他 11 个人表示其对企业的不满。如果这 11 个人每人又告诉另外的 5 个人，这家企业就可能会失去 67 个客户。因此，物业服务人应当面向客户，建立一个公开、有效的投诉管理机制，积极鼓励客户投诉。

2. 物业服务人应当在企业内部积极营造"乐于受理、一定回复、快速响应"的客户投诉处理的氛围

一方面，要给予那些负责处理投诉的现场员工以充分的授权；另一方面，要对那些在处理客户投诉方面表现卓越的员工给予及时嘉奖。例如，可根据企业实际情况增设"员工委屈奖"。

3. 不要简单区分"有效""无效"投诉

在物业管理实践工作中，确实会存在一些难以处理的投诉，例如业主无理取闹的投诉、非物业服务人的责任而导致的投诉等。正确的做法是：物业服务人应对投诉处理的责任部门、流程、要求、时限等进行明确规定，当责任部门难以处理时不可以擅自关闭投诉而应当逐级向上报告，直至投诉管理体系的最高管理者。

4. 快速响应

物业服务人应当明确规定客户投诉处理的时限，一旦在规定的时间内投诉得不到有效处理，就应当升级到更高一级去处理。

5. 服务补救艺术

事实上，客户对于服务出现失误，而接待人员成功地补救了失误的服务绩效的评价要比第一次就正确提供的服务评价还要高些。这种现象被称为"服务补救的悖论"。因此，物业服务人一方面要站在主动的立场上，尽量减少服务失误的发生。另一方面，要提前制定服务补救计划，并给前线员工配备一套有效的补救工具，以便在发生服务失误时弥补客户的服务

感受。服务补救常见的五个步骤包括：道歉、紧急复原、移情、象征性赎罪和跟踪。

第四节　客户满意管理

一、客户满意的含义

客户满意，就是客户期望与客户实际服务感受的比较。简单说来，如果客户的感受满足了他的期望，即"期望确认"，客户就会满意。如果感受与期望不相等，即"期望不确认"。期望不确认又分为两种情况：如果实际感受低于期望，即"负面不确认"，客户就会不满意；如果实际感受高于期望，即"正面不确认"，客户就会惊喜。

对于客户期望而言，它往往不是一个点，而是一个区间（图14-1）。

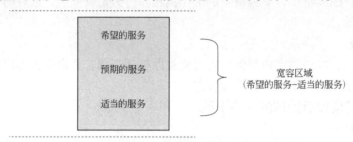

图 14-1　客户期望区间

希望的服务，是理想的期望值，它反映了客户实际最想要的服务水平。

适当的服务，是最小的期望值，它反映了客户愿意接受的服务水平。

由于服务的异质性，消费者也知道在不同的时间、地点接受的服务是不会完全相同的，甚至同一个服务人员在不同时间提供的服务也可能会不同。这就使得客户形成了一个宽容区域，它反映了希望的服务与适当的服务之间的差异。

二、客户需要的分类

要想实现客户满意，就要了解客户的需要，以有针对性地采取不同的措施，提高满意度。一般而言，客户有四种需要：

1. 需要被关心

客户需要你对他表现出关心与关切，而不是不理不睬或应付。客户希望自己受到重视和善待。他们希望与其接触的员工是真正关心他们的要求或能替他们解决问题的人。他们需要理解的表达和设身处地的关心。

2. 需要被倾听

客户需要公平的礼遇，而不是埋怨、否认或找借口。倾听可以针对问题找出解决之道，并可以训练员工远离埋怨、否认、借口。

3. 需要服务人员专业化

客户需要明白与负责的反应，需要一个能用专业精神和专业水平为其解决问题的人，一个不仅知道怎样解决而且会负责解决问题的人。服务人员不专业会导致客户满意度下降。

4. 需要迅速反应

客户需要迅速与彻底地解决问题，而不是拖延和沉默。

三、客户满意度的评价

（一）客户满意度评价的方法

对客户满意度的评价，就是将预期服务与实际服务感受进行比较而得到的结果。对客户满意度的评价可以分为直接或间接的方法。间接评价，包括对客户投诉的分析、对客户流失的分析、对销售业绩的分析以及神秘客户调查等。直接评价，就是开展客户满意度测量。

客户满意度测量，是依据相应的客户满意度模型来设计测量问卷，并对问卷的结果进行定性和定量分析的一种方法。

（二）客户满意度模型

目前客户满意评价的理论模型常见的主要有瑞典客户满意度指数模型（SCSB 模型）、顾客满意度指数模型（ACSI 模型）、安德森模型（ANDERSON 模型）等。

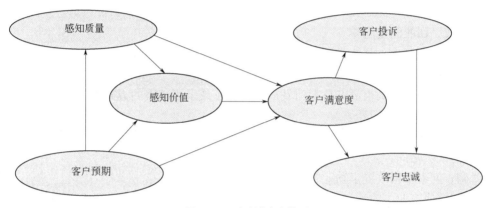

图 14-2　客户满意度模型

通过图 14-2 可以知道影响业主满意程度的因素主要有三个：一是业主对服务质量的感知，即业主在日常生活、工作中感受到的服务水平。二是业主对服务的期望。三是业主对价值的感知，即业主付出的总成本（包括管理费价格、时间、精力、情感等）与其享受到的总收益的比较。

（三）客户满意度测量的策划

目前开展客户满意度测量的物业服务人越来越多，无论是聘请第三方专业机构还是企业自行组织，对客户满意度测量的策划都应当包括以下要点。

1. 确定测量的实施时间、范围

包括开始时间、结束时间、需要测量的区域、需要参加测量的物业项目。

2. 确定测量的方式

常用的有三种方式：①访谈答卷。由调查员上门与业主面谈，并按照既定的问卷内容向业主提问。其好处是，可以深入了解客户想法及意见，获得额外的信息。其弊端是，调查者可能带个人成见而影响问卷结果；调查时间长。②自主答卷。由业主自行填写问卷。其好处是，方便答卷者；获得相对真实完整的答案。其弊端是，较难征询额外的信息；有时候答卷者不能完全理解所提出问题而出现答题偏差。③网络答卷。与自主答卷的区别是通过网络进行提交。其好处是，可以减少误差并提高数据的完整性；数据收集迅速。其弊端是，回收率会较低。

3. 确定测量的样本

① 规定抽样的比例、最小样本数。根据项目的规模及客户的数量来决定抽样比例。一

般抽样比例尽量不要低于20%，绝对样本量不要低于20个。

② 规定抽样的要求。根据项目的物业形态、客户类型，来确定抽样的要求，尽量保证样本是平均分布的且代表不同类型的业主。

4. 设计、制作测量问卷

① 内容结构。一般问卷会包括测量说明、前言、业主基本信息（地址、姓名、电话）、定量问题、定性问题、结束语等。

② 问题设计。包括封闭式问题、开放式问题。设计开放式的问题，是为了让客户能够更加客观地表达对服务的意见。

③ 分配权重。确定不同驱动因素之间的权重关系。

④ 评价等级。常见的有五级、七级、十级评价法。

5. 组建并培训调查员团队

调查员应当保持充分的独立性，不得与被调查的物业管理处有利害关系。

6. 发放、回收测量问卷

① 严格按照既定的样本清单发放问卷，无特殊情况不得轻易更换既定的样本地址。不得使用物业管理处推荐的样本。

② 调查问卷应由调查员亲自上门发放及回收（或采用邮寄的方式），不得由物业管理处员工上门去发放和回收问卷。

③ 在调查过程中，调查员不得将抽样样本透露给物业管理处。在上门访问时不应有物业管理处的人员陪同。

④ 调查问卷不得放置于物业管理处。

调查问卷应有业主的签名及联系电话。问卷出现损坏、人为涂改或客户答题数量不足等，均应视为无效。

7. 统计和汇总测量结果

对测量的结果进行统计和汇总。

8. 对测量结果进行分析和改进

① 对满意驱动因素、不满意驱动因素进行分析；

② 分析不满意因素的原因，制定改进对策；

③ 通过开放性问题所获取的客户对服务的意见，可以作为物业项目服务改进的依据和输入。

四、客户满意管理的注意事项

1. 客户满意是相对的

这包括两个方面：一方面客户满意经营是企业应当遵循的基本理念，但客户满意是相对的。不管企业如何努力，要实现百分百的客户满意是不可能的。另一方面，具有较高满意度的企业可以有效阻止竞争对手提高市场份额。但提升客户满意度是需要成本的，客户满意度达到多少才是合适的，这需要企业综合考虑竞争对手的客户满意度、提高客户满意度的投资与提高市场份额的收益之间关系、上述投资的机会成本。

2. 不同企业之间的客户满意度测量数据难以比较

一些物业服务人喜欢用自己的客户满意度数据与其他同行的数据进行比较，并据此得出优劣的结论，这是不科学的。原因在于：

（1）由于不同企业所采用的客户满意度模型、测量方式、评价方法、评价问题等有很大的不同，因此最终的客户满意度结果往往是无法进行比较的。

（2）客户满意与否，更多是取决于客户的期望与客户实际感受的比较。而客户期望，又受到过往消费经历、自身专业知识、企业服务承诺、企业服务口碑等诸多因素的影响。例如由同一个客户对两家不同的物业服务人提供评价，由于客户对 A 公司（知名度较高）的期望高于 B 公司（知名度较低），在同样的服务感受的前提下，有可能出现对 A 公司的满意度低于对 B 公司的满意度的情况。

3. 客户满意度并不等同于服务质量

物业服务是一项综合性服务，它包括了对人的服务以及对物业的管理。由于缺乏专业知识或者是无法感知后台工作情况，客户对物业服务人的满意度评价通常只限于其能够感受到的服务（前台的服务）。对服务质量的评价，还需要其他方面的数据或事实补充。

4. 注意区别满意率和满意度的差别

在实际工作中，很多企业会混淆满意率与满意度的概念。通常而言，满意率是指接受调查的人口中，对服务表示"满意"的人所占的比例，其公式为：

满意率=∑（选择"非常满意""满意""基本满意"的抽样户数）/抽样总户数

而满意度是接受调查人口对服务满足其需求和期望程度的主观感受，常用具体分值来表本，其公式为：

满意度=∑（各分值×各分值对应抽样户数）/抽样总户数

【案例】对某两个小区进行满意率和满意度的对比。

项目	非常满意	满意	基本满意	不满意	很不满意	满意率	满意度
分值	5	4	3	2	1		
甲小区	15 户	45 户	30 户	8 户	2 户		
乙小区	35 户	25 户	30 户	6 户	4 户		

则甲小区满意率为：

$$(15+45+30)/100 = 90\%$$

满意度为：

$$(15 \times 5 + 45 \times 4 + 30 \times 3)/100 = 3.45$$

乙小区满意率为：

$$(35+25+30)/100 = 90\%$$

满意度为：

$$(35 \times 5 + 25 \times 4 + 30 \times 3)/100 = 3.65$$

由此可以看出，甲小区和乙小区的满意率都是 90%，但满意度指数却是不一样的。

思考题

1. 物业项目客户服务的主要内容有哪些？
2. 物业管理实践中与顾客的高接触部分和低接触部分各自包含哪些区域？
3. 物业服务人沟通的方法与管理各自包括哪些？
4. 简要说明物业管理实践中投诉产生的原因和具体分类。
5. 物业管理投诉处理的基本流程有哪些？注意事项包括哪些内容？
6. 满意率和满意度具体如何计算？

第十五章　物业服务人风险管理

第一节　物业管理风险概述

一、风险的概念和特征

1. 风险的概念

风险是指因未来的不确定性所带来的可能损失，是收益或结果偏离期望值或平均值的可能性。

风险由风险因素、风险事故和风险损失等要素组成。换句话说，在某一个特定的时间段里，人们所期望达到的目标与实际出现的结果之间产生的距离称之为风险。三者的关系为：风险因素的增加会导致风险事故发生的可能性增加，而风险事故的发生可能导致损失的出现。

2. 风险的特征

（1）负面性。即风险是与损失或不利事件相联系的，没有损失就没有风险和风险管理。

（2）不确定性。风险是与偶然事件相联系的，即发生不利事件或损失是不确定的，可能发生也可能不发生。

（3）可测性。凡是风险都是与特定的时间和空间条件相联系，因此，风险事故的发生是可以测定的。这种可测性也就是数学或统计学所说的概率。所以，风险可以通过大量的观测结果来揭示出它潜在的必然性。这种风险的可测性是保险人能够经营保险的基础。

二、物业管理风险的定义和主要内容

风险管理是指有目的、有意识地通过计划、组织和控制等活动来避免或降低风险带来的损失。确切地说，风险管理就是利用各种自然资源和技术手段对各种导致人们利益损失的风险事件加以防范、控制以至消除的过程。其目的是以最小的经济成本达到分散、转移、消除风险，保障人们的经济利益和社会稳定的基本目的。

物业管理风险是指物业服务人在提供物业服务的过程中，由于物业服务人或企业以外的自然因素、社会因素所导致的应由物业服务人承担的意外损失。物业管理风险的主要内容按类型主要包括以下几个方面。

（一）早期介入的风险

早期介入的风险包括项目接管的不确定性带来的风险和专业服务咨询的风险。

1. **项目接管的不确定性带来的风险**

有的物业服务人在还没有确定取得项目接管权的时候,就投入了较多的人力、物力和财力。但因为种种原因,最终未被建设单位选聘,物业服务人不仅蒙受人、财、物的损失,企业的品牌形象也受到了损害。

2. **专业服务咨询的风险**

早期介入涉及面广、时间长、技术性强、难度高,当物业服务人不具备足够的具有相当专业技术能力和物业管理操作经验的人员全过程参与时,难以发现在项目规划设计和施工等方面存在的隐患和问题,其提供的专业咨询意见和建议也可能出现不足和偏差。此外,如果不能与建设、施工和监理单位良好地沟通和配合,早期介入提出的合理化建议将得不到重视和采纳。以上两个方面都有可能导致物业建成后管理运作中的一定风险。

(二)前期物业管理的风险

前期物业管理的风险有许多方面,但最主要的是合同风险。合同风险具体包括以下三个方面。

1. **合同期限**

前期物业服务合同是附解除条件的合同,《物业管理条例》第二十六条规定:"期限未满、业主委员会与物业服务企业签订的物业服务合同生效的,前期物业服务合同终止。"因此,前期物业管理合同的期限具有不确定性,物业服务人随时有可能被业主大会解聘。一旦被提前解约,企业对物业管理项目的长期规划和各种投入将付诸东流,企业将蒙受损失。但如果企业过多局限于这一因素,致使前期的规划和投入不到位,可能会带来操作上的短期行为,也会引发业主及物业使用人与物业服务人的矛盾和冲突。

2. **合同订立的风险**

在订立前期物业服务合同时,物业建设单位居于主导方面。而且物业相关资料的移交,物业管理用房、商业经营用房的移交,空置房管理费缴纳等均需要物业建设单位的支持与配合。因此,建设单位在与物业服务人订立前期物业服务合同时,可能会将本不该由物业服务人承担的风险转嫁给物业服务人。此外,一些物业服务人为了取得项目管理权,在签订合同时盲目压低管理费用,这将影响到接管项目后正常经营的维持;一些物业服务人在签订合同时没有清晰约定有关责任,或忽视免责条款,甚至作出一些难以实现的承诺,致使在接管后发生不测事件(家中财产被盗、人员伤亡等)时,处于被动局面。在合同内容上的疏忽有可能成为业主向物业服务人索赔的依据。

3. **合同执行的风险**

前期物业服务合同由建设单位代表全体业主与物业服务人签订。虽然这种合同订立行为是法规规制的结果,但在业主入住和合同执行的过程中,由于缺乏相应法规知识或其他原因,可能会发生对前期物业服务合同的订立方式、合同部分条款和内容不认同、不执行,从而引发业主与物业服务人之间的纠纷。

前期物业服务阶段处于各种矛盾交织的特殊时期,工程遗留的质量问题、设施设备调试中未妥善解决等问题,都会影响业主正常生活。由此引发的对前期物业服务合同的争议和纠纷,若处理不当,将会诱发管理风险。

(三)日常物业管理的风险

日常物业管理的风险包括两个方面:一是业主及物业使用人在使用物业和接受物业服务

过程中存在的风险；二是物业管理日常运作过程中存在的风险。

1. 业主使用物业、接受服务中发生的风险

（1）物业违规装饰装修带来的风险　在我国物业管理实践，业主及物业使用人违规装饰装修行为非常普遍，而物业服务人又缺少相应的处罚权，业主及物业使用人违规装饰装修，不仅会造成物业共用部位损坏、安全隐患、邻里纠纷等，增加物业管理的运行、维修、维护成本，还会使物业服务人承担一定的物业装饰装修管理责任。

（2）物业使用带来的风险　在物业日常使用过程中，业主及物业使用人对物业使用出现不当行为和不当使用的情况，如高空抛物、改变物业使用功能、堵塞消防通道、损毁共用设备设施和场地等，是难以确定责任人的；或业主及物业使用人因物业的"瑕疵或当事人的疏忽"而发生意外事故，造成他人人身伤害或财产损失的情况下，物业服务人就要承担一定的法律责任风险。

（3）法律概念不清导致的风险　在公共安全、人身财产的保险、保管方面，业主及物业使用人往往对物业管理安全防范主体的责任认识不清，误将本应由公安机关或业主自身承担的安全防范责任强加给物业服务人（如业主家中财产被盗、专有管道堵塞等），导致物业服务人与业主及物业使用人纠纷增加，物业服务人为此投入大量的人力、物力、精力，造成不必要的消耗，承担额外责任。

2. 物业管理日常运作过程中存在的风险

（1）管理费收缴风险　业主及物业使用人由于各种原因缓交、少交或拒交管理费，是物业服务活动中比较突出的问题。由于物业服务人普遍缺乏有效追缴手段，收费风险是物业日常管理服务常见的风险之一。物业项目分期开发，业主分期分批入住，物业项目业主入住率低，管理费收缴率低，导致项目存在亏损的风险。

（2）替公用事业费用代收代缴费用存在的风险　在公用事业费用（如水电费等）的代收代缴以及公共水电费分摊中，物业服务人居于收取和缴纳的中间环节，如业主及物业使用人不及时、不足额缴纳相应费用，势必导致物业服务人蒙受经济损失，承担不应有的风险。

（3）管理项目外包存在的风险　物业管理服务项目外包是物业管理运作中常见的现象。在对项目外包单位的选择，以及合同订立、实施管理的诸多环节中，物业服务人虽然可采取多种手段加以控制，但潜在和不确定的因素依然存在。如选择的专业公司履约时，专业服务行为不符合物业管理服务要求，虽然物业服务人可通过要求整改予以解决，但其后果往往是业主及物业使用人仍将责任归咎于物业服务人。

（4）物业服务员工服务存在的风险　物业服务人未能履行物业服务合同的约定，导致业主人身、财产安全受到损害的，要承担相应的法律责任。由于员工违规操作引发的问题，按照法律上称为的"雇主责任"，物业服务人将承担其属下员工不当作为的赔偿责任。

（5）公共媒体在宣传报道中的舆论风险　在物业管理操作中，由于物业管理服务不到位、矛盾化解不及时、投诉处理不当、与各方沟通不及时等，均有可能导致物业管理的舆论风险。舆论风险不仅会影响物业服务人的品牌形象，而且会给物业服务人带来经济上的损失。

（6）共用设施设备风险，包括消防风险等　物业共用设施设备本身隐患及公共设备和设施的管理不善都有可能导致业主及物业使用人的人身和财产安全，由于物业内公共设备设施的多样性和分布分散性，随之而来的风险频频发生。物业服务人面临如此的风险不仅要承担经济赔偿的民事法律责任，直接责任人和企业主要负责人还可能因此而承担刑事法律责任。

三、物业管理风险的应对方法

风险管理是研究风险发生规律和风险控制技术的一门新兴管理科学,是指风险管理单位通过风险识别、风险衡量、风险评估和风险决策管理等方式,对风险实施有效控制和妥善处理损失的过程。

风险管理的基本目标是以最小的经济成本获得最大的安全保障效益,即风险管理就是以最少的费用支出达到最大限度地分散、转移、消除风险,以实现保障人们经济利益和社会稳定的基本目的。这又可以分为以下三种情形:①损失发生前风险管理目标——避免或减少风险事故发生的机会;②损失发生中风险管理目标——控制风险事故的扩大和蔓延,尽可能减少损失;③损失发生后风险管理目标——努力使损失的标恢复到损失前的状态。

(一)风险识别和风险评估的概念

风险识别,是确定何种风险可能会对项目产生影响,并将这些风险的特性归档。它是一个反复作业的过程,是管理风险的第一步,即识别整个项目过程中可能存在的风险。

风险评估,是应用各种概率与数理统计方法,测算出某一种风险发生的概率,估算损害程度。

(二)风险识别和风险评估的方法

风险分析的目的是确定每个风险对项目的影响大小,一般是对已识别出来的项目风险进行量化估计。评估的主要因素包括:风险影响、风险概率、风险值。评估的方法主要有定量分析法、直观评价法、经验评价法和 FMEA 分析方法等,比较常用的是定量分析方法。

定量分析方法是定量计算每一种危险源所带来的风险所采用的方法,其公式为:

$$D=LEC$$

式中,D 为风险值;L 为发生事故的可能性大小;E 为暴露于危险环境的频繁程度;C 为发生事故产生的后果。

当用概率来表示事故发生的可能性大小(L)时,绝对不可能发生的事故概率为 0;而必然发生的事故概率为 1。然而,从系统安全角度考察,绝对不发生事故是不可能的,所以人为地将发生事故可能性极小的分数定为 0.1,而必然要发生的事故分数定为 10,介于这两种情况之间的情况规定若干中间值,如表 15-1 所示。

当确定暴露于危险环境的频繁程度(E)时,人员出现在危险环境中的时间越长,则危险性越大。规定连续出现在危险环境的情况定为 10,而非常罕见地出现在危险环境中定为 0.5,介于两者之间的各种情况规定若干中间值,如表 15-2 所示。

表 15-1　事故发生的可能性(L)

分数值	事故发生的可能性
10	完全可以预料
6	相当可能
3	可能,但不经常
1	可能性小,完全意外
0.5	很不可能,可以设想
0.2	极不可能
0.1	实际不可能

表 15-2　暴露于危险环境的频繁程度（E）

分数值	频繁程度
10	连续暴露
6	每天工作时间内暴露
3	每周一次暴露
2	每月一次暴露
1	每年一次暴露
0.5	非常罕见地暴露

关于发生事故产生的后果（C），由于事故造成的人身伤害与财产损失变化范围很大，因此规定其分数值为 1~100。把需要救护的轻微伤害或较小财产损失的分数值规定为 1，把造成多人死亡或重大财产损失的可能性分数值规定为 100，其他情况的数值在 1~100 之间，如表 15-3 所示。

表 15-3　发生事故产生的后果（C）

分数值	后果
100	大灾难，许多人死亡
40	灾难，数人死亡
15	非常严重，一人死亡
7	重伤或较重危害
3	轻伤或一般危害
1	轻微伤害或不利于基本的安全卫生要求

风险值（D）求出之后，关键是如何确定风险级别的界限值，而这个界限值并不是长期固定不变的。在不同时期，组织应根据其具体情况来确定风险级别的界限值，以符合持续改进的思想。表 15-4 内容可作为确定风险级别界限值及其相应风险控制策划的参考。

表 15-4　危险等级划分（D）

等级	D 值	危险程度
V	>320	极其危险，不能继续作业
IV	160~320	高度危险，需立即整改
III	70~160	显著危险，重点控制
II	20~70	一般危险，需要控制
I	<20	稍有危险，可以接受

风险控制措施计划应在实施前，针对以下内容进行评审：计划的控制措施是否使风险降低到可容许水平；是否产生新的危险源；是否已选定了投资效果最佳的解决方案；受影响的人员如何评价计划的预防措施的必要性和可行性；计划的控制措施是否被用于实际工作中。

（三）风险的应对

风险应对是指具体管理风险的对策和策略。风险应对包括以下几种基本类型。

1. 风险回避策略

避免风险是最可行的简单方法，但有很大的局限性，一是只有在风险可以避免的情况下避免风险才有效；二是有些风险无法避免；三是有些风险可以避免但成本过大；四是企业消极地避免风险，会使企业安于现状，不求进取。

2. 风险控制策略（预防）

控制风险主要有两方面意思：一是控制风险因素，减少风险的发生；二是控制风险发生的频率和降低风险损害程度。

3. 风险分散策略

物业服务人通过科学的管理组合，如选择合适的几种不同类型物业进行管理组合，加上不同管理期限的组合和物业管理自身的"集团式"管理组合，使整体经营风险得到分散而降低，从而达到有效的风险控制。

4. 风险承担策略（自留）

物业服务人承担风险的方式可以分为无计划的单纯自留或有计划的自己保险（提取坏账准备金等）。

5. 风险转移策略

物业服务人为了避免自己在承担风险后对自身经济活动的妨害和不利，可以对风险采用各种不同的转移方式，如进行保险或非保险形式转移。现代保险制度是转移风险的最理想方式。非保险形式转移可以通过物业服务专项分包的方式。

四、物业项目风险的应对及注意事项

（一）物业项目风险的应对

1. 早期介入的风险应对

（1）物业服务人在进场服务之前，应尽可能了解以下信息：开发商的资信情况、历史产品质量等；新项目所在地物业项目中的层次和地位、同类物业的物业服务费标准和物业服务费的收缴率情况；新项目所在地的地方性物业管理政策法规、地方性财税政策、地方性劳动用工政策等；新项目所在地的公共事业费结算处理方法等其他物业服务相关的环境因素。

（2）物业服务人严格控制进场后的运营成本，实施预算管控。

（3）早期介入越早越好，对遗留问题存有争议的，由当地政府房地产行政主管部门进行协调解决。

2. 前期物业管理的风险应对

（1）物业服务人首先要明确合同中以下内容不存在争议：物业管理服务范围内容、服务质量、服务费用、双方的权利和义务、专项维修资金的使用和管理、物业管理用房、合同期限、违约责任等。

（2）当物业项目具备召开业主大会、成立业主委员会时，项目应积极配合业主及政府相关部门组织召开业主大会、组建成立业主委员会，并按照规定程序与业主委员会签订物业服务合同，以保证物业服务人能持续服务及经营。

（3）物业服务人要严格执行预算管理，避免亏损，以减少或避免因为前期管理期限的不确定性所带来的经营风险。

3. 日常物业管理的风险应对

（1）业主使用物业、接受服务中发生的风险防范及应对

① 物业项目须提前将物业装修有关管理规定及要求公示给全体业主；在业主装修期间严格执行装修管理，对违规装修及时制止并书面要求其整改，对于不整改并已造成安全隐患

的，物业服务人可与政府相关职能部门沟通，借助政府部门的职能来共同解决。

② 物业项目对全体业主（物业使用人）强化物业服务企业对公共区域的维护及安全防范的职责及法律地位，完善小区内安全防范设施，做好群防群治工作，严格执行公共区域的维护及安全防范的管理制度，完善公共区域突发事件应急预案，以减少或避免由于业主及物业使用人的过错和违法行为给物业服务范围内的业主及物业使用人造成人身损害和财产损失导致的物业管理服务风险。

（2）物业管理日常运作过程中的风险防范及应对

① 物业服务费收缴风险的防范措施

a. 物业经营过程中要学法、懂法和守法，在物业服务合同中要明确相关服务标准、收费事项、违约责任、免责条件和纠纷处理的方式等。

b. 项目物业服务收费项目、服务标准须提前知会全体业主。

c. 项目要按照规定及合同约定收取物业服务费用及其他费用。

d. 项目要按照规定及合同约定进行物业服务开支。

e. 项目收支明细按照规定或合同约定定期公示。

f. 对于已经发生经营亏损的项目，物业项目要组织进行经营分析，在收支两方面进行原因分析并制定开源节流的具体应对计划，明确责任、实施措施、时间进度等。

② 替公用事业费用代收代缴费用存在的风险防范及应对

a. 首先物业与业主及物业使用人签订的公用事业费用代收代付协议中需明确双方的职责、义务、违约责任等。

b. 物业项目管理处要及时催缴业主的水电费用，必要的情况下可以采取法律途径追讨。

c. 为了减少或避免物业服务人在水电代收代付方面的经济损失，同时减少物业项目的运营成本，物业服务人可建议业主大会或业主委员会进行水电设施设备的投入改造，实现小区用水、用电抄表到户。

③ 管理项目外包存在的风险防范及应对

a. 首先物业服务人与分包单位签订的分包服务合同中要明确相关服务标准、收费事项、违约责任、免责条件和纠纷处理的方式等。

b. 物业服务人按照合同约定对分包单位进行定期考核，并按照合同约定条款对分包单位实施奖惩。对于专业服务行为不符合物业管理服务要求的，物业服务人可要求其整改并予以解决。

c. 物业服务人可根据合同周期，定期对分包单位进行市场重新招投标，并选择合适的分包单位，以规避部分风险。

④ 物业服务员工服务存在的风险防范及应对

a. 物业服务人在经营过程中要学法、懂法和守法，按照物业服务合同约定履行相应的职责。

b. 物业服务人要完善安全操作规程等安全生产相关制度。

c. 物业服务人要强化员工安全培训，强化标准化作业流程，特殊工种所有员工须持证上岗。

d. 必要的情况下，物业项目可购买雇主责任保险等，以转移部分风险。

⑤ 公共媒体在宣传报道中的舆论风险防范及应对

a. 物业服务人应针对其在经营管理过程中可能遇到的各种风险，树立高度的警觉意识，建立起科学的反应系统和紧急情况处理预案程序，充分发挥协调的功能，当面对紧急事件等公共危机时，物业服务企业应临危不乱、快速反应，尽快分析危机产生的原因及产生的影响，并逐一采取应对措施，按照处理突发危机的步骤，有序地进行处理。

b. 处理突发危机要注意与相关方的有效沟通，在处理危机的过程中，要加强与各类公众的沟通。一般来说，沟通与交流的对象主要分为直接受害人和媒体、其他业主、政府官员、员工。最重要的是与直接受害人和媒体的沟通。要在第一时间内把所发生事件的本来面目真实、准确、全面地反映出来。

c. 舆论发生时物业服务人要着重与新闻媒体的关系，适当进行危机公关管理，危机公关可分为危机预防和危机处理两类，前者是在危机发生前的未雨绸缪，后者是在危机发生后的处理应对。

⑥ 公用、共用设施设备风险，包括消防风险等风险防范及应对

a. 对各种可能的突发事件，应编制相应的针对性预案，进行模拟训练，作好危机处理准备，尽可能减少损失，降低风险。

b. 定期检查是否有被遗漏的风险因素，要不断识别、分析新出现的风险并对其进行处置，采用多种控制手段，将风险控制目标落实到每一个具体的工作环节。

c. 适当引入市场化的风险分担机制。如部分专业内容外包、购买公众责任险等。

d. 根据项目经营环境的变化，要不断修订、完善标准化、专业化的服务流程。

e. 对于已经发生的风险、事故等，首先要采取措施降低其在小区及市场上的负面影响，加强同各方的沟通，同时启动相应紧急预案，尽快实施补救措施，接受可接受风险，强化日常服务流程，制定应对计划，明确责任、实施措施、时间进度等。

（二）物业项目风险应对的注意事项

物业管理风险重在防范，防范的具体措施应根据物业管理活动时间、地点、情况的不同区别处理，注意事项如下。

（1）物业服务人要学法、懂法、守法；

（2）物业服务人要建立健全内部管理体系并严格执行；

（3）物业服务人要完善现场安全标识系统；

（4）妥善处理物业管理活动相关主体间的关系，包括与业主、建设单位、市政公用事业单位及专业公司、政府行政主管部门及街道和社区等的关系；

（5）物业服务人要有效化解舆论风险，应重视企业的宣传，建立舆论宣传的平台，树立企业良好的形象；

（6）物业服务人应适当引入市场化的风险分担机制；

（7）物业服务人应当建立事前科学预测、事中应急处理和事后妥善解决的风险防范与危机管理机制。

第二节　物业管理中的紧急事件

一、物业管理紧急事件的概念和性质

1. 概念

物业管理紧急事件，是物业管理服务活动过程中突然发生的，可能对服务对象、物业服

务人和公众产生危害，需要立即处理的事件。

2. 性质

（1）紧急事件能否发生、何时何地发生、以什么方式发生，均是难以预料的，具有极大的偶然性和随机性。

（2）紧急事件的复杂性不仅表现在事件发生的原因相当复杂，发展变化也是相当复杂的。

（3）不论什么性质和规模的紧急事件，都会不同程度地给社区、企业和业主造成经济上的损失或精神上的伤害，危及正常的工作和生活秩序，甚至威胁到人的生命和社会的和谐。

（4）随着现代科技的发展和人类文明程度的提高，人们对各种紧急事件的控制和利用能力也在不断提高。

（5）面对突如其来的、不可预见的紧急关头或困境，必须立即采取行动以避免造成灾难和扩大损失。任何紧急事件都有潜伏、暴发、高潮、缓解和消退的过程，抓住时机就可能有效地减少损失。面临紧急情况要及时发现、及时报告、及时响应、及时控制和及时处置。

物业服务人在处理紧急事件的过程中，通过对处理原则、处理程序和处理策略的正确理解和运用，将更有助于有效地处理好紧急事件，降低物业管理风险。

二、物业管理紧急事件的处理要求

（1）在发生紧急事件时，物业服务人应尽可能努力控制事态的恶化和蔓延，把因事件造成的损失减少到最低限度，在最短的时间内恢复正常。

（2）在发生紧急事件时，管理人员不能以消极、推脱甚至是回避的态度来对待，应主动出击，直面矛盾，及时处理。

（3）随着事件的不断发展、变化，对原定的预防措施或应对方案要能灵活运用，要能随各种环境、条件的变化而有针对性地提出有效的处理措施和方法。

（4）在紧急事件发生后应由一名管理人员做好统一现场指挥，安排调度，以免出现"多头领导"，造成混乱。

（5）处理紧急事件应以不造成新的损失为前提，不能因急于处理，而不顾后果，造成更大损失。

（6）紧急事件的处理要注重沟通，在事前、事中、事后及时通报给政府主管部门及辖区内业主。

三、物业管理紧急事件的处理过程

物业管理紧急事件的处理可以分为事先、事中和事后三个阶段。

（一）事先准备

1. 成立紧急事件处理小组

紧急事件处理小组应由企业的高层决策者，公关部门、质量管理部门、技术部门领导及法律顾问等共同参加。

2. 制定紧急事件备选方案

紧急事件处理工作小组必须细致地考虑各种可能发生的紧急情况，制定相应的行动计划，一旦出现紧急情况，小组就可按照应急计划立刻投入行动。对物业管理常见的紧急事件，不仅要准备预案，而且针对同一种类型的事件要制定两个以上预选方案。

3. 制定紧急事件沟通计划

紧急事件控制的一个重要工作是沟通。沟通包括企业内部沟通和与外部沟通两个方面。

（二）事中控制

在发生紧急事件时，首先必须确认危机的类型和性质，立即启动相应行动计划；负责人应迅速赶到现场协调指挥；应调动各方面的资源化解事件可能造成的恶果；对涉及公众的紧急事件，应指定专人向外界发布信息，避免受到干扰，影响紧急事件的正常处理。

（三）事后处理

对于紧急事件的善后处理，一方面要考虑如何弥补损失和消除事件后遗症；另一方面，要总结紧急事件处理过程，评估应急方案的有效性，改进组织、制度和流程，提高企业应对紧急事件的能力。

四、物业管理实践中典型紧急事件的处理案例

在物业管理服务过程中经常会面临的突发事件，通常有火警、气体燃料泄漏、电梯故障、噪声侵扰、电力故障、浸水漏水、高空坠物、交通意外、刑事案件、台风袭击、人员伤亡、停车场车辆损坏、卫生防疫事件、群体性聚会等。

1. 火警
（1）了解和确认起火位置、范围和程度；
（2）向公安消防机关报警；
（3）清理通道，准备迎接消防车入场；
（4）立即组织现场人员疏散，在不危及人身安全的情况下抢救物资；
（5）组织义务消防队，在保证安全的前提下接近火场，用适当的消防器材控制火势；
（6）及时封锁现场，直到有关方面到达为止。

2. 燃气泄漏
（1）当发生易燃气体泄漏时，应立即通知燃气公司。
（2）在抵达现场后，要谨慎行事，不可使用任何电器（包括门铃、电话、风扇等）和敲击金属，避免产生火花；在现场慎用对讲机、手机等通信工具（现场泄漏中心点 30m 为半径以内及下风向 100m 以内应关闭或禁用），规避可能因产生"电火花"而酿成燃气爆炸的一切可能。
（3）立即打开所有门窗，关闭燃气闸门。
（4）情况严重时，应及时疏散人员。
（5）如发现有受伤或不适者，应立即通知医疗急救单位。
（6）燃气公司人员到达现场后，应协助其彻底检查，消除隐患。

3. 电梯故障
（1）当乘客被困电梯时，消防监控室应仔细观察电梯内情况，通过对讲系统询问被困者并予以安抚；
（2）立即通知电梯专业人员到达现场救助被困者；
（3）被困者内如有小孩、老人、孕妇或人多供氧不足的须特别留意，必要时请消防人员协助；
（4）督促电梯维保单位全面检查，消除隐患；

（5）将此次电梯事故详细记录备案。

4. 噪声侵扰

（1）接到噪声侵扰的投诉或信息后，应立即派人前往现场查看；
（2）必要时通过技术手段或设备，确定噪声是否超标；
（3）判断噪声侵扰的来源，针对不同噪声源，采取对应的解决措施；
（4）做好与受噪声影响业主的沟通、解释。

5. 电力故障

（1）若供电部门预先通知大厦/小区暂时停电，应立即将详细情况和有关文件信息通过广播、张贴通知等方式传递给业主，并安排相应的电工人员值班。
（2）若属于因供电线路故障，大厦/小区紧急停电，有关人员应立即赶到现场，查明确认故障源，立即组织抢修；有备用供电线路或自备发电设备的，应立即切换供电线路。
（3）当发生故障停电时，应立即派人检查确认电梯内是否有人，作好应急处理；同时立即通知住户，加强消防和安全防范管理措施，确保不至于因停电而发生异常情况。
（4）在恢复供电后，应检查大厦内所有电梯、消防系统、安防系统的运作情况。

6. 浸水、漏水

（1）检查漏水的准确位置及所属水质（自来水、污水、中水等），设法制止漏水（如关闭水阀）；
（2）若漏水可能影响变压器、配电室和电梯等，通知相关部门采取紧急措施；
（3）利用现有设备工具，排除积水，清理现场；
（4）对现场拍照，作为存档及申报保险理赔证明。

7. 高空坠物

（1）在发生高空坠物后，有关管理人员要立即赶到现场，确定坠物造成的危害情况。如有伤者，要立即送往医院或拨打急救电话；如造成财物损坏，要保护现场、拍照取证并通知相关人员。
（2）尽快确定坠落物来源。
（3）确定坠落物来源后，及时协调受损/受害人员与责任人协商处理。
（4）事后应检查和确保在恰当位置张贴"请勿高空抛物"的标识，并通过多种宣传方式，使业主自觉遵守社会公德。

8. 交通意外

（1）在管理区域内发生交通意外事故，安全主管应迅速到场处理；
（2）有人员受伤应立即送往医院，或拨打急救电话；
（3）如有需要，应对现场进行拍照，保留相关记录；
（4）应安排专门人员疏导交通，尽可能使事故不影响其他车辆的正常行驶；
（5）应协助有关部门尽快予以处理；
（6）事后应对管理区域内交通路面情况进行检查，完善相关交通标识、减速坡、隔离墩等的设置。

9. 刑事案件

（1）物业管理单位或控制中心接到案件通知后，应立即派有关人员到现场；
（2）如证实发生犯罪案件，要立即拨打110报警，并留守人员控制现场，直到警方人员到达；

（3）禁止任何人在警方人员到达前触动现场任何物品；
（4）若有需要，关闭出入口，劝阻住户及访客暂停出入，防止疑犯乘机逃跑；
（5）积极协助警方维护现场秩序和调查取证等工作；
（6）事后对辖区内业主做好安抚工作。

10. **台风袭击**
（1）在公告栏张贴台风警报；
（2）检查和提醒业主注意关闭门窗；
（3）检查天台和外墙广告设施等，防止坠落伤人，避免损失；
（4）检查排水管道是否通畅，防止淤塞；
（5）物业区域内如有维修棚架、设施等，应通知施工方采取必要防护和加固措施；
（6）有关人员值班待命，并做好应对准备；
（7）台风过后要及时检查和清点损失情况，采取相应措施进行修复。

11. **人身意外伤亡**
（1）物业管理区域内发生人员伤亡，应立即派有关人员到现场，查明情况并立即报警。
（2）若伤者未死亡，应当保护现场，立即送往医院或拨打120急救电话；除非必要，严禁搬动伤员，防止伤情加重。
（3）若系触电事故，应就近切断电源或用绝缘物将电源拨离触电者。
（4）若系溺水事故，应立即抢救，若呛水较多，应使其头低脚高，按压腹部，必要时施行人工呼吸。
（5）若系设备故障或设施损坏引发伤亡事故，应立即通知工程人员到场，共同确定抢救方案。
（6）若系高层坠落、物品砸伤引起伤亡事故，在抢救伤员的同时，应保护好现场，摄下照片或录像，留下目击者，同时向警方报警。
（7）若系交通肇事引起伤亡事故，应在保护好现场、抢救伤员的同时，记录肇事车辆，留下驾驶员和目击者，如有监控录像，保存相关录像，报请警方处理；若引起交通堵塞，应开辟旁行通道，积极疏导交通，并设立警戒线，防止破坏现场。
（8）留守人员和控制现场，禁止任何人在警方人员到达前触动现场任何物品，直到警方人员到达。
（9）若有需要，关闭出入口，劝阻住户及访客暂停出入。
（10）积极协助警方位置现场秩序和调查取证等工作。
对于该类事件，物业服务人在事件调查清楚后应及时向辖区内业主通报，提醒业主相关事项，并做好安抚工作。

12. **停车场车辆损坏**
（1）在停车场发现车辆损坏，当班安全主管应迅速到场处理；
（2）马上联系车主，并派专人在现场等候车主到来；
（3）查看停车场监控录像及值班记录，确认事实，对现场进行拍照，保留相关记录，并上报保险公司；
（4）协助有关部门尽快予以处理。

13. **卫生防疫事件**
（1）应立即上报政府相关部门，等待政府部门到来，不要惊慌，及时上报公司；

（2）若有需要，关闭出入口，劝阻住户及访客暂停出入；
（3）如发现有受伤或不适者，应立即拨打 120 急救电话；
（4）不要随便传播，以免造成恐慌；
（5）配合卫生防疫部门，做好消毒隔离的工作；
（6）配合政府部门做好小区现场秩序维护工作；
（7）事后分析原因，对业主做好相关解释和安抚。

对于这类事件，要注意方式方法，不与业主发生冲突；特别注意不侵犯业主的隐私权，配合主管部门做流调时确保不外泄业主信息。

14. 群体性聚会

（1）应立即拨打 110 报警，同时上报公司；
（2）在抵达现场后，要谨慎行事，避免激发事态发展；
（3）留守人员和控制现场，直到警方人员到达；
（4）保护小区现场设备设施，有关人员值班待命，并做好应对准备；
（5）协助警方现场处理；
（6）事后向业主做好解释工作。

第三节　物业管理中的危机公关

一、危机与危机公关

美国学者罗森豪尔特指出，危机是对一个社会系统的基本价值和行为准则架构构成严重威胁，并且在时间压力和不确定性极高的情况下必须对其做出关键决策的事件。

危机是一种特殊情况，也是一种突发性事件，是由不平衡和混乱状态引发的。企业危机也叫企业经营活动中的突发性事件，它是指严重威胁公众生命和财产安全的，并产生严重社会影响的重大事故，这些事故和影响直接关系到企业的生存和发展。

危机公关是指应对危机的有关机制。根据公共关系学创始人爱德华·伯尼斯的定义，公共关系是一项管理功能，制定政策及程序来获得公众的谅解和接纳。危机公关具体是指机构或企业为避免或者减轻危机所带来的严重损害和威胁，从而有组织、有计划地学习、制定和实施一系列管理措施和应对策略，包括危机的规避、控制、解决以及危机解决后的复兴等不断学习和适应的动态过程。危机公关对于国家、企业、个人等都具有重要的作用。

二、危机公关的应对原则

危机公关的应对原则是指危机发生后为解决危机所采用的五大原则，也称 5S 原则。包括承担责任原则（shouldering the matter）、真诚沟通原则（sincerity）、速度第一原则（speed）、系统运行原则（system）、权威证实原则（standard）。

1. 承担责任原则（shouldering the matter）

当事组织处理危机的首要原则，就是承担责任，不管当事组织有没有责任，责任轻还是责任重；宣布承担责任，是组织作为社会一员，必须履行的道德义务，也是组织化解危机的最佳选择，能有效快速平服公众激动的心情，免除危机进一步激化的危险，为解决危机创造良好的舆论环境。

组织勇于承担责任的言行，会在公众心里产生良好的回应，这种回应是组织妥善处理危机最可宝贵的支持，也是危机过后组织及其产品、服务继续在消费者中间生存、发展的坚实基础。逃避责任，组织可能毁于社会的重压；承担责任，组织一定在危机中得到赞许，把危机变成发展的转机。因此，可以这么说，当事组织在事件突发的第一时间，就向媒体、公众和消费者宣布，组织愿意承担一切可能的责任，这是组织不致毁灭的最重要选择。

2. 真诚沟通原则（sincerity）

只有真诚沟通，才是有效的，任何非真诚的做法，都只能激化矛盾，引发更大危机。真诚沟通应做到以下几点：

（1）充分传播。当事组织向媒体、公众、消费者及一切关注事件的人们，提供一切可能的沟通办法，如新闻发布会、媒体现场采访、网络互动、热线电话、公开信、广告、短信等传播方式和手段，保证社会大众的知情权。

（2）承担责任。所谓承担责任，是组织作为社会负责任的一员，在事件发生后，对受害者和整个社会的一个道德承诺，是组织应尽的社会道德义务。这是一种信念，不是一种功利。

（3）有人情味。事实真相无疑是重要的，但在事件传播过程中，受众感受的重要性甚至超过了事件本身。如果当事组织一味"以事实说话"，忽视了大众的内心感受，组织仍会被认为"不真诚"。

3. 速度第一原则（speed）

在大众传播时代，任何有新闻价值的事件，都会在事件发生之后，甚至在事件发生的同时，被立即报道出来，并很快成为媒体关注的热点，引发公众震荡，形成危机。

因此，当事组织如果不能在事件发生后的第一时间，向媒体公布事件真相（就其所知），这个组织就失去了控制事态恶化的最佳战机以后的挽救，要花费百倍的努力。

从传播学的角度讲，事件发生后最初的 12~24 小时内，是消息传播最快、变形最严重的时段，也是受众最焦虑、最渴望信息、最惶惶不可终日的时段。当事组织的一举一动，都被媒体广泛报道，因此第一时间采取正确的传播手段传播正确的内容，几乎就等于奠定了成功处理危机的胜局。

4. 系统运行原则（system）

危机管理，就是要保证当事组织采取的各项措施及时、正确、连贯、符合长远利益。每个大型组织，都应建立危机管理制度，保证危机一旦发生，立即启动危机解决程序，系统运作化解危机。

5. 权威证实原则（standard）

当事组织的产品、服务或其他事项是否存在问题由自身来证明是没有说服力的，通过政府主管部门，或第三方权威机构经过缜密调查研究，给出最终结论，这样的证实才是权威有效的。因此，当事组织在事件发生后，只需真诚解决问题，等待权威结论，任何自下结论的做法，不仅于事无补，还会激怒受害者，加剧危机。

三、物业管理危机公关的应对策略

在物业管理实践中，对于许多紧急事件如果处理不当就会让企业面临信誉受损、口碑下滑等局面，严重的还会对企业造成巨大的危机，因此对于物业服务人来说，应高度重视危机管理，成立专门的危机公关部门，并指定专人负责。物业服务人在进行危机处理时，必须积极应对，妥善处理，转"危"为"机"，策略性地解决问题。主要应做到以下几点：

（1）保持清醒，以静制动。危机会使人处于焦躁或恐惧之中，令人心神不安。物业服务人的领导要保持高度清醒，镇定自若，临危不乱，减轻员工的心理压力，给外界一个干练的形象。

（2）统一思想，形成共识。在企业内部迅速统一思想，对危机形成一致认识，这样做的好处是可以避免员工的无端猜测，从而稳住阵脚，万众一心，共同抵抗危机。

（3）谨慎决策，快速出击。由于危机瞬息万变，即使信息匮乏，危机决策也要迅速，任何模糊的决策都会产生严重的后果。物业服务人必须在第一时间快速做出决策，系统部署，行动果决，控制事态，化解危机。

（4）利用资源，借助外力。当危机来临，物业服务人切不可孤军奋战，而是应该积极主动地与上级主管部门、业主委员会、同行及新闻媒体等充分配合，联手对付危机，在众人拾柴火焰高的同时，增强公信力、影响力。

（5）标本兼治，清除危机。要真正彻底地消除危机，需要在控制事态后，及时准确地找到危机的症结，对症下药，谋求治"本"。如果仅仅停留在治标阶段，就会前功尽弃，甚至引发新的危机。

（6）顾全大局，承担责任。危机发生后，公众会关心两方面的问题：一方面是利益的问题，利益是公众关注的焦点，因此无论谁是谁非，物业服务人应该勇于顾全大局，承担责任。即使受害者在事故发生中有一定责任，企业也不应该首先追究其责任，否则因为利益上的原因，双方会各执己见，加深矛盾，从而引起公众的反感，不利于问题的解决。另一方面是感情问题，公众一般很在意企业是否在意自己的感受，因此物业服务人应该站在受害者的立场上给予一定的同情和安慰，并通过新闻媒介向公众致歉，解决深层次的心理、情感关系问题，也会赢得他们的理解和信任。

思考题

1. 什么是物业管理风险？其主要内容有哪些？
2. 物业项目风险的应对及注意事项有哪些？
3. 物业管理紧急事件的处理要求有哪些？
4. 简要说明火警、电梯故障、高空坠物、卫生防疫事件等紧急事件的处理方法。

参 考 文 献

[1] 陈伟. 物业管理基本制度与政策[M]. 北京：中国市场出版社，2014.
[2] 周心怡. 物业管理实务[M]. 北京：中国市场出版社，2014.
[3] 季如进. 物业经营管理[M]. 北京：中国市场出版社，2014.
[4] 陈德豪. 物业管理综合能力[M]. 北京：中国市场出版社，2014.
[5] 李加林，周心怡. 物业管理实务[M]. 北京：中国建筑工业出版社，2006.
[6] 张景伊，陈伟. 物业管理基本制度与政策[M]. 北京：中国建筑工业出版社，2006.
[7] 韩朝. 物业管理综合能力[M]. 北京：中国建筑工业出版社，2006.
[8] 刘洪玉，柴强. 物业经营管理[M]. 北京：中国建筑工业出版社，2006.
[9] 中国物业管理协会. 物业管理指南-基础[M]. 北京：中国计划出版社，2017.
[10] 中国物业管理协会. 写字楼物业[M]. 北京：中国计划出版社，2017.
[11] 中国物业管理协会. 高校物业[M]. 北京：中国计划出版社，2017.
[12] 中国物业管理协会. 医院物业[M]. 北京：中国计划出版社，2017.
[13] 中国物业管理协会. 产业园区物业[M]. 北京：中国计划出版社，2017.
[14] 中国物业管理协会. 商业综合体物业[M]. 北京：中国计划出版社，2017.
[15] 中华人民共和国民法典[M]. 北京：中国法制出版社，2020.
[16] 季如进. 物业管理[M]. 北京：首都经济贸易大学出版社，2010.
[17] 臧炜彤. 物业管理与实务[M]. 北京：机械工业出版社，2015.
[18] 李春云. 物业公关[M]. 北京：中国电力出版社，2010.
[19] 周成学. 物业安全管理[M]. 北京：中国电力出版社，2009.
[20] 中国物业管理协会. 物业管理员（师）职业能力评价规范：T/CPMI 010—2020[S]. 北京：中国物业管理协会，2020.